MINISTÈRE
DES TRAVAUX PUBLICS, DE L'AGRICULTURE
ET DU COMMERCE.

CATALOGUE OFFICIEL

DES PRODUITS

DE L'INDUSTRIE FRANÇAISE,

ADMIS A L'EXPOSITION PUBLIQUE

DANS LE CARRÉ DES FÊTES AUX CHAMPS-ÉLYSÉES.

ANNÉE 1839.

PRIX : 1 FR.

PARIS. — IMPRIMERIE DE FAIN ET THUNOT,

IMPRIMEURS DE L'UNIVERSITÉ ROYALE DE FRANCE,

Rue Racine, n° 4, près de l'Odéon.

CATALOGUE OFFICIEL

DES PRODUITS

DE L'INDUSTRIE FRANÇAISE,

ADMIS A L'EXPOSITION PUBLIQUE

DANS LE CARRÉ DES FÊTES AUX CHAMPS-ÉLYSÉES,

(1839)

CONTENANT :

1° **Le Plan** descriptif des constructions élevées dans le carré des fêtes aux **Champs-Élysées**, et des salles où les **Produits** de l'Industrie sont distribués d'après leur nature, leur genre et leur espèce ;

2° **La Nomenclature** des départements qui ont pris part à l'exposition, avec indication du nombre des exposants par chaque département ;

3° **La Liste** des **Membres** du jury central ;

4° **Les Noms** et **Demeures** des exposants, avec les numéros d'ordre assignés à chacun d'eux et la mention des produits exposés.

SECONDE ÉDITION,

COMPLÉTÉE ET RECTIFIÉE SUR LES DOCUMENTS FOURNIS AU MINISTÈRE DU COMMERCE.

SE VEND DANS LES SALLES DE L'EXPOSITION.

1839.

PLAN DESCRIPTIF

DES CONSTRUCTIONS ÉLEVÉES DANS LE CARRÉ DES FÊTES AUX CHAMPS-ÉLYSÉES,

ET DISTRIBUTION

DES OBJETS EXPOSÉS.

Les constructions élevées dans le carré des fêtes, aux Champs-Élysées, présentent un parallélogramme rectangle de 185 mètres de long sur 82 mètres de large; elles occupent 15,170 mètres en superficie. En voici les dispositions générales : la façade se compose d'une galerie parallèle à la grande avenue des Champs-Élysées, longue de 187 mètres sur 13 mètres de largeur. Cinq salles sont perpendiculaires à cette galerie; elles ont chacune 69 mètres de longueur sur 26 mètres de largeur; des cours, des magasins, des bureaux destinés à l'administration, établissent, pour elle, une communication facile entre toutes ces constructions. L'entrée principale, *l'entrée du roi*, se trouve dans l'axe de la percée du carré des fêtes à l'avenue des Champs-Élysées. Toutes les mesures ont été prises pour prévenir l'encombrement et faciliter la circulation du public, qui verra se dérouler successivement sous ses yeux cette longue série de produits si différents de nature et d'usage. Un corps de garde, spécialement destiné à la surveillance des galeries de l'exposition, est établi du côté des constructions qui regardent la place de la Concorde. Un service de sapeurs-pompiers est organisé dans un bâtiment élevé à l'autre extrémité des constructions, du côté de l'allée des Veuves.

SALLE N° 1.

MÉCANIQUE.

Marbres; Ardoises; Briques; Poterie; Presses de divers genres; Tapis vernis; Voitures; Machines et instruments propres à l'agriculture, aux manufactures et aux arts; Machines à vapeur; Locomotives; Outils divers; Clouterie; Serrurerie; Tréfilerie; Toiles métalliques et autres objets de quincaillerie; Métaux ouvrés, savoir : Plomb, Cuivre, Zinc, Laiton, Fonte de fer, Fer, Acier, Tôles et Fers noirs, Fer-blanc; Cuirs tannés.

SALLE N° 2.

PRODUITS DIVERS.

Produits chimiques, Alun, Potasse, Couleurs, etc.; Typographie, Gravure, Lithographie, Lithocromie, Peinture; Objets relatifs aux arts, au dessin; Écriture; Reliure; Tabletterie, Cire à cacheter et autres ustensiles de bureaux; Papiers de tenture et d'impression; Registres à l'usage du commerce; Coutellerie; Instruments de chirurgie; Chapellerie; Fleurs artificielles; Verreries; Vitrerie; Parfumerie; Terre cuite, Poterie; Cuirs et Peaux, Mégisserie et Ganterie; Cire et Comestibles préparés; Bougies; Substances alimentaires; Produits de l'institution des Sourds-Muets de Paris; Billards; Tapis et Tapisseries vernis; Sellerie et Harnachements; Cannes et Parapluies; Effets d'habillement; Cols; Perruques; Corsets.

SALLE N° 3

ET SALLE SUPPLÉMENTAIRE N° 5.

TISSUS DE TOUTE ESPÈCE.

Toiles peintes; Soieries; Mousselines; Dentelles; Tulles; Gazes; Tissus brodés or et argent; Fils; Cotons; Cotons filés; Toiles peintes; Laines filées; Châles; Draps; Mérinos; Rouenneries; Casimirs; Flanelles; Indiennes; Molletons.

SALLE N° 4

ET SALLE SUPPLÉMENTAIRE N° 6.

OBJETS D'ART ET DE LUXE.

Orfévrerie; Bijouterie; Bronzes et dorures; Instruments d'optique et de mathématiques; Pianos; Instruments de musique; Ébénisterie; Meubles; Laques; Horlogerie; Cristaux; Porcelaines; Lampes et appareils d'éclairage; Armes à feu et armes blanches; Glaces; Tapis; Vitraux peints.

DÉPARTEMENTS

QUI ONT PRIS PART A L'EXPOSITION.

DÉPARTEMENTS.	NOMBRE D'EXPOSANTS.	NUMÉROS sous lesquels figurent les produits de chaque département.
Ain.	12	1835 à 1836. 1838 à 1847.
Aisne.	28	1106. 1981 à 2007.
Allier.	5	2012 à 2015. 2494.
Alpes (Hautes-).	2	1615 à 1616.
Ardèche.	9	1604 à 1612.
Ardennes.	25	1848 à 1870. 2885 à 2886.
Ariége.	3	2368 à 2369. 3207.
Aube.	11	2887 à 2897.
Aude.	8	1626 à 1632, 3376.
Aveyron.	8	2360 à 2367.
Bouches-du-Rhône.	10	1904 à 1913.
Calvados.	27	1931 à 1956. 2316.
Charente.	17	1819 à 1834. 1837.
Charente-Inférieure.	3	2064. 2200. 2512.

DÉPARTEMENTS.	NOMBRE D'EXPOSANTS.	NUMÉROS sous lesquels figurent les produits de chaque département.
Corse.	1	1373.
Côte-d'Or.	20	1663 à 1677. 1679 à 1681. 1683. 3211.
Côtes-du-Nord.	15	1686 à 1696. 2204 à 2207.
Creuse.	4	665. 1633 à 1635.
Dordogne.	4	1871 à 1874.
Doubs.	28	1782 à 1807. 2498 à 2499.
Drôme.	14	1768 à 1781.
Eure.	26	2208 à 2210. 2212 à 2217. 3321 à 3337.
Eure-et-Loir.	2	1914 à 1915.
Finistère.	32	2737 à 2768.
Gard.	59	3054 à 3111, 3381.
Garonne (Haute-). . . .	8	2098 à 2104. 2504.
Gironde.	9	2195 à 2198. 2311 à 2315.
Hérault.	20	2133 à 2152.
Ille-et-Vilaine.	16	1916 à 1930. 3220.
Indre.	7	2008 à 2011. 2318, 2340 à 2350.

DÉPARTEMENTS.	NOMBRE D'EXPOSANTS.	NUMÉROS sous lesquels figurent les produits de chaque département.
Indre-et-Loire.	13	2065 à 2074. 3127 à 3129.
Isère.	39	2273 à 2310, 3351
Jura.	2	1756 à 1757.
Landes.	1	2317.
Loir-et-Cher.	5	1684 à 1685. 3366 à 3368.
Loire.	49	3237 à 3279. 3346, 3355 à 3359.
Loire (Haute-).	4	1602 à 1603. 1617. 1817.
Loire-Inférieure. . . .	16	2105 à 2114. 3370 à 3375.
Loiret.	29	2244 à 2272.
Lot-et-Garonne. . . .	2	1661 à 1662.
Maine-et-Loire.	11	1971 à 1980, 3364.
Manche.	18	2115 à 2132.
Marne.	32	2153 , 2211. 2218 à 2228. 2230 à 2231. 2233 à 2243. 2658. 2772. 3053. 3352 à 3354.
Marne (Haute-). . . .	4	2060 à 2063.
Mayenne.	2	1613 à 1614.
Meurthe.	21	1707 à 1726. 2201.

DÉPARTEMENTS.	NOMBRE D'EXPOSANTS.	NUMÉROS sous lesquels figurent les produits de chaque département.
Meuse.	10	1758 à 1767.
Morbihan.	2	2770 à 2771.
Moselle.	20	2017 à 2036.
Nièvre.	19	2580 à 2597. 2734.
Nord.	56	2370 à 2423. 3235 à 3236.
Oise.	19	2154 à 2170. 3112, 3377.
Orne.	8	1896 à 1903.
Pas-de-Calais.	11	1886 à 1895. 2016.
Puy-de-Dôme.	21	1737 à 1755. 2735 à 2736.
Pyrénées (Basses-).	4	2500 à 2503.
Pyrénées (Hautes-).	2	1601. 3339.
Pyrénées-Orientales.	13	1818. 1875 à 1885. 2234.
Rhin (Bas-).	19	2437 à 2454. 3338.
Rhin (Haut-).	55	1636 à 1660. 1702 à 1706. 1736. 2037. 2075 à 2097.

DÉPARTEMENTS.	NOMBRE D'EXPOSANTS.	NUMÉROS sous lesquels figurent les produits de chaque département.
Rhône.	73	2505 à 2511. 2513. 2515 à 2579.
Saône (Haute-).	4	1698 à 1701.
Saône-et-Loire.	8	2487 à 2493. 3347.
Sarthe.	16	2349 à 2359. 2495 à 2497. 3126. 3320.
Seine.	2050	1 à 664. 666 à 1105. 1107 à 1372. 1374 à 1574. 1576 à 1600, 1678, 2514. 2598 à 2657. 2659 à 2733. 2773 à 2884. 2898 à 3052. 3200. 3217. 3222. 3226. 3229. 3280 à 3319. 3344 à 3345. 3360, 3363, 3365.
Seine-Inférieure. . . .	96	3130 à 3199. 3201 à 3206. 3208 à 3210. 3212 à 3216. 3218 à 3219. 3221. 3223 à 3225. 3227 à 3228. 3230 à 3233.

DÉPARTEMENTS.	NOMBRE D'EXPOSANTS.	NUMÉROS sous lesquels figurent les produits de chaque département.
Seine-et-Marne.	40	1682. 2171 à 2193. 2229. 2232. 3113 à 3125, 3362.
Seine-et-Oise.	34	2455 à 2486. 3361, 3369.
Sèvres (Deux-).	5	1812 à 1816.
Somme.	14	2424 à 2436 3348.
Tarn.	16	1957 à 1970. 2203. 2769.
Tarn-et-Garonne.	4	1808 à 1811.
Var.	2	1734 à 1735.
Vaucluse.	1	1697.
Vendée.	10	1575. 1618 à 1625. 3340.
Vienne.	7	1727 à 1733.
Vienne (Haute-).	22	2038 à 2059.
Vosges.	30	2319 à 2348.
Yonne.	3	2194. 2199. 2202.
Guadeloupe	1	3378.
Martinique.	1	3379.

LISTE

DE MESSIEURS LES MEMBRES

DU

JURY CENTRAL

NOMMÉS

EN VERTU DE L'ARTICLE 3 DE L'ORDONNANCE DU ROI DU 27 SEPTEMBRE 1838, RELATIVE A L'EXPOSITION DES PRODUITS DE L'INDUSTRIE.

MESSIEURS ,

DARCET, membre de l'Institut, commissaire général et directeur à la Monnaie de Paris.

BARBET, membre de la Chambre des députés et du Conseil général du commerce.

BEUDIN, membre de la Chambre des députés.

BLANQUI (ADOLPHE), professeur au Conservatoire des arts et manufactures, membre de l'Institut.

BRONGNIART (ALEXANDRE), membre de l'Institut, directeur de la manufacture royale de Sèvres.

BOSQUILLON, manufacturier.

CLÉMENT-DESORMES, professeur au Conservatoire royal des arts et métiers.

CORDIER, membre de l'Institut, inspecteur-général des mines.

DELABORDE (LÉON), membre du Comité des monuments historiques et des arts au ministère de l'instruction publique.

DELAROCHE (PAUL), membre de l'Institut.

DUFAU, membre du Conseil général des manufactures.

DUPIN (Le baron CHARLES), pair de France, membre de l'Institut.

FONTAINE, architecte, membre de l'Institut.

GAY-LUSSAC, pair de France, membre de l'Institut et du Comité consultatif des arts et manufactures.

GIROD DE L'AIN (Félix), membre de la Chambre des députés.

HÉRICART DE THURY (Le vicomte), membre de l'Institut, inspecteur des mines.

KOECHLIN (Nicolas), membre de la Chambre des députés et du Conseil général des manufactures.

LEGENTIL, membre de la Chambre des députés et du Conseil général du commerce.

MEYNARD, membre de la Chambre des députés et du Conseil général des manufactures.

MIGNERON, inspecteur-général et membre du Conseil des mines.

PAYEN, ancien manufacturier.

PETIT, ancien manufacturier de la fabrique de Lyon.

POUILLET, membre de la Chambre des députés, membre de l'Institut et professeur au Conservatoire royal des arts et métiers.

RENOUARD (Jules), libraire, juge au tribunal de commerce de la Seine.

SAINT-CRICQ, membre du Conseil général des manufactures.

SALLANDROUZE, membre du Conseil général des manufactures.

SAVART, membre de l'Institut et du Comité consultatif des arts et manufactures.

SCHLUMBERGER, secrétaire du Comité consultatif des arts et manufactures.

SÉGUIER (Le baron Armand), membre de l'Institut et du Comité consultatif des arts et manufactures.

TARBÉ DE VAUXCLAIRS, pair de France, conseiller d'état, inspecteur général des ponts et chaussées.

THÉNARD (Le baron), pair de France, membre de l'Institut et du Comité consultatif des arts et manufactures.

YVART, inspecteur général des écoles vétérinaires.

CAREZ, négociant.

CHEVREUL, membre de l'Académie des sciences.

DUMAS, membre de l'Académie des sciences.

GRIOLLET (Eugène), membre du Conseil général des manufactures.

MOUCHEL (De l'Aigle), membre du Conseil général des manufactures.

ARAGO, membre de la Chambre des députés et de l'Institut.

MATHIEU, membre de la Chambre des députés et de l'Institut.

SAVARY, membre de l'Institut.

BONNARD, membre de l'Institut.

BERTHIER, membre de l'Institut, directeur de l'École des mines.

COMBES, professeur à l'École des mines.

DURAND (Amédée), mécanicien.

MICHEL CHEVALIER, conseiller d'État, ingénieur des mines.

LEGROS (Alexandre), négociant.

CATALOGUE OFFICIEL

DES PRODUITS

DE L'INDUSTRIE FRANÇAISE.

NOMS ET DEMEURES

DES

FABRICANTS ET DES ARTISTES

ADMIS A L'EXPOSITION DE 1839.

N⁰ˢ   MM. .

1 *Bardel* et *Noiret* jeune, à Paris, rue Vieille-du-Temple, n. 51 : Etoffes de crin, laine, soie végétale. Médaille de bronze en 1823 ; Rappel en 1827 ; Médaille d'argent en 1834.

2 *Dubus-Bonnel* et *Comp.*, à Paris, rue de Charonne, n. 97 : Tissus de verre pur ou mélangé avec la soie, le lin.

3 *Deneirouse* et *Comp.*, à Paris, rue des Fossés-Montmartre, n. 16 : Châles cachemires français. Médaille d'or en 1827 ; Rappel en 1834.

4 *Jourdan* et *Morin*, à Paris, rue Notre-Dame-des-Victoires, n. 26 : Châles et Tissus divers.

5 *Simon* et *Comp.*, à Paris, rue des Fossés-Montmartre, n. 2 : Châles et tissus de tous genres.

6 *Manuel* et *Dry*, à Paris, rue Neuve-Saint-Eustache, n. 4 : Châles cachemires français, indoux. Médaille de bronze en 1834.

7 *Fortier*, à Paris, rue Neuve-Saint-Eustache, n. 36 : Châles ; pièces de tissus pour meubles.

8 *Chambellan* et *Duché*, à Paris, rue des Fossés-Montmartre, n. 8 : Châles brochés en cachemire pur et en indoux. Médaille d'argent en 1834.

9 *Legrand-Lemor*, *Lecreux* et *Comp.*, à Paris, place des Victoires, n. 2 : Châles cachemire pur ; Tissus laine pure, laine et soie. Médaille de bronze en 1819 ; Médaille d'argent en 1823 ; Rappel en 1827.

I

Nᵒˢ MM.

10 *Michelez*, à Paris, rue de Sèvres, n. 159 : Cotons à coudre, à broder, à marquer, Fils d'Écosse, Rubans-Percale, Lacets de toute espèce. Médaille d'argent en 1827 ; Rappel en 1834.

11 *Lambert-Blanchard*, à Paris, rue Neuve-Saint-Eustache, n. 32 : Tissus de laine et Châles.

12 *Arnould*, à Paris, rue des Fossés-Montmartre, n. 12 : Châles cachemire. Médaille de bronze en 1827 ; Médaille d'argent en 1834.

13 *Croco et Comp.*, à Paris, rue de Paradis-Poissonnière, n. 46 : Tissus brochés en fil de lin, Tissus pour gilets et robes. Médaille d'argent en 1834.

14 *Pagès-Baligot*, à Paris, rue Albouy, n. 9 : Nouveautés pour gilets, châles et robes.

15 *Drouet* aîné, à Paris, rue de la Haumerie, n. 6 : Bonneterie diverse.

16 *Limage-Pinçon*, à Paris, rue des Trois-Bornes, n. 16 : Tapisseries pour meubles, et Etoffes nouvelles. Mention honorable en 1819 ; Médaille de bronze en 1823.

17 *Junot*, à Paris, rue Neuve-Saint-Eustache, n. 6 : Châles cachemires et indoux. Médaille de bronze en 1834.

18 *Bacot*, à Paris, rue de la Monnaie, n. 26 : Couvertures, Tapis et Feutres pour les papeteries. Médaille d'argent en 1823. Rappels en 1827 et 1834.

19 *Bachelot*, à Paris, rue Neuve-Saint-Eustache, n. 23 : Châles indoux, Châles cachemires.

20 *Sivel*, à Paris, rue Neuve-Saint-Eustache, n. 28 : Châles indoux, laine, et Nouveautés.

21 *Gagnon et Culhat*, à Paris, rue Neuve-Saint-Eustache, n. 23 : Châles cachemires et indoux. Médaille de bronze en 1834.

22 *Bouenhonet*, à Paris, rue des Fossés-Montmartre, n. 2 : Châles cachemires, indoux, et Nouveautés.

23 *Gaussen* aîné et *Comp.*, à Paris, place des Victoires, n. 2 : Châles cachemires français. Médaille d'or en 1823 ; Rappel en 1834.

24 *Gouzé* jeune, à Paris, rue Neuve-Saint-Eustache, n. 8 : Châles cachemires français et Châles indoux.

25 *Thouvenin* et *Berthois*, à Paris, rue Neuve-Saint-Eustache, n. 29 : Châles laine et Châles indoux, Châles cachemires.

26 *Genevois*, à Paris, rue du Ponceau, n. 26 : Etoffes de crin pour meubles.

27 *Griolet*, à Paris, rue Albouy, n. 11 : Laines peignées, filées et cardées. Médaille d'argent en 1827 ; Médaille d'or en 1834.

28 *Joliet*, à Paris, rue Saint-Denis, n. 349 : Etoffes de crin. Mentions honorables en 1819—1823 ; Médaille de bronze en 1827 ; Rappel en 1834.

29 *Geoffroy*, à Paris, rue Simon-le-Franc, n. 11, 13 : Cotons à coudre, à broder, à marquer.

N^os   MM.

30 *Hébert* et *Comp.*, à Paris, rue du Mail, n. 13 : Châles cachemires. Médaille d'or en 1834.

31 *Bresson* ainé, à Paris, rue du Faubourg-Saint-Denis, n. 206 : Cotons retords. Mention honorable en 1834.

32 *Prévost*, à Paris, avenue Parmentier, n. 9 : Tissus et Laines filées. Médaille de bronze en 1827; Médaille d'argent en 1834.

33 *Thibaut*, à Paris, rue Neuve-Saint-Eustache, n. 36 : Châles.

34 *Possot*, à Paris, rue des Vinaigriers, n. 19 : Fils de cachemire.

35 *Gombert*, à Paris, rue de Vaugirard, n. 77 : Cotons retords. Médaille d'argent en 1827.

36 *Tiret*, à Paris, rue des Fossés-Montmartre, n. 19 : Châles, Étoffes pour gilets et pour meubles. Médaille d'argent en 1834.

37 *Eggly*, *Roux* et *Comp.*, rue de Cléry, n. 17 : Tissus lisses et croisés en laine pure et en laine et soie. Médaille d'argent en 1827; Médaille d'or en 1834.

38 *Loumaillier* et *Froidot*, rue des Deux-Portes-Saint-Sauveur, n. 30 : Cotons retords.

39 *Begue*, à Paris, rue Paradis-Poissonnière, n. 32 : Fil de lin et étoupes.

40 *Piot* et *Jourdan* frères, à Paris, rue de Cléry, n. 9 : Tissus en laine, soie et laine, imprimés; divers Croisés pour meubles.

41 *Grégoire*, à Paris, rue de Charonne, n. 47 : Velours chinés, imitant la peinture.

42 *Dutrou*, à Paris, rue Saint-Denis, n. 345 : Rubans en tous genres.

43 *Chasseron* (le baron de), à Paris, rue de la Chaussée-d'Antin, n. 31 : Soie grège.

44 *Vauchelet*, à Paris, rue Charlot, n. 19 : Velours de coton et soie, imprimés et peints. Médaille d'argent en 1823 ; Rappel en 1834.

45 *Marie Hottot*, à Paris, place de la Bourse, n. 12 : Blondes et dentelles. Médaille de bronze en 1834.

46 *Payan*, à Paris, rue Vivienne, n. 13 : Broderie sur tulle, mousseline et batiste.

47 *Lhabitant-Guynet* et *Comp.*, à Paris, rue de Cléry, n. 25 : Batistes blanches et imprimées, Coutils, Guingans, etc.

48 *Hennecart*, à Paris, rue Neuve-Saint-Eustache, n. 5 : Gazes de soie.

49 *Schiertz*, à Paris, rue du Roule, n. 13 ; Tapis en fourrures diverses.

50 *Paris* frères, à Paris, rue d'Anjou-Dauphine, n. 11 : Tapis d'Aubusson et devants de lits.

51 *Sallandrouze*, à Paris, rue Taitbout, n. 15 : Tapis d'Aubusson.

52 *Rouget de Lisle*, à Paris, rue du Faubourg-Poissonnière, n. 8 : Métiers de haute et basse lisse, Pièces de tapisseries.

53 *Mouton* et *Josseaume*, à Paris, rue du Mail, n. 25 : Broderie au plumetis et en points d'armes sur batiste; Mousseline et Jaconas. Mention honorable en 1827 ; Médaille de bronze en 1834.

Nᵒˢ   MM.

54 *Dommanget* et *Hubault*, à Paris, rue du Mail, n. 6 : Broderies sur mousseline et batiste.

55 *Helbromer*, à Paris, rue de la Paix, n. 10 : Broderies et Tapisseries.

56 *Gérard*, à Paris, rue du Marché-Saint-Honoré, n. 2 : Tapisseries à l'aiguille, pour meubles.

57 *Vayson* frères, à Paris, rue de Grammont, n. 14 : Tapis de moquette.

58 *Dreuille*, à Paris, rue Grange-Batelière, n. 17 : Broderies au plumetis.

59 *Henry* aîné et fils, à Paris, rue Poissonnière, n. 13 : Tapisseries et Étoffes pour meubles.

60 *Lenormand*, à Paris, rue de la Paix, n. 26 : Broderies et Nouveautés.

61 *Martin* (veuve), à Paris, rue de Cléry, n. 6 : Broderie en or, argent, soie, etc.

62 *Henckel*, à Paris, rue Saint-Honoré, n. 65 : Fourrures, Tapis.

63 *Hauterive* et sœurs, à Paris, rue du Caire, n. 24 : Tapisseries et broderies sur canevas et sur étoffes.

64 *Beauvais*, à Paris, rue de l'Échiquier, n. 16 : Broderies sur étoffes.

65 *Baudouin* frères, à Paris, rue des Récollets, n. 3 : Cuirs vernis, Toiles cirées, Tapis imprimés, Équipements militaires et Produits bitumineux.

66 *Galibert* et *Sarraut*, à Paris, rue J.-J. Rousseau, n. 20 : Tubes imperméables en caoutchouc, Seringues nouvelles de toutes formes. Mention honorable en 1834.

67 *Champion*, à Paris, rue du Mail, n. 18 : Tissus imperméables, Mesures sur rubans. Médaille de bronze et Rappel en 1819, 1823, 1827, 1834.

68 *Rattier* et *Guibal*, à Paris, rue des Fossés-Montmartre, n. 4 : Tissus imperméables, élastiques, et Préparations diverses en caoutchouc. Médaille d'or en 1834.

69 *Carré*, à Paris, rue Simon-le-Franc, n. 8 : Impression en relief sur étoffe.

70 *Perès*, à Paris, rue du Faubourg-Saint-Denis, n. 105 : Stores en gaze.

71 *Bonjour*, à Paris, rue des Fossés-du-Temple, n. 77 : Toiles cirées, Devants de cheminée et tapis de table. Mention honorable en 1823.

72 *Blondin* frères et *Comp.*, à la Glacière, commune de Gentilly (Seine) : Impressions sur étoffes.

73 *Nalez*, à Paris, rue Jean-Robert, n. 27 : Tapis, Housses, Bonnets grecs, Cabats imprimés en relief.

74 *Augan*, à Paris, rue Traversière-Saint-Antoine, n. 18 : Tissus imprimés avec la gomeline, Produits de gomeline. Mention honorable en 1834.

Nᵒˢ MM.

75 *Gatigny* (de) et *Comp.*, à Paris, rue Richelieu, n. 77 : Stores et Tapis vernis. Médaille d'argent en 1834.

76 *Morand*, à Paris, rue Baillet, n. 3 : Impressions en relief sur étoffes.

77 *Bemy* (de), à Paris, rue du Faubourg-Saint-Martin, n. 102 : Étoffes peintes pour robes et tentures d'appartement. Mention honorable en 1834.

78 *Charpaux* (madame) née *Gérard*, à Paris, rue Pelletier, n. 23 : Fleurs en cire.

79 *Chagot* frères, à Paris, rue Richelieu, n. 181 : Fleurs artificielles. Mention honorable en 1834.

80 *Clavel* (madame), à Paris, rue de l'Université, n. 116 : Fleurs en papier.

81 *Aimé* (mademoiselle), à Paris, rue des Saints-Pères, n. 26 : Fleurs artificielles en tous genres.

82 *Chevais*, à Paris, rue Sainte-Avoye, n. 44 : Tissus de lièvre pour la chapellerie.

83 *Guibout* et *Christofle*, à Paris, rue Saint-Denis, n. 121 : Passementerie métallique.

84 *Chouillou* fils, à Paris, rue Saint-Honoré, n. 75 : Gants en peau.

85 *Mulot*, à Paris, rue Vivienne, n. 18 : Gants en peaux.

86 *Truchy*, à Paris, rue de Jouy, n. 19 : Boutons en soie et cordonnet.

87 *Godillot*, à Paris, rue Saint-Denis, n. 278 : Malles, Porte-manteaux, et autres objets de sellerie.

88 *Spiegelhalter*, à Paris, place Vendôme, n. 26 : Culotterie, Ganterie.

89 *Durand*, à Paris, rue de l'Oursine, n. 7 : Cuirs (veaux tannés). Médailles d'argent en 1827 et 1834.

90 *Durand*, à Paris, rue Marie-Stuart, n. 8 : Buffles pour l'équipement militaire. Médailles d'argent en 1834.

91 *Stoltz*, à Paris, rue Saint-Honoré, n. 67 : Passementerie.

92 *Banes Louvet* et *Comp.*, à Paris, rue du Faubourg-Saint-Honoré, n. 71 : Passementerie pour meubles et nouveautés.

93 *Dieutegard*, à Paris, rue Saint-Denis, n. 358 : Rubanerie et Passementerie pour meubles.

94 *Gravelleau*, à Paris, rue de la Grande-Truanderie, n. 14 : Malles de voyage et Fourrures.

95 *Guillemot*, à Paris, rue du Faubourg-Saint-Denis, n. 30 : Galons pour voitures et livrées. Mentions honorables en 1827 et 1834.

96 *Berce*, à Paris, rue Mauconseil, n. 18 : Boutons pour uniformes et livrées.

97 *Bernheim Labouriau* et *Comp.*, à Paris, rue du Faubourg-Saint-Denis, n. 82 : Cuirs en relief.

N^{os}   MM.

98 *Richard*, à Paris, rue Notre-Dame-de-Nazareth, n. 9 : Boutons gravés émaillés et ciselés.

99 *Nys* et *Comp.*, à Paris, rue de l'Orillon, n. 27 : Cuirs vernis de toutes couleurs. Médaille de bronze en 1827 ; Médaille d'argent en 1834.

100 *Ogereau*, à Paris, rue de Buffon, n. 5 : Cuirs tannés, corroyés et maroquinés.

101 *Heulte*, à Paris, rue Pastourelle, n. 5 : Cuirs, Peaux et Feutrés vernis.

102 *Signy*, à Paris, rue Neuve-des-Petits-Champs, n. 15 : Brodequins sans lacet et à élastiques.

103 *Deplaye*, à Paris, rue Montmartre, n. 18 : Cuirs vernis.

104 *Deglesne*, à Paris, rue du Petit-Carreau, n. 18 : Peaux de chevreaux, dorées et noir lissées.

105 *Gauthier*, à Paris, rue Saint-Laurent, passage des Buttes, à Belleville (Seine) : Cuirs de vaches et veaux vernis.

106 *Dalican*, à Paris, rue Censier, n. 13 : Cuirs, Maroquins, Moutons maroquinés et veaux de couleurs.

107 *Camus*, à Paris, rue de la Grande-Truanderie, n. 36 : Feutres pour couverture d'édifices.

108 *Liegard*, à Paris, rue de l'Égout-Saint-Paul, n. 19 : Selles et harnais.

109 *Paturel*, à Paris, rue Saint-Martin, n. 98 : Fouets et cravaches en baleine et caoutchouc.

110 *Amiard*, à Paris, rue du Jardin-du-Roi, n. 21 : Colliers de chevaux.

111 *Musser*, à Paris, rue Richer, n. 15 : une Voiture en blanc.

112 *Fusz*, à Paris, rue des Deux-Portes-Saint-André-des-Arts, n. 4 : Voitures à ressorts doubles pincettes.

113 *Dameron*, à Paris, rue du Dragon-Saint-Germain, n. 25, 31 : Briska de ville et de voyage.

114 *Denompère* (Comte de Champagny), à Paris, rue du Helder, n. 3 : Etriers de luxe.

115 *Fimbel*, à Paris, rue Neuve-des-Mathurins, n. 13 : Voiture dite vourms.

116 *Guérin*, à Paris, passage Brady, n. 42 : Voitures d'enfants.

117 *Lecoq*, à Paris, rue de la Madeleine, n. 28 : Sellerie pour équipages.

118 *Quenedey*, à Paris, rue Neuve-des-Petits-Champs, n. 15 : Papier à calque, Pains à cacheter transparents. Médailles de bronze en 1823 ; Rappels en 1827, 1834.

119 *Boquet* et *Comp.*, à Paris, rue Richelieu, n. 1 : Encriers-pompes.

120 *Roumestant*, à Paris, rue Montmorency, n. 10 : Registres, Cires à cacheter, Presses à copier et encres.

121 *Herbin*, à Paris, rue Michel-le-Comte, n. 21 : Cires et pains à cacheter.

N^{os}   MM.

122 *Deville-Chabrol*, à Paris, rue des Vieux-Augustins, n. 18 : Cire à cacheter. Médaille de bronze en 1834.

123 *Thibaudet*, à Paris, rue Saint-Jacques, n. 23 : Tampons à ressorts pour timbre et griffe.

124 *Robert*, à Paris, rue Saint-Martin, n. 138 : Registres sans couture dits agraphiques. Mention honorable en 1834.

125 *Prevost-Wenzel*, à Paris, rue Saint-Denis, n. 244 : Papiers pour fleuristes et cartonniers.

126 *Salleron*, à Paris, rue des Blancs-Manteaux, n. 22 : Papier d'or et d'argent, gaufré.

127 *Bonnot*, à Paris, rue Beautreillis-Saint-Antoine, n. 4 : Peintures sur papier de toutes dimensions.

128 *Droz* (veuve), à Paris, rue Saint-Antoine, n. 164 : Papier de verre.

129 *Daudrieu*, à Paris, place Saint-Michel, n. 8 : Papier marbré peint à la main et pouvant se laver.

130 *Fichtenberg*, à Paris, rue des Bernardins, n. 34 : Papiers marbrés, Crayons et impressions en couleurs à la congrève.

131 *Mader* et fils aîné, à Paris, rue de Montreuil, n. 1 : Papiers peints pour tentures. Médaille d'argent en 1834.

132 *Barbedienne*, à Paris, boulevart Poissonnière, n. 6, Papiers peints.

133 *Chavant*, à Paris, rue de Cléry, n. 9 : Papier réglé pour la mise en carte des dessins de châles et étoffes façonnées; papiers de couleurs.

134 *Bauerkeller* et *Comp.*, à Paris, rue Saint-Denis, n. 380 : Gaufrage et impressions en couleurs sur papier, Etoffes et métaux.

135 *Clancau*, à Paris, faubourg Saint-Antoine, n. 123 : Papier métallique contre l'humidité.

136 *Durieux*, à Paris, rue des Moulins, n. 16 : Papiers filigranes, claires, opaques et ombrés. Médaille de bronze en 1823.

137 *Robert*, à Paris, rue Saint-Martin, n. 138 : Papier toile cirée. Mention honorable en 1834.

138 *Reguinot*, à Paris, rue Chapon, n. 4 : Cartonnage fin.

139 *Soultzener*, à Paris, rue Richelieu, n. 59 : Carrelage mosaïque.

140 *Servais*, à Paris, rue d'Enghien, n. 14 : Albâtres peints et vernis; Bronzes.

141 *Bediaux*, à Paris, rue du Marché-Neuf, n. 40 : Marbrerie mosaïque.

142 *La Compagnie pour l'exploitation des marbres des Pyrénées*, à Paris, rue Bergère, n. 16 : Cheminées, Colonnes, Tables, Groupes et autres objets en marbre.

143 *Breton*, à Paris, rue Saint-Sébastien, n. 50 : Chambranles de cheminées en pierre de Saint-Aubin.

144 *Jaminet-Cornet*, à Paris, rue du Four-Saint-Germain, n. 26 : Fontaines en pierre factice d'un seul morceau et appareil polyfiltre.

N^{cs}   MM.

143 *Pourier*, à Paris, rue du Faubourg-Poissonnière, n. 3 *bis* : Pierres factices pour affiler les instruments tranchants, et mastic hermétique.

146 *Cicéri*, à Paris, rue du Faubourg-Poissonnière, n. 23 : Tables peintes imitant le marbre.

147 *Spilmann*, à Paris, rue Montmartre, n. 21 : Ardoises factices à l'usage des écoles élémentaires; Crayons.

148 *Roux* et *Comp.*, à Paris, rue Louis-le-Grand, n. 31 : Bitume-végéto-minéral pour dallage et objets d'ameublement.

149 *Baudouin*, à Paris, rue des Récollets, n. 3 : Produits bitumineux.

150 *Husbrocq*, à Paris, rue des Vertus, n. 2 : Paillons de poudre à dorer.

151 *Lefranc* frères, à Paris, rue du Four-Saint-Germain, n. 23 : Couleurs broyées pour tableaux, décors et bâtiments.

152 *Sœhnée* frères, à Paris, rue neuve de la Fidélité, n. 22 : Vernis, Encres et Couleurs. Mention honorable en 1834.

153 *Doé*, à Saint-Maur, près Paris (Seine) : Fers laminés et corroyés de tous échantillons.

154 *Bresson*, à Paris, rue Saint-Denis, n. 319 : Dorures sur bois; un Miroir, un Ornement de ronde bosse et baguettes.

155 *Favrel*, à Paris, rue du Caire, n. 27 : Or platine, argent, bronze, feuilles; Assortiment de livrets en poudre et en coquilles. Médaille d'argent en 1834.

156 *Jeanne*, à Paris, passage Choiseul, n. 66 et 68 : Dorures sur bois.

157 *Sorel* et *Comp.*, à Paris, rue des Trois-Bornes, n. 14 : Fers galvanisés, et peinture galvanique contre la rouille.

158 *Voisin* et *Comp.*, à Paris, rue Neuve-Saint-Augustin, n. 32 : Plombs coulés, Tuyaux étirés. Mention honorable en 1827; Médaille de bronze en 1834.

159 *Reydette* et *Comp.*, à Paris, rue Ménilmontant, n. 70 : Papiers peints, dorés et veloutés.

160 *Gandillot* et *Comp.*, à Labriche, commune d'Épinay (Seine) : Fers creux étirés et soudés à chaud.

161 *Regnier* et *Comp.*, à Paris, rue de la Roquette, n. 53 : Fers creux étirés et soudés.

162 *Reveilhac* et fils, à Paris, rue de la Roquette, n. 2 : Cuivre rouge laminé en feuilles carrées, rondes; Barres plates, rondes et carrées; Clous forgés. Médaille de bronze en 1834.

163 *Fugère*, à Paris, rue des Juifs, n. 24 : Cuivre verni pour décoration de salon.

164 *Haniard*, à Paris, rue de Bercy-Saint-Antoine, n. 10 : Laminage de plomb et zinc, et étirage. Médailles de bronze en 1819; Rappel en 1827, 1834.

165 *Menzel* et *Comp.*, à Paris, boulevart de Courcelles, n. 15 : Tuyaux en plomb et en étain.

166 *Clancau*, à Paris, rue du Faubourg-Saint-Antoine, n. 123 : Feuilles d'étain pour l'étamage des glaces. Médaille de bronze en 1827.

Nᵒˢ   MM.

167 *Place*, à Paris, rue du Temple, n. 76 : Ardoises et châssis en zinc.

168 *Barré*, à Paris, rue de Chaillot, n. 55 : Quincaillerie en fonte.

169 *Agard*, à Paris, rue de l'Arcade, n. 26 : Chaudronnerie.

170 *Wingens* et *Sillobert*, à Paris, rue de l'Échiquier, n. 14 : Bronzes en poudre.

171 *Péchiney*, à Paris, quai Valmy, n. 45 : Maillechort ou argentan. Mention honorable en 1834.

172 *Quesnel*, à Paris, rue des Amandiers-Popincourt, n. 22 et 24 : Fabrication d'objets en bronze; Articles non ciselés.

173 *Thomire* et *Comp.*, à Paris, rue Blanche, n. 45 : Bronzes et dorures ciselés. Médaille d'or en 1806; Rappel en 1819, 1823, 1827, 1834.

174 *Marchand*, à Paris, rue Richelieu, n. 59 : Bronzes ciselés.

175 *Prœschel*, à Paris, boulevart Saint-Martin, n. 4 : Matelas élastiques perfectionnés; Matelas en substances végétales.

176 *Ledure*, à Paris, rue d'Angoulême, n. 25, au Marais : Bronzes ciselés. Médaille d'argent en 1819; Rappels en 1823, 1827, 1834.

177 *Vallet-Cornier*, à Paris, chaussée des Minimes, n. 3 : Bronzes. Mention honorable en 1827; Médaille de bronze en 1834.

178 *Paillard*, à Paris, rue de la Perle, n. 3 : Bronzes pour l'ameublement.

179 *Bordeaux*, à Paris, rue Saint-Sauveur, n. 14 : Ornements en cuivre ciselés et estampés; Sculpture et bois dorés pour décors des appartements.

180 *Marsaud*, à Paris, rue de la Perle, n. 14 : Galeries en thyrses pour croisées; Plafonds en cuivre estampé.

181 *Bauchery*, à Paris, boulevart Beaumarchais, n. 79 : Ornements en cuivre estampé.

182 *Balaine*, à Paris, rue du Faubourg-du-Temple, n. 93 : Orfévrerie, Plaqué sur or et sur argent. Médaille de bronze en 1827; Médaille d'argent en 1834.

183 *Odiot*, à Paris, rue l'Évêque-Saint-Roch, n. 1 : Orfévrerie pour table et décors. Médaille d'or en l'an IX; Rappel en 1806, 1819, 1823, 1827 et 1834.

184 *Veyrat* et fils, à Paris, rue de la Tour, n. 10 : Orfévrerie massive et doublée sur cuivre et fer. Médaille de bronze en 1827; Rappel en 1834.

185 *Merville*, à Paris, rue Fontaine-au-Roi, n. 20 : Tableaux et bas-reliefs ciselés.

186 *Lenglet*, à Paris, rue Bourg-l'Abbé, n. 32 : Orfévrerie de table.

187 *Durand*, à Paris, rue du Bac, n. 58 : Orfévrerie. Médaille d'argent en 1834.

188 *Bernauda*, à Paris, quai des Orfèvres, n. 32 : Bijouterie et objets d'arts.

189 *Noel*, à Paris, rue du Temple, n. 101 : Yeux artificiels en émail. Médaille de bronze en 1834.

1*

N^{os}   MM.

190 *Christofle*, à Paris, rue Montmartre, n. 76 : Bijouterie d'or et d'argent, Tissus brochés, Damas d'argent fin.

191 *Poyret*, à Paris, rue Michel-le-Comte, n. 31 : Bijoux en doublé d'or.

192 *Christofle*, à Paris, rue Montmartre, n. 76 : Assortissement de cartes de boutons.

193 *Valès*, à Paris, rue du Temple, n. 71 : Perles fines et ordinaires. Mentions honorables en 1827 et 1834.

194 *Gréer*, à Paris, rue Saint-Martin, n. 193 : Perles fausses.

195 *Houdaille*, à Paris, rue Saint-Martin, n. 171 : Bijouterie, imitation d'or, Fer de Berlin et Iris. Mentions honorables en 1827 et 1834.

196 *Delamarre*, à Paris, rue des Fontaines, n. 15 : Imitation de diamant et de pierres de couleur.

197 *Richard*, à Paris, rue Grenier-Saint-Lazare, n. 41 : Bijouterie de deuil. Médaille de bronze en 1834.

198 *Marion-Bourguignon*, à Paris, passage de l'Opéra, galerie de l'Horloge, 19 et 20 : Pierres artificielles, Bijoux imités. Médaillé de bronze en 1834.

199 *Gineston*, à Sèvres, rue Royale, n. 43, près Paris (Seine) : Émaux.

200 *Celis*, à Paris, rue du Faubourg-du-Temple, n. 60 : Brunissoires en ématides et en agathes.

201 *Granger*, à Paris, rue de Bondy, n. 72 : Objets de luxe pour théâtres, Bijouterie dorée et armures.

202 *Hallberg*, à Paris, rue Neuve-Bourg-l'Abbé, n. 8 : Perles fausses.

203 *Dordet*, à Paris, rue des Fossés-Montmartre, n. 9 : Coutellerie. Mention honorable en 1834.

204 *Parfu*, à Paris, rue Duphot, n. 4 : Rasoirs, à l'exception de l'hygromètre et du thermomètre.

205 *Grondard*, à Paris, rue Jean-Robert, n. 17 : Tubes en fer, en cuivre, etc. Médaille de bronze en 1834.

206 *Dida*, à Paris, rue Vieille-du-Temple, n. 123 : Équipements militaires, Ustensiles de cuisine, Vis cylindriques en fer, cuivre, etc. Citation en 1827; Mention honorable en 1834.

207 *Lemare* (veuve), à Paris, quai Conti, n. 3 : Caléfacteurs, Cafetiers cylindriques. Médaille d'argent en 1823; Rappels en 1827, 1834.

208 *Schmidt*, à Paris, avenue de Ménilmontant, n. 24 : Limes en acier fondu. Médaille de bronze en 1823; Médaille d'argent en 1823.

209 *Picren*, à Paris, rue Quincampoix, n. 17 : Poteries d'étain.

210 *Croutsch*, à Paris, rue Notre-Dame-de-Nazareth, n. 19 : Filières à tirer au banc, Jauges à fil de fer.

211 *Mongin*, à Paris, rue des Juifs, n. 11 : Scies, Ressorts-bandages, etc. Médaille de bronze en 1823; Médaille d'argent en 1827; Rappel en 1834.

212 *Clicquot*, à Paris, rue Beaubourg, n. 50 : Outils à l'usage des bijoutiers. Mention honorable en 1827.

N^{os}   MM.

213 *Degouzée* et *Comp.*, à Paris, rue Chabrol, n. 35 : Outils de sondage.

214 *Hutin*, à Paris, rue Saint-Honoré, n. 94 : Outils à l'usage des doreurs sur bois.

215 *Piat*, à Paris, quai Pelletier, n. 22 : Engrenages, Tours, Outils, Pièces détachées pour les filatures.

216 *Sirhenry* et *Comp.*, Neuilly-sur-Seine, avenue de Madrid : Grosse quincaillerie, Outils aratoires, Cloches, Coutellerie, Armes blanches.

217 *Becquet*, à Paris, rue Dupetit-Thouars, n. 25 : Tréfilerie, Bronze.

218 *Blanchard*, à Paris, rue des Gravilliers, n. 37 : Outils de sellerie. Médaille de bronze en 1827 ; Rappel en 1834.

219 *Derosselle*, à Paris, rue Planche-Mibray, n. 1 : Outils à l'usage des bouchers et des corroyeurs.

220 *Guny* frères, à Paris, rue de Montreuil, n. 59 : Taillanderie à l'usage des bouchers et des charcutiers.

221 *Hubert* et *Gérard*, à Paris, rue Saint-Antoine, n. 195 : Outils pour la menuiserie, l'ébénisterie et les facteurs de pianos.

222 *Boutté*, à Paris, rue Saint-Honoré, n. 274 et 276 : Serrurerie et quincaillerie. Mention honorable en 1834.

223 *Lesgent-Oriac*, à Paris, rue Bourg-l'Abbé, n. 22 : Cuillers et fourchettes en fer et en étain.

224 *Armbruster*, à Paris, rue Phelippeaux, n. 27 : Limes et râpes. Mention honorable en 1827 et 1834.

225 *Larauza*, à Paris, rue de Trévise, n. 9 : Clous d'épingles et clous à souliers.

226 *Rousseville*, à Paris, rue Saint-Denis, 25, passage du Renard : Couverts de métal et poterie d'étain.

227 *Félix*, à Paris, rue des Marmouzets, 36 (Cité) : Flambeaux à mouchettes, Lustres, Bougeoirs.

228 *Chamouton*, à Paris, rue du Monceau-Saint-Gervais, n. 13 et 15 : Outils de forge et autres. Médaille de bronze en 1834.

229 *Klein* fils, à Paris, passage Saint-Antoine, n. 35 : Outils d'ébénisterie et de menuiserie.

230 *Jossy*, à Paris, rue du Vertbois, n. 33 : Ferblanterie.

231 *Froid*, à Paris, passage de l'Industrie, n. 6 : Limes. Mention honorable en 1834.

232 *Boulland*, à Paris, rue Rochechouart, n. 31 : Limes.

233 *Gilbert Michuy*, à Paris, rue Notre-Dame-de-Nazareth, n. 22 : Mouvements d'horloges, Tournebroches, Cafetières, Plateaux en doublé, etc.

234 *Galle*, à Paris, rue de la Chaise, n. 10 : Chaînes à engrenages et autres. Médaille d'argent en 1834.

235 *Monniot*, à Paris, rue du Faubourg-Saint-Antoine, n. 163 : Ferrures de flèches.

Nᵒˢ MM.

236 *Derolan* et *Drouchin*, à Paris, rue de Charonne, n. 25 : Limes et
    Machines à affûter les scies.

237 *Grangoir*, à Paris, boulevart Poissonnière, n. 6 : Serrures à combi-
    naisons, etc. Médaille de bronze en 1834.

238 *Huret*, à Paris, boulevart des Italiens, n. 2 : Caisses, Coffres-forts,
    Serrures à combinaisons, Lits en fer et en bronze doré. Médaille
    d'argent en 1819 ; Rappels en 1823, 1827, 1834.

239 *Schmitt*, à Paris, rue de la Tannerie, n. 12 : Étaux, Enclumes,
    Grosses pièces de forge.

240 *Cosnuau*, à Paris, rue Saint-Denis, n. 302 : Mécaniques, Tourne-
    broches, Serrurerie.

241 *Laurent*, à Paris, rue d'Antin, n. 6 : Un modèle de croisées à fer-
    meture crémaillère.

242 *Geslin*, à Paris, rue Basse-du-Rempart, n. 36 : Lits en fer. Médaille
    de bronze en 1834.

243 *Naudin*, à Paris, rue du Cherche-Midi, n. 64 : Ferrure complète d'un
    timon de voiture en fer français, Pièces de carrosserie de forge.

244 *Dormoy-Rohan*, à Paris, place du Chevalier-du-Guet, n. 12 : Essieux
    et boîtes de roues.

245 *Delaforge*, à Paris, rue de Pontoise, n. 10 : Soufflets de forge, de
    fonderie, de boucherie, et forges portatives. Mention honorable
    en 1827 ; Médaille de bronze en 1834.

246 *Evrat*, à Paris, rue Saint-Jacques-la-Boucherie, n. 15 : Souliers im-
    perméables.

247 *Lefebure*, à Paris, rue Dauphine, n. 41 : Serrurerie et objets en fonte.
    Mention honorable en 1834.

248 *Fichet*, à Paris, rue de Richelieu, n. 77 : Haute serrurerie. Médaille
    de bronze en 1834.

249 *Bricard* et *Gauthier*, à Paris, rue Pavée-Saint-Sauveur, n. 3 : Serru-
    rerie et ferrures pour les bâtiments ; Cylindres cannelés à l'usage
    des filatures.

250 *Motheau*, à Paris, rue Royale-Saint-Honoré, n. 12 : Coffres-forts à
    fermeture de sûreté.

251 *Henry*, à Paris, rue Poissonnière, n. 13 : Lits en fer.

252 *Le Paul*, à Paris, rue de la Paix, n. 2 : Coffres-forts, Objets de haute
    serrurerie.

253 *Mignard Billinge*, à Paris, boulevart de la Chopinette, n. 26 : Tréfi-
    lerie d'acier.

254 *Delarue* et *Gaulier*, à Paris, rue du Monceau-Saint-Gervais, n. 6 :
    Outils d'agriculture, de jardinage, et à l'usage des charrons, ton-
    neliers, menuisiers, etc. Médaille de bronze en 1827 ; Rappel en 1834.

255 *Quentin-Durand*, à Paris, rue Grange-aux-Belles, n. 15 : Machines à
    l'usage de la culture. Médaille de bronze en 1823 ; Rappel en 1827
    et 1834.

256 *Desormes*, à Paris, rue Cloche-Perche, n. 16 : Ruches pour abeilles.

N^{cs}   MM.

257 *Vidal*, à Paris, rue du Cimetière-Saint-Nicolas, n. 28 : Appareil de cuite pour la fabrication du sucre indigène.

258 *Poissant*, à Paris, rue Mondetour, n. 18 : Moulin, Pétrin mécanique, Four portatif. Médaille de bronze en 1834.

259 *Desouches-Fayard*, à Paris, quai d'Austerlitz, n. 7 : Peso-Stère, Scie circulaire à vapeur. Médaille de bronze en 1834.

260 *Cournot*, à Paris, rue de Vaugirard, n. 96 : Machines à broyer les graines.

261 *Philippe*, à Paris, rue Château-Landon, n. 17, 19 : Machines diverses. Médaille d'or en 1834.

262 *Gautier* et *Emery*, à Paris, avenue de Villars, n. 2 : Extracteurs de sucre de betteraves et Chaudière d'évaporation par la vapeur.

263 *Chavepeyre*, à Paris, quai Valmy, n. 103 : Appareils et Chaudières à vapeur. Médaille de bronze en 1834.

264 *Frimot* et *Combes*, à Paris, rue de Vendôme, n. 2 : Machines à vapeur.

265 *Judas* (*Remi*), à Paris, rue Cadet, n. 23, et rue Coquenard, n. 1 ; Cardage de laine et de crin.

266 *Hermann*, à Paris, rue de Charenton, n. 102 : Machines à vapeur.

267 *Ehremberg*, à Paris, rue de Charonne, n. 24 : Machines pour travailler le bois. Mentions honorables en 1823, 1827, 1834.

268 *Galy-Cazalat*, à Paris, rue des Trois-Bornes, n. 13 *bis* : Machines à vapeurs et autres appareils.

269 *Clair*, à Paris, rue du Cherche-Midi, n. 93 : Modèle de magnanerie, Modèle de projet pour élever les eaux près le pont Notre-Dame, Tableaux de vers à soie, Modèle de pont.

270 *Tissier* et *Beugé*, à Paris, rue des Vieux-Augustins, n. 62 et 64 : Presses, Coffres, Serrures. Médaille de bronze en 1823 ; Rappel en 1827.

271 *Chomeau*, à Paris, rue Quincampoix, n. 63 : Une Pompe et une Machine dite broyeuse.

272 *Combes*, à Paris, rue de Seine, n. 64 : Roue hydraulique, Ventilateur.

273 *Eck*, à Paris, rue de Grenelle-Saint-Germain, n. 48 : Scierie mécacanique.

274 *Eck*, à Paris, rue de Grenelle-Saint-Germain, n. 48 : Nouveau modèle de beffroi en pierre, à récipient mobile.

275 *Louvois* (le marquis de), à Paris, rue du Faubourg-Saint-Honoré, n. 110 : Modèle pour la navigation des rivières et leur canalisation mobile.

276 *Rouffet*, à Paris, rue du Marché-Neuf, n. 6 ; Machines à vapeur de différents systèmes.

277 *Chrétien*, à Paris, rue du Faubourg-du-Roule, n. 32 : Mécanique pour cardage en fil, coton, laine, soie et crin.

Nᶜˢ   MM.

278 *Roger*, à Paris, place du Panthéon : Battant brocheur et étirage de cuivre et d'acier. Mention honorable en 1834.

279 *Pelletier*, à Paris, rue Saint-Denis, n. 71 : Moulin pour la fabrication du chocolat.

280 *Constantin* et fils, à Paris, rue des Canettes, n. 5 : Presses pour la fabrication des pâtes d'Italie et du vermicelle.

281 *Kaulek*, à Paris, rue Saint-Antoine, n. 31 : Différentes Machines.

282 *Pichet* et *Comp.*, à Paris, avenue Parmentier, n. 3 : Métiers et Machines. Médaille de bronze en 1823; Médaille d'argent en 1827; Médaille d'or en 1834.

283 *Fourneyron*, à Paris, rue de Trévise, n. 5 : Moteurs hydrauliques.

284 *Pecqueur*, à Paris, rue Neuve-Popincourt, n. 11 : Machines à vapeur, Presse continue, etc.

285 *Brocchi*, à Passy, rue de la Pompe, n. 9 : Un Appareil pour la fabrication du gaz.

286 *Saint-Étienne* père et fils, à Paris, rue d'Arcole, n. 1 : Machines propres à la fabrication de la fécule, de l'amidon, etc. Médaille de bronze en 1834.

287 *Lespinasse*, à Paris, rue de Belle-Chasse, n. 44 : Modèle de four à cuire le pain.

288 *Manceau*, à Paris, rue d'Orléans, n. 12 : Modèles de Haquets et de Carrioles et Stores emboîtés.

289 *Huet*, à Paris, rue Neuve-des-Capucines, n. 5 : Différentes Machines. Mention honorable en 1834.

290 *Leda*, à Paris, rue de Grenelle-Saint-Germain, n. 61 : Pompes aspirantes et refoulantes.

291 *Baudot*, à Paris, rue des Marais-du-Temple, n. 10 : Scie circulaire.

292 *Faulcon*, à Paris, rue Jacob, n. 50 : hôtel de Hambourg : Modèle de machine locomotive.

293 *Stolz* et *Comp.*, à Paris, rue Coquenard, n. 22 : Tamis mécaniques, Pompes, Râpes, etc. Citation en 1834.

294 *Stolz* fils, à Paris, rue Coquenard, n. 2 : Machine pour la fabrication des clous d'épingles.

295 *Sorel*, à Paris, rue des Trois-Bornes, n. 60 : Appareils de sûreté contre l'explosion des chaudières, Régulateur du feu. Mention honorable en 1834.

296 *Dioudonnat*, à Paris, rue Saint-Maur-Popincourt, n. 12 : Machines, Maillons de verre, plomb et fil de fabrique pour le montage des métiers. Mention honorable en 1827; Médaille d'argent en 1834.

297 *Coade*, à Paris, rue du Faubourg-du-Temple, n. 18 : Mécanique pour la fabrication des pointes. Médaille de bronze en 1834.

298 *Haize*, à Paris, rue du Faubourg-Saint-Martin, n. 84 : Pompes et Pétrins. Médaille de bronze en 1834.

Nos   MM.

299 *Bourdon*, à Paris, rue du Faubourg-du-Temple, n. 74 : Machines à vapeur et Presses hydrauliques.

300 *Perreve*, à Paris, rue de la Ferme-des-Mathurins, n. 13 : Appareils pour le chauffage au bois et au charbon de terre.

301 *Moulinet*, à Paris, quai Jemmappes, n. 162 : Plans d'une machine à vapeur.

302 *Rabot*, à Paris, rue Phelippeaux, n. 15 : Chars dits de sauvetage contre l'incendie.

303 *Blanchin*, à Paris, rue du Faubourg-Saint-Martin, n. 98 : Différentes mécaniques. Médaille de bronze en 1834.

304 *Dietz*, à Paris, rue Marbeuf, n. 11 : Machine à vapeur.

305 *Raymond*, à Paris, rue du Faubourg-du-Temple, n. 116 et 118 : Machine à vapeur à haute pression.

306 *Leroy*, à Paris, Palais-Royal, n. 13 et 15 : Montres et pendules de voyage. Médaille de bronze en 1834.

307 *Garnier*, à Paris, rue Taitbout, n. 8 *bis* : Horlogerie de précision. Médaille d'argent en 1827 ; Rappel en 1834.

308 *Lerebours*, à Paris, place du Pont-Neuf, n. 13 : Instruments d'optique, de physique, de mathématiques, d'astronomie et de marine. Médaille d'or en 1823 ; Rappel en 1827 ; Nouvelle Médaille d'or en 1834.

309 *Bégognant*, à Paris, rue de la Bienfaisance, n. 32 : Pendule à équation, nouveau système.

310 *Gavard*, à Paris, rue du Marché-Saint-Honoré, n. 4 : Instruments de précision. Médaille d'argent en 1834.

311 *Delamarche*, à Paris, rue du Jardinet, n. 12 : Globes, Sphères, Machines géocycliques.

312 *Brocot*, à Paris, rue d'Orléans (Marais), n. 15 : Régulateur-pendule de cheminée. Médaille de bronze en 1827 ; Rappel en 1834.

313 *Kruines*, à Paris, quai de l'Horloge, n. 61 *bis* : Instruments d'optique et de mathématiques. Mention honorable en 1827 ; Médaille de bronze en 1834.

314 *Callaud*, à Paris, rue Montesquieu, n. 6 : Horlogerie. Mention honorable en 1834.

315 *Bodeur*, à Paris, place Dauphine, n. 2 et 4 : Instruments de précision à l'usage des sciences.

316 *Neubert*, à Paris, rue Sainte-Avoye, n. 14 : Instruments de précision.

317 *Wagner* neveu, à Paris, rue Montmartre, n. 118 : Instruments et machines spéciales. Mentions honorables en 1827 et 1834.

318 *Motel*, à Paris, rue de l'Abbaye, n. 12 : Chronomètres ou montres marines. Médaille d'argent en 1827 ; Médaille d'or en 1834.

319 *Wagner*, à Paris, rue du Cadran, n. 39 : Horloges publiques. Médailles d'argent en 1819, 1823 et 1827 ; Rappel en 1834.

Nᵒˢ   MM.

320 *Margras*, à Paris, rue Neuve-Saint-Méry, n. 15 : Lunettes dites jumelles.

321 *Berolla*, à Paris, rue de la Tour, n. 2 : Pendules portatives et de voyage.

322 *Richer* frères, à Paris, rue du Harlay, n. 5, au Marais : Instruments à l'usage des sciences. Médaille d'argent en 1819.

323 *Larivière*, à Paris, rue Aumaire, n. 3 et 5 : Mesures linéaires.

324 *Boeringer* frères, à Paris, boulevart Poissonnière, n. 18 : Instruments de mathématiques et de précision.

325 *Niot*, à Paris, rue Mandar, n. 10 : Horloges, Tourne-broches et diverses mécaniques.

326 *George*, à Paris, rue Saint-Denis, n. 374 : Pendules, Vases, Corbeilles.

327 *Desbordes*, à Paris, rue Ménilmontant n. 3 : Instruments de mathématiques, de physique, d'optique et modèles de machines à vapeur.

328 *Brishart-Gobert*, à Paris, quai Pelletier, n. 12 : Pièces d'horlogerie détachées, Clefs de montres, Chaînettes, etc.

329 *Bourdin*, à Paris, rue de la Paix, n. 24 : Montres de précision, Pendules, Régulateurs, etc.

330 *Roger* et *Comp.*, à Paris, Palais-Royal, galerie Montpensier, n. 27 : Pendules.

331 *Bonnet*, à Paris, rue Grenetat, n. 16 : Mesures linéaires.

332 *Vande* et *Jeanray*, à Paris, rue des Guillemites, n. 2 : Instruments de précision, Mesures linéaires en cuivre à tirage.

333 *Briet*, à Paris, rue des Gravilliers, n. 22 : Pendules à réveil donnant de la lumière sans le secours de la main.

334 *Deleuil*, à Paris, rue Dauphine, n. 22 et 24 : Instruments de physique, Balances de précision, etc. Mentions honorables en 1823 et 1827; Médaille de bronze en 1834.

335 *Meunier*, à Paris, rue Grenier-Saint-Lazare, n. 7, Clefs dites breguet pour montres et pendules.

336 *Allevy*, à Paris, passage de Tivoli, n. 19 : Cadran perpétuel à quantième.

337 *Robert*, à Paris, rue du Coq-Saint-Honoré, n. 8 : Montres, Pendules et Instruments d'observateur. Médaille d'argent en 1834.

338 *Lebrun*, à Paris, rue du Temple, n. 30 : Instruments d'optique et de mathématiques.

339 *Breton*, à Paris, rue Servandoni, n. 4 : Instruments de physique, de mathématiques et de chimie.

340 *Marchand*, à Paris, rue des Lavandières-Sainte-Opportune, n. 2 : Horlogerie.

341 *Rossin*, à Paris, rue du Bac, n. 1 : Instruments d'optique.

N^{os}   MM.

342 *Vaurien Chardame*, à Paris, rue d'Orléans-Saint-Honoré, n. 12 : Célérimètre.

343 *Charbonnier*, à Paris, Vaugirard, grande rue, n. 209 : Horlogerie.

344 *Billant*, à Paris, rue Saint-Jacques, n. 30 : Instruments de physique.

345 *Chevalier*, à Paris, rue Neuve-des-Bons-Enfants, n. 1 : Instruments d'optique. Médaille d'or en 1834.

346 *Soleil*, à Paris, rue Saint-Honoré, n. 156 : Appareils lenticulaires à phares et feux de ports. Médaille d'argent en 1823 ; Rappel en 1827 et 1834.

347 *Chevalier*, à Paris, quai de l'Horloge, n. 69 : Instruments de physique. Médaille d'argent en 1819 ; Rappel aux expositions suivantes.

348 *Dumoutier*, à Paris, quai des Augustins, n. 59 : Montres marines, Régulateurs, Chronomètres.

349 *Lechevalier*, à Paris, rue Saint-André-des-Arts, n. 63 : Horloges et Pendules.

350 *Ernst*, à Paris, rue de Lille, n. 11 : Instruments de mathématiques, de physique et de chimie.

351 *Grus*, à Paris, rue Saint-Louis au Marais, n. 60 : Pianos carrés et pianos droits. Mention honorable en 1834.

352 *Clara-Marqueron*, à Paris, rue Rochechouart, n. 22 : Pianos carrés.

353 *Gibaut*, à Paris, rue de la Chaussée-d'Antin, n. 38 *bis* : Pianos droits. Mention honorable en 1834.

354 *Hatzenbuhler*, à Paris, faubourg Saint-Antoine, n. 63 : Pianos de différentes formes.

355 *Hintermayer*, à Paris, rue Saint-Honoré, n. 414 : Pianos carrés et autres.

356 *Koska*, à Paris, rue Sainte-Croix-de-la-Bretonnerie, n. 14 : Pianos carrés, pianos droits.

357 *Rosellen* frères, à Paris, passage de l'Industrie, n. 9 : Pianos.

358 *Leblanc*, à Paris, rue de Jouy, n. 11 : un Piano à queue.

359 *Baron*, à Paris, rue de Crussol, n. 10 : un Piano.

360 *Montal* (*Claude*), à Paris, rue de Bussy, n. 19 : Pianos.

361 *Hesselbein*, à Paris, rue J.-J. Rousseau, n. 8 : Pianos.

362 *Raoult*, à Paris, rue des Fossés-Montmartre, n. 14 : Pianos de toutes formes.

363 *Eslanger*, à Paris, rue Montorgueil, n. 8 : Pianos.

364 *Giraud*, à Paris, rue de la Boule-Rouge, n. 11 : Pianos.

365 *Guerber*, à Paris, rue Vivienne, n. 38 *bis* : Pianos.

366 *Roger*, à Paris, rue de Seine-Saint-Germain, n. 32 : Pianos.

367 *Côte*, à Paris, rue Grange-Batelière, n. 21 : Pianos.

368 *Busson*, à Paris, rue Mandar, n. 3 : Pianos.

369 *Mercier*, à Paris, rue Basse-Saint-Pierre, n. 4 : Pianos.

N^{cs}   MM.

370 *Vandeventez*, à Paris, rue Saint-Denis, n. 58 : Pianos.

371 *Thomas*, à Paris, rue Saint-Denis, n. 101 : Pianos.

372 *Schmidt*, à Paris, rue Bourbon-Villeneuve, n. 20 : Pianos.

373 *Kriegelstein et Plantade*, à Paris, boulevart Montmartre, n. 8 : Pianos à queue, carrés et droits. Médaille d'argent en 1834.

374 *Domeny*, à Paris, rue du Faubourg-Saint-Denis, n. 107 : Pianos et Harpes. Médaille d'argent en 1834.

375 *Bell* père et fils, à Paris, rue Saint-Denis, n. 356 : Pianos.

376 *Liegaut*, à Paris, rue Saint-Anastase, n. 6 : Pianos.

377 *Erard*, à Paris, rue du Mail, n. 13, 21 : Pianos.

378 *Pleyel et Comp.*, à Paris, rue de Rochechouart, n. 20 : Pianos.

379 *Pape*, à Paris, rue des Bons-Enfants, n. 19 : Pianos.

380 *Darche et Granjon*, à Paris, rue des Fossés-Montmartre, n. 7 : Orgues d'églises.

381 *Marix*, à Paris, rue du Faubourg-Montmartre, n. 4 : Orgues expressives.

382 *Larroque*, à Paris, rue de Tournon, n. 15 : Orgues.

383 *Duvernoy*, à Paris, rue Montmorency, n. 6 : Orgues expressives.

384 *Bernardel*, à Paris, rue Croix-des-Petits-Champs, n. 43 : Violons, Altos, Basses et Contre-Basses. Médaille de bronze en 1827; Rappel en 1834.

385 *Leclerc*, à Paris, rue des Enfants-Rouges, n. 2 : Nouvel instrument de musique nommé Mélophone.

386 *Isoard*, à Paris, rue des Juifs, n. 21 : Pianos.

387 *Chanot*, à Paris, rue de Rivoli, n. 26 : Violons, Basses, Contre-Basses, etc.

388 *Cheilliot*, à Paris, rue Saint-Honoré, n. 336 : Harpes.

389 *Peccatte*, à Paris, rue d'Angivilliers, n. 18 : Archets pour violon et basse.

390 *Lacote*, à Paris, rue de Louvois, n. 10 : Guitares.

391 *Raoux*, à Paris, rue Serpente, n. 11 : Instruments en cuivre.

392 *Guichard*, à Paris, Cloître-Notre-Dame, n. 6 : Instruments en cuivre.

393 *Adlez*, à Paris, rue Mandar, n. 8 : Instruments à vent.

394 *Laurent*, à Paris, Palais-Royal, galerie de pierre, n. 65 : Flûtes en cristal et en bois.

395 *Winnen*, à Paris, rue Saint-Denis, n. 398 : Flûtes, Clarinettes, Hautbois, etc.

396 *Buffet*, à Paris, rue du Bouloy, n. 4 : Clarinettes. Médaille de bronze en 1834.

397 *Courtois* neveu, à Paris, rue des Vieux-Augustins, n. 34 : Cornets à piston.

Nᶜˢ   MM.

398 *Buffet* fils, à Paris, passage de l'Ancien-Grand-Cerf, n. 2 : Flûtes et Flageolets.

399 *Goyon*, à Paris, rue des Vieux-Augustins, n. 40 : Produits chimiques pour conserver le brillant aux mosaïques, aux cuirs, etc. Mentions honorables en 1827 et 1834.

400 *Regnier*, à Paris, rue Chapon, n. 3 : Bougies stéariques.

401 *Fastier*, à Paris, rue Neuve-Saint-Eustache, n. 41 : Conserves de substances alimentaires.

402 *Tesson*, à Colombes (Seine) : Huile de pieds de bœuf et de mouton, Colle-forte. Mentions honorables en 1827 et 1834.

403 *Déjernon*, à Paris, rue Carpentier, n. 4 : Enduit et mastic destiné à remplacer les ardoises à l'usage des élèves des écoles mutuelles.

404 *Milly* (de), à Paris, rue Rochechouart, n. 40 : Bougies dites de l'Étoile.

405 *Degrand*, à Paris, boulevart du Temple, n. 38 : Conserves de substances alimentaires.

406 *Dezobry*, à Paris, rue du Faubourg-Poissonnière, n. 4 : Conserves de fruits et légumes.

407 *Feyeux*, à Paris, rue Taranne, n. 16 : Pâtes alimentaires.

408 *Chomeau*, à Paris, rue Quincampoix, n. 63 : Chocolats.

409 *Menier*, à Paris, rue des Lombards, n. 37 : Gruaux, Orges perlées, Chocolats. Médaille d'argent en 1834.

410 *Languereau*, à Paris, passage Choiseuil, n. 12, 14 : Farines de légumes cuits, Pâtes.

411 *Jacob et Comp.*, route d'Allemagne, n. 113, à la Petite-Villette : Dextrine, et appareil chirurgical.

412 *De Chauvigny de Blot*, aux Batignolles, rue de l'Église, n. 7 : Moutarde digestive.

413 *Groult*, à Paris, rue Sainte-Appoline, n. 16 : Pâtes et farines pour potages et purées.

414 *Jannet*, à Paris, rue des Trois-Bornes, n. 1 : Orseille.

415 *Beauvallet*, à Vaugirard, Grande-Rue, n. 33 : Sucres cristallisés aromatisés.

416 *Pelletier*, *Délondre* et *Levaillant*, à Paris, rue Vieille-du-Temple, n. 19 : Sulfate de quinine et autres sels de quinquina.

417 *Leperdriel*, à Paris, rue du Faubourg-Montmartre, n. 78 : Produits pharmaceutiques.

418 *Besseyre*, à Paris, rue des Acacias, n. 5 : Vernis divers et matières colorantes des bois de teinture.

419 *Colville*, à Paris, rue des Vinaigriers, n. 24 : Couleurs pour peindre sur porcelaine; émail, verre et toutes sortes de poteries.

420 *Poncet*, à Paris, rue Saint-Denis, n. 99 : Teinture sur tissus de laine.

421 *Ledansour et Délaruelle*, à Paris, rue du Petit-Thouars, n. 20 : Crayons pour le dessin et de toutes couleurs.

N^{cs}   MM.

422 *Baube*, à Paris, rue de la Tixeranderie, n. 25 : Couleurs à l'alcool. Citation en 1834.

423 *Poinssot*, à Paris, rue Saint-Martin, n. 73 : Couleurs fines en tablettes et en écailles.

424 *Panier*, à Paris, rue Vieille-du-Temple, n. 75 : Couleurs superfines pour tous les genres de peintures.

425 *Klein*, à Paris, rue Saint-Honoré, n. 361 : Teinture en réserve des Châles de cachemire et dépiquage des étoffes.

426 *Mourot* et *Denis*, à Paris, rue Saint-Martin, n. 228 : Teinture fixe sur peaux.

427 *Dutfoy*, à Paris, rue du Plâtre-Saint-Jacques, n. 28 : Couleurs fines en tablettes.

428 *Carré* et *Barraude*, à Paris, rue des Cinq-Diamants, n. 11 : Teinture fixe pour la chaussure et la ganterie.

429 *Guitton*, à Paris, rue des Vieux-Augustins, n. 58 : Cirages vernis et autres.

430 *Michel*, à Puteaux (Seine) : Extraits de matières colorantes.

431 *Gobert*, à Paris, rue Blanche, n. 3 : Couleurs extraites de la garance.

432 *Panay*, à Puteaux, rue de Surènes (Seine) : Extraits de matières colorantes des bois de teinture.

433 *Lange-Desmoulin*, à Paris, rue du Roi-de-Sicile, n. 32 : Vermillon.

434 *Dorin*, à Paris, rue Grenier-Saint-Lazare, n. 27 : Rouge végétal, blanc végétal.

435 *Cruel*, *Trempé* et *Bernheim*, à la Villette, Grande-Rue : Peaux teintes et mégissées.

436 *Berville*, à Paris, rue de la Chaussée-d'Antin, n. 29 : Couleurs préparées pour l'aquarelle.

437 *Fonrouge*, à Paris, rue Rousselet-Saint-Germain, n. 14 : Tuyaux de cheminées en terre cuite.

438 *Brisset-Azambre* et *Comp.*, à Paris, rue Richer, n. 38 : Faïence fine imitant la porcelaine.

439 *Bontems-Lormier* et *Comp.*, à Choisy-le-Roi (Seine) : Cristaux, Verres à vitre, Cylindres, Verres coloriés, Vitraux, Flintglass et Crown-glass. Médailles d'argent en 1823, 1827 et 1834.

440 *Souillard*, à Paris, rue du Helder, n. 13 : Médailles et matières plastiques. Mention honorable en 1834.

441 *Dutremblay*, à Chaillot (Seine) : Peinture sur porcelaine.

442 *Masson* frères, à Paris, rue de la Roquette, n. 39 : Articles de faïence à l'usage des parfumeurs, vinaigriers, etc.

443 *Rouveaux*, à Paris, rue Transnonain, n. 42 : Poteries pour le bâtiment.

444 *Desfossés* frères, à Paris, rue de Bondy, n. 72 : Couleurs pour peindre sur porcelaine.

Nᵒˢ   MM.

445 *Tinet*, à Paris, rue du Bac, n. 29 : Porcelaines et cristaux.

446 *Disery-Talmours*, à Paris, rue Popincourt, n. 68 : Porcelaines.

447 *Margaine* et *Dubois*, à Paris, rue de la Borde, n. 7 : Porcelaines.

448 *Class*, à Paris, rue Pierre-Levée, n. 8 : Porcelaines, Mouffles de peintres et d'émailleurs.

449 *Vion*, à Paris, rue de Bondy, n. 10 : Décors sur porcelaine.

450 *Honoré*, à Paris, boulevart Poissonnière, n. 4 : Porcelaines blanches et décorées. Mention honorable en 1827; Médaille de bronze en 1834.

451 *Rousseau*, à Paris, rue Ménilmontant, n. 108 : Peinture et dorure sur porcelaine.

452 *Jacob-Petit*, à Paris, rue de Bondy, n. 26 : Porcelaines.

453 *Simon*, à Paris, boulevart Montmartre, n. 13 : Peinture et dorure sur porcelaine.

454 *Les administrateurs de la manufacture des glaces de Saint-Gobain*, à Paris, rue Saint-Denis, n. 313 : Glaces et miroirs. Médaille d'or en 1823; Rappels en 1827 et 1834.

455 *Marinet*, à Paris, rue des Francs-Bourgeois, n. 4 : Plaques de propreté et glaces.

456 *Martin*, à Paris, rue de Richelieu, n. 77 : Taille de cristaux.

457 *Julienne-Moureau*, à Paris, rue du Bac, n. 50 : Verreries et Cristaux peints par un nouveau procédé.

458 *Corderant*, à Paris, rue de Braque, n. 4 : Cristaux garnis pour l'ameublement et le bâtiment.

459 *Jouin*, à Paris, rue du Chaume, n. 3 : Pendules, Vases, Candelabres en bois, matières plastiques, zinc, carton-pierre et plâtre imitant le bronze.

460 *Wallet*, à Paris, rue Bergère, n. 20 : Ornements d'architecture en carton-pierre. Médaille de bronze en 1827; Médaille d'argent en 1834.

461 *Hallé*, à Paris, rue Bailleul, n. 7 : Mannequins et Armures en papier collé.

462 *Tirrart*, à Paris, impasse Cendrier, n. 4 : Sculpture en carton-pierre. Médaille de bronze en 1834.

463 *Bernard*, à Paris, rue du Coq-Saint-Honoré, n. 4 : Carton-pierre imitant les marbres. Mention honorable en 1834.

464 *Lacarrière*, à Paris, rue Sainte-Élisabeth, n. 3 : Devanture de boutique en cuivre tiré sur bois, et Ornements de fantaisie.

465 *Choumer*, à Paris, rue Sainte-Avoye, n. 42 : Meubles.

466 *Osmont*, à Paris, boulevart Beaumarchais, n. 65 : Meubles et Panneaux d'appartement.

467 *Behr*, aux Batignolles, rue de la Paix, n. 36 : Sculpture et Tabletterie.

Nos   MM.

468 *Savary*, à Paris, rue Mazarine, n. 40 : Cadres pour gravures et dessins.

469 *Gorez*, à Paris, rue Michel-le-Comte, n. 33 : Tabletterie fine et de fantaisie. Mention honorable en 1834.

470 *Gossé de Billy* et *Comp.*, à Paris, rue de l'Arcade, n. 4 : Ébénisterie, Plafonds.

471 *Fischer* père et fils, à Paris, impasse Guéménée, n. 3 : Ébénisterie, Bronze, Dorure. Médaille d'argent en 1834.

472 *Minter* et *Lorimier*, à Paris, rue de Lesdiguières, n. 7 : Moulures guillochées et Placage.

473 *Féron*, à Paris, rue de Clichy, n. 29 : Mains courantes de rampes, Parquets, Mosaïques.

474 *Année*, à Paris, rue Chapon, n. 18 : Nécessaires et Boîtes, Fantaisies.

475 *Nezot*, à Paris, rue Saint-Augustin, n. 34 : Boîtes ovales pour les objets de mode.

476 *Busnel*, à Paris, rue Dupetit-Thouars, n. 20 : Meubles et Ébénisterie en tous genres.

477 *Guérin*, à Paris, rue de la Tixeranderie, n. 27 : Lettres et Ornements en bois découpés et un Modèle de mécanique. Citation en 1834.

478 *Bellangé*, à Paris, passage Saulnier, n. 8 : Meubles divers. Médaille d'argent en 1827; Rappel en 1834.

479 *Collas* et *Barbedienne*, à Paris, boulevart Poissonnière, n. 6 : Sculptures exécutées à la mécanique.

480 *Youf*, à Paris, boulevart Saint-Martin, n. 43 : Meubles. Médaille de bronze en 1827.

481 *Proeschel*, à Paris, boulevart Saint-Martin, n. 4 : Meubles.

482 *Coulon*, à Paris, rue Contrescarpe-Saint-Antoine, n. 70 : Table en bois de palissandre sculpté.

483 *Laux*, à Paris, rue Saint-Pierre-Amelot, n. 18 : Ébénisterie.

484 *Marloye*, à Paris, rue de la Harpe, n. 59 : Appareils d'acoustique, Planches à dessiner, Règles, etc.

485 *Goudel* et *Comp.*, à Paris, rue des Vinaigriers, n. 28 : Meubles en laque.

486 *Vidron*, à Paris, rue Saint-Denis, n. 160 : Brosserie.

487 *Fanon*, à Paris, rue Montmartre, n. 170 et 173 : Layeterie pour l'emballage. Citation en 1834.

488 *Vedel* et *Comp.*, à Paris, rue Richelieu, n. 91 : Nécessaires.

489 *Aubin*, à Paris, rue Sainte-Appoline, n. 2 : Meubles sculptés.

490 *Barbier*, à Paris, rue des Trois-Pavillons, n. 16 : Ébénisterie en bois d'acajou et de palissandre.

491 *Schwikarde*, à Passy, rue de la Pompe, n. 4 : Solives en fer destinées à remplacer le bois.

Nᵒˢ   MM.

492 *Garraut*, à Paris, rue du Faubourg-Saint-Antoine, n. 71 : Sculptures en bois pour meubles.

493 *Goebel*, à Paris, rue Michel-le-Comte, n. 24 : Objets de fantaisie en bois des îles.

494 *Lagrange*, à Paris, rue Saint-Antoine, n. 163 : Objets de tour.

495 *Puget*, à Paris, rue des Francs-Bourgeois, n. 25 : Peignes pour la coiffure des dames.

496 *Jonval*, à Paris, passage Sainte-Croix-de-la-Bretonnerie, n. 5 : Mosaïque en bois, et filets pour incrustation.

497 *Moreau*, à Paris, rue du Petit-Lion-Saint-Sauveur, n. 13 : Objets en ivoire sculpté.

498 *Féragus*, à Paris, rue de Bréda, n. 12 : Crémones françaises. Mention honorable en 1834.

499 *Baudry*, à Paris, rue Neuve-Saint-Roch, n. 10 : Meubles divers. Médaille de bronze en 1827.

500 *Lemarchand*, à Paris, rue des Tournelles, n. 17 : Billard, Meubles.

501 *Klein*, à Paris, rue du Faubourg-Saint-Antoine, n. 110 : Meubles de fantaisie et autres.

502 *Florange*, à Paris, rue du Faubourg-Saint-Antoine, n. 20 : Meubles divers.

503 *Jacob-Desmalter*, à Paris, rue des Vinaigriers, n. 23 : Meubles divers. Rappel de Médaille d'or en 1819. Rappel en 1827.

504 *Baadé*, à Paris, Petite-rue-Neuve-Saint-Gilles, n. 3 bis : Échantillons de moulures guillochées.

505 *Guerin*, à Paris, boulevart Beaumarchais, 29 : Objets de tour.

506 *Wolf*, à Paris, rue Saint-Martin, n. 265 : Tabletterie en ivoire et en bois des îles.

507 *Dieu*, à Paris, rue Saint-Antoine, n. 32 : Cadres vernis pour remplacer la dorure.

508 *Vautrin*, à Paris, rue de la Sourdière, n. 11 : Nécessaires.

509 *Aubrun* et *Hierr*, à Grenelle (Seine), rue de Grenelle, n. 9 : Un comble de bâtiment.

510 *Albrecht*, à Paris, rue de Charonne, n. 18 : Meubles.

511 *Haumont*, à Paris, rue de Bourgogne, n. 12 : Modèle de parquet.

512 *Simon*, à Paris, rue Bourg-Labbé, n. 17 : Objets de fantaisie.

513 *Legand*, à Paris, passage Bourg-Labbé, n. 17 : Cannes et manches d'ombrelles.

514 *Lebouteillier*, à Paris, rue de la Bourse, n. 1 : Gravures publiées dans l'album de l'industrie.

515 *Lanet de Limencey*, à Paris, rue des Filles-Saint-Thomas, n. 9 : Appareils-prompt-copistes.

516 *Schonenberger*, à Paris, boulevart Poissonnière, n. 10 : Musique gravée.

Nᶜˢ MM.

517 *Loeulliet*, à Paris, rue Poupée, n. 7 : Gravure de poinçons sur acier. Mention honorable en 1834.

518 *Tantenstein* et *Cordel*, à Paris, rue de la Harpe, n. 90 : Musique imprimée.

519 *Thuvien*, à Paris, rue de Condé, n. 9 : Affiches de grandes dimensions.

520 *Legrand*, à Paris, rue du Cherche-Midi, n. 99 : Caractères d'imprimerie, poinçons en acier de caractères chinois. Mention honorable en 1834.

521 *Best* et *Loir*, à Paris, rue des Grands-Augustins, n. 21 : Gravures typographiques sur bois et sur cuivre. Médaille de bronze en 1834.

522 *Girard*, à Paris, rue Saint-Martin, n. 254 : Stores imprimés.

523 *Brullé Regnault*, à Paris, rue Neuve-des-Petits-Champs, n. 65 : Dessins pour broderies.

524 *Buignier*, à Paris, rue Salle-au-Comte, n. 14 : Poinçons coulés en fonte douce, ciselés et trempés.

525 *Gouyron*, à Paris, rue des Mathurins-Saint-Jacques, n. 18 : Dessins de broderies.

526 *Brevière*, à Paris, rue des Beaux-Arts, n. 3 : Gravure sur bois.

527 *Tronquoy*, à Paris, rue du Faubourg-Saint-Denis, n. 108 : Dessins pour l'industrie.

528 *Clément*, à Paris, quai Voltaire, n. 1 : Fleurs gravées à l'usage des fabriques.

529 *Thierry*, à Paris, Cité-Bergère, n. 1 : Impressions lithographiques.

530 *Lecomte*, à Paris, rue Sainte-Anne, n. 57 : Gravures lithographiques d'ornements à l'usage des fabriques.

531 *Collière*, à Paris, rue de Trévise, n. 39 : Dessins à l'usage des fabriques.

532 *Curmer*, à Paris, rue Richelieu, n. 49 : Éditions illustrées : — la Bible, l'Imitation de Jésus-Christ, les Saints-Évangiles, Paul et Virginie, le Discours sur l'Histoire universelle de Bossuet, la Grèce pittoresque et historique. — Comparaison entre les produits illustrés de la presse anglaise et de la presse française. — Reliures avec applications de bronzes dorés, d'ivoires sculptés.

533 *Engelmann*, à Paris, Cité-Bergère, n. 1 : Impressions lithographiques en couleur.

534 *Kaeppelin*, à Paris, rue du Croissant, n. 20 : Estampes imprimées sur zinc.

535 *Deschamps*, à Paris, rue Saint-Jacques, n. 67 : Épreuves de vignettes. Médaille de bronze en 1834.

536 *Gihaut*, à Paris, boulevart des Italiens, n. 5 : Impressions lithographiques.

537 *Robert*, à Paris, rue de la Verrerie, 34 : Dessin de tapisserie pour la broderie.

538 *Bouvet* et *Gambière*, à Paris, rue Castiglione, n. 12 : Cachets et Armoiries.

N^{cs}   MM.

539 *Derriey*, à Paris, rue Notre-Dame-des-Champs, n. 8 : Gravures sur acier.

540 *Cochery* (madame veuve), à Paris, rue Dauphine, n. 12 : Pinceaux et brosses pour peinture. Mention honorable en 1834.

541 *Saunier*, à Paris, rue Bourg-Labbé, n. 50 : Pinceaux et brosses pour peinture. Mention honorable en 1827. Médaille de bronze en 1834.

542 *Saunier* (madame), à Paris, quai de la Mégisserie, n. 38 : Pinceaux et brosses pour peinture.

543 *Bonhomme*, à Paris, rue des Fossés-Saint-Germain-des-Prés, n. 29 : Chevalets et Échelles pour les graveurs et les peintres.

544 *Drains*, à Paris, rue des Fossés-Saint-Germain-l'Auxerrois, n. 26 : Brosses et Pinceaux. Mention honorable en 1834.

545 *Fessard*, à Paris, rue des Cinq-Diamants, n. 2 : Figures et Fruits en cire.

546 *Le Bémy*, à Paris, rue du Faubourg-Saint-Martin, n. 22 : Paravents, Écrans, etc. Mention honorable en 1834.

547 *Drugeon*, à Paris, rue Phelippeaux, n. 27 : Bois-tôle, Carton-vernis imitant la laque de Chine.

548 *Savary* et *Delattre*, à Paris, rue du Roule, n. 1 : Stores et Écrans.

549 *Simon*, à Paris, rue Saint-Martin, n. 275 : Lunettes, Pommes de cannes, etc.

550 *Marrel*, à Paris, rue Phelippeaux, n. 15 : Écrans.

551 *Cattaert*, à Paris, faubourg Saint-Denis, n. 25 : Lustres, Cristaux à branches mobiles, Pendules candélabres, Girandolles.

552 *Gagnaux*, à Paris, faubourg Saint-Denis, n. 17 : Lustres, Cassolette, Objets de lampiste. Médaille de bronze en 1819 ; Rappel aux expositions suivantes.

553 *Careau*, à Paris, rue Croix-des-Petits-Champs, n. 27 : Lampes mécaniques.

554 *Joanné* frères, à Paris, rue Sainte-Avoye, n. 63 : Lampes dites Asteares. Médaille de bronze en 1834.

555 *Dumbrowski*, à Paris, rue Saint-Honoré, n. 343 : Lampes mécaniques, système Carcel. Citation en 1834.

556 *Merkel*, à Paris, rue du Bouloy, n. 24 : Briquets de différents genres. Mention honorable en 1834.

557 *Bernet*, à Paris, rue Saint-André-des-Arts, n. 73 : Lampes hydrauliques et articles de ferblanterie.

558 *Dubain*, à Paris, galerie Colbert, n. 4 : Lampes hydrauliques.

559 *Mangal*, à Paris, rue de Ponthieu, n. 16 : Lampes mécaniques.

560 *Cabeu*, à Paris, rue de la Grande-Friperie, n. 21 : Lampes à bouchons hermétiques et à courant d'air.

561 *Robert*, à Paris, impasse de la Boule-Rouge, n. 4 : Appareils d'éclairage.

Nᵒˢ   MM.

562 *Jencel*, à Paris, rue Sainte-Croix-de-la-Bretonnerie, n. 34 : Veilleuses en matière plastique.

563 *Barreaux* et *Dehennault*, à Paris, rue Neuve-Vivienne, n. 30 : Lampes mécaniques.

564 *Jacquinet* et *Graux*, à Paris, rue Grange-Batellière, n. 18-20 : Cheminées et appareils à foyer mobile. Mentions en 1823, 1827 et 1834.

565 *Meynial*, à Paris, rue de l'Arbre-Sec, n. 50 : Fourneaux économiques. Trois mentions honorables en 1819, 1823 et 1827. Médaille d'argent en 1834.

566 *Grenier*, à Paris, rue Saint-Germain-l'Auxerrois, n. 43 : Fourneaux et cheminées mécaniques.

567 *Petit*, à Paris, rue Grange-Batelière, n. 21 : Cheminées calorifères.

568 *Bousseroux*, à Paris, rue Mandar, n. 5 : Fourneaux économiques.

569 *Bordon*, à Paris, rue Coquenard, n. 44 : Cheminées-appareils de cheminées et stucs appliqués aux devantures desdits appareils. Mentions honorables en 1823, 1827 et 1834.

570 *Lassalle*, à Paris, rue Saint-Dominique-Saint-Germain, n. 25 : Cheminées et poêles à foyers mobiles, cheminées coulantes, etc.

571 *Millet* et *Jacquin-Millet*, à Paris, rue Montmartre, n. 164 : Appareils de chauffage. Mentions honorables en 1827 et 1834.

572 *Hurez*, à Paris, faubourg Montmartre, n. 42 : Cheminées en fer-tôle et cuivre. Mention honorable en 1834.

573 *Barbeau*, à Paris, quai de la Mégisserie, n. 32 : Cheminées et poêles en fonte.

574 *Chevalier-Curt*, à Paris, rue Saint-Jacques, n. 264 : Fourneau de cuisine en fonte.

575 *Voitelain*, à Paris, rue Bourbon-Villeneuve, n. 57 : Appareils de chauffage.

576 *Laroche*, à Paris, rue Saint-Étienne, n. 13 : Fourneaux économiques et autres appareils.

577 *Wegts*, *Noyelle* et *Bertrand*, à Paris, rue Grange-Batelière, n. 17 : Cheminées, poêles calorifères, etc.

578 *Maratuen*, à Paris, rue des Marais-du-Temple, n. 11 bis : Appareils contre l'incendie.

579 *Charoy*, à Lachapelle-Saint-Denis, Grande-Rue, n. 133 (Seine) : Différentes pièces d'artifice.

580 *Aucoc*, à Paris, rue de la Paix, n. 4 bis : Nécessaires-toilettes en vermeil. Médaille d'argent aux expositions précédentes.

581 *Langevin*, à Grenelle, rue Croix-Nivaire, n. 39 (Seine) : Biberons.

582 *Dégrange*, à Paris, rue Quincampoix, n. 93 : Baleine refoulée pour la fabrication des cannes, Fouets, Cravaches, Baguettes de fusil, etc.

583 *Fenoux*, à Paris, rue de Grenelle-Saint-Honoré, n. 51 : Portefeuilles

N^{es}   MM.

et nécessaires. Mention honorable en 1827; Médaille de bronze en 1834.

584 *Cazal*, à Paris, boulevart Montmartre, n. 10 : Parapluies et ombrelles à bagues et bascules.

585 *Fabel* frères, à Paris, rue du Sentier, n. 18 : Lettres découpées en papier or et argent pour être appliquées sur draps.

586 *Chevalier*, à Paris, rue Montmartre, n. 140 : Baignoires-appareils pour bains de vapeur pour cuire les légumes, etc.

587 *Petit*, à Paris, rue de la Cité, n. 19 : Thermopode, appareil pour bains de pieds.

588 *Ducommun*, à Paris, boulevart Poissonnière, n. 6 : Fontaine à filtre de charbon, Boîtes à pression, Vases, Bidons, Tonneaux pour la mer, etc.

589 *Marchèse*, à Paris, rue d'Angoulême, n. 25 : Parquets, Décors d'appartements et divers Appareils.

590 *Lamy*, à Paris, boulevart Beaumarchais, n. 63 : Baignoires en zinc. Mention honorable en 1834.

591 *Huet-Gaffin*, à Paris, rue Saint-Denis, n. 303 : Plume, Duvet, Laine et crin épurés. Citation en 1834.

592 *Leloge*, à Paris, rue Saint-Étienne-Bonne-Nouvelle, n. 15 : Fontaines filtrantes. Citation en 1834.

593 *Azur* et *Blamploix*, à Paris, rue Sainte-Avoye, n. 70 : Appareils des bains de vapeurs portatifs.

594 *Lamotte*, à Paris, boulevart Montmartre, n. 10 : Garderobes fixes et portatives, Pompes.

595 *Durand*, à Paris, rue Saint-Nicolas-d'Antin, n. 24 : Garderobes inodores, Pompes hydrauliques. M. Durand père a obtenu, en 1834, une Mention honorable.

596 *Havard*, à Paris, rue Béthizy, n. 20 : Garderobes hydrauliques.

597 *Ramachard*, à Paris, rue Sainte-Anne, n. 54 : Garderobes et appareils inodores.

598 *Bourg*, à Bercy, rue de Charenton, n. 68 : Siége secret.

599 *Amoros*, à Paris, rue Jean-Goujon, n. 6 : Instruments et Machines gymnastiques.

600 *Bouhardet*, à Paris, rue de Bondy, n. 66 : Billards. Mention honorable en 1834.

601 *Plenel*, à Paris, boulevart Saint-Martin, n. 8 : Billards.

602 *Cosson*, à Paris, rue Grange-aux-Belles, n. 20 bis : Billards. Mention honorable en 1827, 1834.

603 *Quilelouvette* et *Thomeret*, à Paris, rue des Marais, n. 47 : Billards.

604 *Berthelot* (*Nicole*), à Paris, rue de Cléry, n. 9 : Lit mécanique pour les malades.

605 *Samson*, à Paris, rue de l'École-de-Médecine, n. 30 : Instruments de chirurgie. Médaille de bronze en 1834.

Nᵒˢ   MM.

606 *Thibert*, à Paris, rue du Cherche-Midi, n. 100 : Pièces anato-
miques.

607 *Bourgogne*, à Paris, quai Napoléon, n. 15 : Préparations d'animaux,
de végétaux et de minéraux.

608 *Burat* frères, à Paris, rue Mandar, n. 12 : Bandages herniaires.

609 *Zwang*, à Paris, rue de l'École-de-Médecine, n. 4 : Préparations ana-
tomiques en cire, Animaux disséqués.

610 *Mellecat*, à Paris, rue Neuve-des-Petits-Champs, n. 50 : Lits mécaniques à l'usage des malades, Baignoires.

611 *Gannal*, à Paris, rue des Grands-Augustins, n. 23 : Animaux conser-
vés et empaillés.

612 *Valérius*, à Paris, rue du Coq-Saint-Honoré, n. 7 : Appareils orthopédiques et Bandages herniaires.

13 *Delage-Montignac*, à Paris, rue Saint-Honoré, n. 414 : Lignes-filets,
Cannes, etc., pour la pêche. Mention honorable en 1834.

614 *Lainé (Jean)*, à Paris, rue Saint-Antoine, n. 233 : Fusils.

615 *Gastine-Renette*, à Paris, Rond-Point-des-Champs-Élysées, n. 1 : Fusils et Pistolets, un Manomètre. Médaille de bronze en 1823.

616 *Jubé*, à Paris, rue de la Bourse, n. 10 : Fusils et Pistolets.

617 *Caron*, à Paris, passage de l'Opéra, galerie du Baromètre, n. 20 :
Armes de chasse et de luxe.

618 *Lepage*, à Paris, rue de Richelieu, n. 13 : Armes à feu, Armes blanches. Médaille d'argent et Rappel en 1827, 1834.

619 *Savouré*, à Paris, rue Saint-Denis, n. 243 : Articles de pêche et de
chasse.

620 *Rachée (de la)*, à Paris, rue Saint-Guillaume, n. 29, faubourg Saint-
Germain : Fusils se chargeant par la culasse.

621 *Beringer*, à Paris, rue du Coq-Saint-Honoré, n. 6 : Fusils et Pistolets.

622 *Houllier-Blanchard*, à Paris, rue de Cléry, n. 36 : Fusils et Pistolets
de luxe.

623 *Plondeur*, à Paris, place de la Bourse, n. 4 : Fusils et Pistolets.

624 *Montels*, à Paris, au Pont-aux-Huîtres : Filets de pêche.

625 *Lefaure*, à Paris, boulevart Poissonnière, n. 9 : Fusils et Pistolets.

626 *Touchard et Martin*, à Paris, rue de Bondy, n. 23 : Fusils et Pistolets, Poires à poudre et Cartouches.

627 *Goddet et Alkin*, à Paris, rue Saint-Lazare, n. 124 : Canons de fusils
et de pistolets.

628 *Delatour*, à Paris, rue Jean-Goujon, n. 2 : Patins-nageoires.

629 *Brunet de Lagrange*, à Paris, rue de la Chaussée-d'Antin, n. 31 : Tableaux synoptiques de l'éducation des vers à soie.

N^{os}   MM.

630 *Pestre* (le comte de), à Paris, rue du Chemin-de-Versailles : Contre-application de la poudre des ailes de papillons sur le papier.

631 *Cuiller*, à Paris, au théâtre des Variétés : Modèle d'appareil contre l'incendie des ccintres de théâtre.

632 *Chagot*, à Paris, rue de Richelieu, n. 81 : Noms et Numéros pouvant être placés dans les lanternes pour indiquer les rues.

633 *Lemaire*, à Paris, rue de Béthizy, n. 8 : Cuirs et Pâtes pour faire couper les rasoirs.

634 *Dier*, à Paris, rue Saint-Honoré, n. 129 : Vieux habits remis à neuf.

635 *Passerieux*, à Paris, rue du Faubourg-Poissonnière, n. 13 : Sonnettes et Cordons acoustiques.

636 *Duclaux*, à Paris, rue Saint-Honoré, n. 152 : Modèles d'architecture romaine en relief.

637 *Bert*, à Paris, rue de Richelieu, n. 31 : Capote, Tente pour l'armée.

638 *Marquizet*, à Paris, rue Royale, n. 8, cour Saint-Martin : Plats à barbe, Chauffe-bettes et Chauffe-pieds.

639 *Lechevalier*, à Paris, rue Hauteville, n. 22 : Tissus divers, Papiers, Cartons ininflammables.

640 *Fasola*, à Paris, rue de Richelieu, n. 67 : Couvertures de lits en laine floche filée de diverses couleurs.

641 *Billiet*, à Paris, rue du Sentier, n. 19 : Laine peignée, filée, Chaîne et Trame simple, et Chaîne retorse.

642 *Cocheteux* (*Florentin*), à Paris, rue du Mail, n. 9 : Tissus divers pure laine, laine et coton, laine et soie.

643 *Petit*, à Paris, rue de la Roquette, n. 67 : Laines peignées, filées.

644 *Denille* et *Lagarde*, à Paris, rue Mauconseil, n. 18 : Fils à cardes.

645 *Debras*, à Paris, rue Neuve-Saint-Eustache, n. 30 : Châles cache-mires et Articles de nouveautés en châles.

646 *Feray* et *Comp.*, à Paris, rue du Sentier, n. 3 : Lin filé, Étoupes fi-lées, Service de table damassé en fil.

647 *Boucher* et *Comp.*, à Paris, rue Thévenot, n. 15 *bis* : Cocons de vers à soie, Soie grège.

648 *Hamelin*, à Paris, rue Saint-Denis, n. 264 : Soie pour coudre, bro-der, etc.

649 *Charliat*, à Paris, rue Vivienne, n. 12 : Blondes et Broderies. Mé-daille de bronze en 1834.

650 *Doderet*, à Paris, rue Vivienne, n. 57 : Broderies diverses pour orne-ments d'église et de fantaisie. Mention honorable en 1827 et 1834.

651 *Christmann*, à Paris, rue Saint-Honoré, n. 131 : Fourrures et Pelle-teries.

652 *Lannier*, à Paris, rue Neuve-des-Petits-Champs, n. 6 : Broderies, Lingerie sur mousseline, Batiste et Jaconas.

Nᵒˢ MM.

653 *Bucher*, à Paris, boulevart Montmartre, n. 15 : Broderies en tapisserie pour fauteuils, et Canevas de coton et de laine.

654 *Rebourcel*, à Paris, rue Neuve-Saint-Eustache, n. 5 : Filets à la mécanique à mailles carrées, propres au délétage des vers à soie.

655 *Lizé* (madame), à Paris, galerie Colbert, n. 19 : Tapisserie à l'aiguille pour fauteuils, Tapis de lits, Écrans.

656 *Ascher* et *Prévost*, rue Saint-Denis, n. 284 : Tapis.

657 *Draps*, à Paris, rue Saint-Denis, n. 311 : Broderies et Lingeries.

658 *Perréc*, à Paris, n. rue Sainte-Opportune, n. 7 : Châles, Mantelets, Gants en filet.

659 *Laure* et *Comp.*, à Paris, rue de Cléry, n. 40 : Robes, Châles, Fichus brodés.

660 *Bertrand* et *Vidil*, rue du Gros-Chenet, n. 3 : Robes et Mouchoirs brodés.

661 *Roussel* et *Comp.*, à Paris, rue Saint-Sauveur, n. 18 : Ouvrages au filet en tous genres.

662 *Biais*, à Paris, rue du Pot-de-Fer-Saint-Sulpice, n. 4 : Ornements d'église et Broderies.

663 *Ledard*, à Paris, rue Saint-Honoré, n. 357 bis : Fourrures.

664 *Sallandrouze Lamornaix*, à Paris, boulevart Poissonnière, n. 23 : Tapis et Tapisseries diverses. Médaille d'argent en 1827 ; Médaille d'or en 1834.

665 *Le même*, à Aubusson (Creuse) : Tapis, Tapisseries diverses, Moquettes, etc.

666 *Vinken*, à Paris, rue Saint-Honoré, n. 315 : Fontaines à thé en bronze, Bassinoires, etc. Mention honorable en 1834.

667 *Rheins* et *Comp.*, à Paris, rue Saint-Martin, n. 223 : Draps imprimés en relief, Cabats, etc.

668 *Depoully*, au château de Puteaux (Seine) : Impressions, Teintures sur étoffes.

669 *Gagin*, à Clignancourt (Seine), rue des Portes-Blanches, n. 2 : Cuirs et Tissus imprégnés de caoutchouc pour Manteaux, Souliers, etc., imperméables.

670 *Feldtrappe*, à Paris, rue du Faubourg-Saint-Denis, n. 152 : Cylindres gravés à la molette pour l'impression sur étoffes et papiers. Médaille d'argent en 1834.

671 *Faure de Montigny* (mademoiselle), à Paris, rue de Bondy, n. 42 : Fleurs en plume et en papier. Citation en 1834.

672 *Veny* (madame), à Paris, marché Saint-Honoré, n. 26 : Fleurs artificielles.

673 *Dubouloy*, à Paris, rue Saint-Denis, n. 276 : Plumes en Fleurs artificielles.

N^{os} MM.

674 *Clouet*, à Paris, rue des Gravilliers, n. 64 : Rayage sur peaux à l'usage du portefeuille et de la gaînerie.

675 *Ducastel*, à Paris, rue du Hasard, n. 8 : Gants de chevreau. Médaille de bronze en 1834.

676 *Langlois*, à Paris, rue Grenétat, n. 29, et rue Chabrol, n. 33 : Boutons et Médailles en cuivre, Boutons en soie, à queues flexibles.

677 *Renou*, à Paris, rue Mouffetard, n. 29 : Tannage de peaux de toutes espèces.

678 *Hayet*, à Paris, rue Sainte-Avoye, n. 44 : Portefeuilles de soie, maroquin, avec et sans serrures.

679 *Bochet*, à Paris, rue Quincampoix, n. 11 : Bóttes pour le service des égouts, canaux, et pour la pêche.

680 *Barlet*, à Paris, rue de la Jussienne, n. 12 : Formes de souliers et Embouchoirs de bottes.

681 *Vincent*, à Paris, rue Geoffroy-l'Angevin, n. 15 : Peaux de mouton maroquinées de toutes couleurs.

682 *Fauler* frères, à Choisy-le-Roi (Seine) : Peaux de veaux, mouton, chèvre, pour la chaussure, la sellerie, etc.

683 *Dubain*, à Paris, galerie Colbert, n. 4 : Plateaux, Corbeilles à pain et à argenterie, Écrans en carton verni décorés en laque de Chine.

684 *Pattandier*, à Paris, quai Voltaire, n. 3 *bis* : Sellerie d'équipage et de voyage. Citation en 1827. Médaille de bronze en 1834.

685 *Deville*, à Paris, rue du Chemin-Vert, n. 14 : roue nouvelle propre aux chemins de fer et à l'artillerie.

686 *Peyrels*, à Paris, rue de Provence, n. 52 : Sellerie.

687 *Dupont*, à Paris, rue du Helder, n. 3 : Lièvre-bride, Mors à levier sans gourmette.

688 *Lacoux*, à Paris, rue de la Pépinière, n. 20 : Calèche inversable.

689 *Lelieure de Laubépin*, à Paris, rue Royale-Saint-Honoré, n. 9 : Voiture de nouvelle invention.

690 *Muhlbacher* frères, à Paris, rue de la Planche, n. 14, et Champs-Élysées, n. 41 : Voiture avec un nouveau système de ressorts et siège nouveau, genre chinois.

691 *Lacroix* frères et *Gaury*, à Paris, rue Dauphine, n. 20 : Papeterie.

692 *Guillemin* frères, à Paris, rue Saint-Méry, n. 45 : Pains à cacheter et Hosties.

693 *Montgolfier*, à Paris, rue Feydeau, n. 7 : Papier pour tentures, impressions, écriture, etc.

694 *Thibault*, à Paris, rue Barre-du-Bec, n. 3 : Cire à cacheter.

695 *Weynen*, à Paris, rue Vivienne, n. 2 : Apprêts de plumes de toutes espèces. Citation en 1834.

N^os MM.

696 *Chaulin*, à Paris, rue Saint-Honoré, n. 218 : Encriers siphoïdes, papiers hebdomas.

697 *Angrand*, à Paris, rue Meslay, n. 59 et 61 : Papiers de fantaisie.

698 *Delicourt* et *Comp.*, à Paris, rue de Charenton, n. 125 *ter* : Papiers peints.

699 *Lapeyre* et *Comp.*, à Paris, rue Beauveau, n. 10 : Papiers peints imprimés.

700 *Cartelat Simon*, à Paris, rue de la Chaussée-d'Antin, n. 3 : Papiers peints pour tenture. Médaille d'argent en 1834.

701 *Jeunesse*, à Paris, rue de Choiseul, n. 5 : Marbres avec incrustation mosaïque, imitation de Florence.

702 *Cafler*, aux Thernes, rue de la Chaumière (Seine) : Marbrerie, Cheminées, Ronds de table, Guéridons, etc.

703 *Badon*, à Paris, rue Saint-Honoré, n. 373, et rue de Grenelle, au Gros-Caillou, n. 186 : Pavés, Dalles, Moellons de grès de roches calcaires.

704 *Dubosq* frères, à Paris, rue des Sept-Voies, n. 9 : Lavage et nettoyage des pierres et marbres.

705 *Lisbonne* et *Crémieux*, à Paris, rue des Trois-Bornes, n. 15 : Néozographie, ou art de peindre par incrustation dans le marbre, l'albâtre, etc.

706 *Follet*, à Paris, rue des Charbonniers-Saint-Marcel, n. 18 : Pierre factice, dite *Plasticolithoïde*, destinée à imiter la sculpture en pierre.

707 *Dournay* et *Comp.*, à Paris, rue Richer, n. 12 : Goudron minéral, Roche asphaltique, Mastic asphaltique, etc.

708 *Benard* et *Comp.*, à Paris, rue de Bondy, n. 14 : Peinture asphaltique préparée avec les bitumes naturels.

709 *Noël*, à Paris, rue Beaubourg, n. 51 : Fabrique d'or, d'argent, bronze en poudre ou en coquilles.

710 *Boucarut*, à Paris, rue de Cléry, n. 15 : Dorure et modèle sur bois, plâtre, pierre, marbre, etc.

711 *Montrelay*, à Paris, boulevart Montmartre, n. 64 : Fabrication de platine.

712 *Mulot*, à Épinay, près Saint-Denis (Seine) : Sondes et outils divers de sondage. Mention honorable en 1827 ; Médaille d'argent en 1834.

713 *Duglade-Richard*, à Paris, rue de Ponthieu, n. 28 : Nouvel essieu de sûreté dit garde-roues.

714 *Tronchon* frères, à Paris, rue Montmartre, n. 142 : Grillage en fil de fer, laiton, etc., pour plafonds, cloisons, etc.

715 *Deniere*, à Paris, rue d'Orléans, n. 9 : Objets de bronze pour ameublement, tables et ornements. Médaille d'or en 1823 ; Rappel en 1827 et 1834.

716 *Lecouvey*, à Paris, rue Grenétat, n. 41 : Poterie d'étain, Pompe-Seringue à jet continu.

N^{os}   MM.

717 *Crétenant*, à Paris, barrière de Monceaux, rue des Dames, n. 118 : Tuyères en fer à vapeur pour forges.

718 *Dupré*, à Paris, rue des Trois-Bornes, n. 31 : Capsules pour le bouchage des vins mousseux, eaux minérales. Mention honorable en 1834.

719 *Thiébaut*, à Paris, rue du Faubourg-Saint-Denis, n. 152 : Fonderies de cuivre.

720 *Lesage*, à Paris, rue de Ménilmontant, n. 10 : Tours filières à tarauder, etc. Médaille de bronze en 1834.

721 *Thoury* et *Comp.*, à Grenelle, quai de la Gare, n. 13 : Fers de ferraille seulement corroyés et laminés. Citation en 1834.

722 *Jecker*, à Paris, rue Fontaine-au-Roi, n. 39 : Épinglerie mécanique.

723 *Rouy*, à Paris, rue du Faubourg-du-Temple, n. 95 : Fers de cheval, Clous pour souliers.

724 *Calla* fils, à Paris, rue du Faubourg-Poissonnière, n. 92 : Fontes de fer, Statues, Coupes, Candelabres, etc.

725 *Ouvrier*, à Paris, porte Saint-Antoine, n. 5 : Poterie d'étain, spécialement les comptoirs de marchands de vin.

726 *Saint-Paul* (veuve) et fils, à Paris, boulevart des Filles-du-Calvaire, n. 11 : Toiles et gazes métalliques, Tamis et Cribles. Médaille de bronze en 1819; Médaille d'argent en 1823; Rappels en 1827 et 1834.

727 *Gautheron*, à Paris, rue de l'Est, n. 5 : Moulures en tôle.

728 *Osmond*, à Paris, rue de la Tour-d'Auvergne, n. 30 : Cloches, Bronzes et Moules en creux. Mention honorable en 1827 ; Médaille de bronze en 1834.

729 *Salin*, à Paris, rue Saint-Martin, n. 203 : Moules creux et en relief.

730 *Sarrade*, à Paris, rue Montmartre, n. 93 : Tissus métalliques.

731 *Collin*, à Paris, chemin de ronde entre la barrière Montmartre et la barrière Blanche, n. 3 : Châssis vitrés.

732 *Morel*, à Paris, rue de la Boule-Rouge, n. 11 : Fer préparé étamé, Zinc, Plomberie en tout genre.

733 *Gandillot* frères et *Roy*, à Paris, rue Bellefonds, n. 32 : Fers creux laminés, Lits, Canapés, Meubles d'appartements, etc. Médaille d'argent en 1834.

734 *Vautier*, à Paris, rue du Temple, n. 57 : Acier poli, Vases, Flambeaux, etc. Mention honorable en 1834.

735 *Braux d'Anglure* (de), à Paris, rue Castiglione, au coin de celle Menthabor : Bronze d'arts. Médaille de bronze en 1834.

736 *Contamine*, à Paris, place de l'Hôtel-de-Ville, n. 33 : Bronze ciselé pour le bâtiment, Râpes pour les sculpteurs.

737 *Tournier*, à Paris, rue Saint-Sauveur, n. 26 : Cuivre estampé appliqué à la décoration intérieure des appartements.

2*

N^os   MM.

738 *Bertrand*, à Paris, rue Phelippeaux, n. 22 : Gravure, Estampage, Modèles en cuivre estampé pour bijoutier en doré.

739 *Gandais*, à Paris, rue du Ponceau, n. 42 : Plaqué d'argent ou orfèvrerie mixte.

740 *Tafoureaux*, à Paris, rue de Lesdiguière, n. 1 *ter* : Tours et outils mécaniques.

741 *Morel*, à Paris, rue des Vieilles-Audriettes, n. 8 : Orfèvrerie en doublé d'argent sur cuivre, Ornements de table et d'église, etc.

742 *Hallot et Comp.*, à Paris, rue du Grand-Chantier, n. 16 : Plaqué d'or et d'argent.

743 *Froment-Meurice*, à Paris, rue de Lobau, n. 2 : Orfèvrerie, Joaillerie.

744 *Langevin*, à Paris, rue Jean-Robert, n. 19 : Bijoux dorés.

745 *Jansse*, à Paris, rue Bourg-l'Abbé, n. 32 : Cuivre fondu, doré et argenté ; Ornements d'église.

746 *Barbereau*, à Paris, rue Grange-aux-Belles, n. 9 : Plaqué-argent-vermeil.

747 *Hardelet*, à Paris, passage Choiseul, n. 34 : Plaqué, Or et argent. Médaille de bronze en 1834.

748 *Lebrun*, à Paris, quai des Orfèvres, n. 40 : Orfèvrerie pour le service de table.

749 *Gondelier*, à Paris, passage du Caire, n. 110 : Joaillerie et Bijouterie en imitation.

750 *Maréchal*, à Paris, rue de la Tacherie, n. 6 : Joaillerie fine en stratz. Mention honorable en 1834.

751 *Lelong*, à Paris, rue du Temple, n. 49 : Bijouterie dorée, chaînes dorées.

752 *Elkington*, à Paris, rue du Temple, n. 34 : Dorure sur bijoux et bronze sans mercure.

753 *Mouray*, à Paris, rue de l'Homme-Armé, n. 2 : Bijoux dorés.

754 *Puydt* (de), à Paris, rue des Bernardins, n. 7 : Petite Bijouterie en or et acier damasquiné, etc.

755 *Chappée*, à Paris, rue Saint-André-des-Arts, n. 14 : Yeux en émail de toute espèce pour l'histoire naturelle.

756 *Thouron et Comp.*, à Paris, rue de Richelieu, n. 113 : Coutellerie, Orfèvrerie. Mention honorable en 1827 ; Médaille de bronze en 1834.

757 *Vallon*, à Paris, boulevart des Italiens, n. 2 : Coutellerie.

758 *Delporte*, à Paris, rue de Marivaux, n. 4 : Coutellerie, Rasoirs acier français, fondu et autres. Mention honorable en 1834.

759 *Vauthier*, à Paris, rue Dauphine, n. 40 : Coutellerie en tous genres. Mention honorable en 1827.

760 *Gillet*, à Paris, rue de Charenton, n. 41, 43 : Rasoirs fins en acier français. Médaille d'argent en 1827 ; Rappel en 1834.

Nᵒˢ   MM.

771 *Degrand* (madame), née *Gurgey*, à Paris, boulevart du Temple, n. 38 : Coutellerie, Sabres en damas.

762 *Jouannaud*, à Paris, rue de Charonne, n. 14 : Outils de taillanderie, cuisine, jardinage et pour divers états.

763 *Lenain*, à Paris, passage de l'Industrie, n. 1 : Peignes à tisser.

764 *Pupil*, à Paris, rue des Bourguignons, n. 23 : Limes.

765 *Daudé*, à Paris, rue des Arcis, n. 22 : OEillets métalliques pour corsets. Mention honorable en 1834.

766 *Rigolet*, à Paris, rue Hautefeuille, n. 5 : Compas-rapporteur, Chaussures diverses.

767 *Chemin*, à Paris, rue de la Ferronnerie, n. 4 : Balances d'essai et de commerce.

768 *Langlassé*, à Paris, rue Saint-Maur, n. 4 : Charronnage-allesoir, ou Équarissoir mobile à l'usage des carrossiers.

769 *Bresquignan*, à Paris, rue des Gravilliers, n. 29 : Outils pour sellier, bourrelier et carrossier.

770 *Armand-Clerç*, à Paris, rue du Buisson-Saint-Louis, n. 16 : Barattes, Coupe-légumes, Presse purée, Râpes à sucre, etc. Citation en 1834.

771 *Boitin*, à Paris, rue du Faubourg-Saint-Antoine, n. 103, 105 : Limes et Râpes.

772 *Levasseur*, à Paris, rue du Milieu-des-Ursins, n. 7 : Outils d'affutage, Presses, Établis, etc.

773 *Girardin*, à Paris, rue des Barres-Saint-Gervais, n. 3 : Taillanderie.

774 *Charpentier*, à Paris, passage de l'Ancre, n. 6 : Fers à friser et à papillottes en acier et en cuivre.

775 *Daurignac*, à Paris, rue Saint-Jacques, n. 231 : Filière en fer.

776 *Lejeune*, à Paris, rue de Charenton, n. 83 : Quincaillerie.

777 *Loih*, à Paris, rue des Petites-Écuries, n. 13 : Filoirs.

778 *Soisson*, à Paris, rue de Lille, 20 : Serrure à soupape.

779 *Lemoitre*, à Paris, rue de la Planche, n. 9 : Lits en fer et coffre-fort.

780 *Melzessard*, à Paris, rue Mondetour, n. 3 : Ferrures et fermeture de boutique.

781 *Toussaint*, à Paris, rue Saint-Nicolas-d'Antin, n. 49 : Serrurerie de Picardie, Serrures à clefs jumelles, à combinaisons, etc. Médaille de bronze en 1819; Mentions honorables en 1823, 1827 et 1834.

782 *Mohler*, à Paris, rue Jarente, n. 9 : Modèles en petit d'instruments d'agriculture. Médaille de bronze en 1834.

783 *Cambray*, à Paris, rue Saint-Maur, n. 47 : Machines et Instruments d'agriculture.

784 *Arnheiter*, à Paris, rue Childebert, n. 13 : Instruments d'agriculture.

Nᵒˢ MM.

d'horticulture et mécanique. Mention honorable en 1823 ; Citation en 1827 ; Médaille de bronze en 1834.

785 *Corrège*, à Paris, rue de l'Ouest, n. 40 : Moulins à blé et accessoires divers à leur usage.

786 *Vallery*, à Paris, quai Jemmapes, n. 166 : Appareils pour conserver les grains, dits greniers mobiles.

787 *Rosé*, à Paris, rue Feydeau, n. 19 : Machines et Instruments pour l'agriculture et le gaz portatif.

788 *Farcot*, à Paris, rue Moreau, n. 1 : Fonderie et Construction de machines.

789 *Colonia*, à Paris, faubourg du Temple, n. 71 : Pompes à incendie.

790 *Lenseigne*, à Paris, rue Guillaume, n. 9 (Ile-Saint-Louis) : Nouveautés industrielles de toutes espèces.

791 *Chapelle*, à Paris, rue du Chemin-Vert, n. 3 : Machine pour la fabrication du papier.

792 *Journet*, à Paris, Chemin de Ronde, barrière des Martyrs : Échafaudages et système de terrassement.

793 *Flachat*, à Paris, rue Taitbout, n. 1 *bis* : Forges, Machines.

794 *Lebel*, à Paris, rue des Amandiers-Sainte-Geneviève, n. 14 : Aréomètre monétaire, Vérificateur général des monnaies d'or ou d'argent.

795 *Debatiste*, à Paris, rue du Long-Pont, n. 4 : Machine à filer les vis, à cylindrer et canneler.

796 *Chomeau*, à Paris, rue Quincampoix, n. 63 : Pompe à feu.

797 *Bienbar*, à Paris, rue de Bondy, n. 24 : Appareil employé à la trituration ou froissage des graines oléagineuses.

798 *Héruville*, à Paris, rue Neuve-Guillemain, n. 13 : Machine à imprimer sur étoffes et papiers.

799 *Émy*, à Paris, rue Sainte-Croix-de-la-Bretonnerie, n. 18 : Modèle d'un nouveau système de charpente en bois et en fer.

800 *Jollats*, à Paris, rue des Filles-Dieu, n. 4 : Presse dite Jollats, mécanique à chapeaux de paille.

801 *Simon*, à Paris, rue des Cinq-Diamants, 23 : Machines à cambrer les tiges de bottes.

802 *Clair*, à Paris, rue du Cherche-Midi, n. 93 : Modèle d'un Tour à filer la soie, Appareil pour chercher les feuilles de mûrier.

803 *Hugonnet*, à Paris, rue des Trois-Couronnes-Saint-Marcel, n. 3 : Métiers à la Jacquart perfectionnés. Médaille de bronze en 1834.

804 *Chapelle*, à Paris, rue du Faubourg-Saint-Denis, n. 19 : Mécanique pour broyer les couleurs. Mention honorable en 1834.

805 *Calla fils*, à Paris, rue du Faubourg-Poissonnière, n. 92 : Machines pour comprimer le blé avant la mouture, Batteur pour nettoyer les grains, Métiers pour tisser.

806 *Oilleaux-Desormeaux*, à Paris, rue des Maçons-Sorbonne, n. 3 : Mo-

N^{os}   MM.

dèles d'outils nouveaux et de machines motrices. Médaille d'argent en 1834.

807 *Armand-Clerc*, à Paris, rue Buisson-Saint-Louis, n. 16 : Outils et Machines nécessaires à l'horlogerie. Citation en 1834.

808 *Desrone* et *Cail*, à Paris, rue des Batailles, n. 7, 9 : Fabrication de machines et appareils de toutes espèces, mais spécialement destinés aux sucreries et aux raffineries.

809 *Coullier*, à Paris, rue Saint-Denis, n. 217 : Mécaniques de tous genres pour œillets métalliques.

810 *Saulnier*, à Paris, rue Notre-Dame-des-Champs, n. 51 : Machines à vapeur à haute et basse pression. Médaille d'argent en 1823 ; Mention honorable en 1827 ; Médaille d'argent en 1834.

811 *George*, à Paris, rue Papillon, n. 10 : Grue à pédales et Chèvre-grue applicables à l'élévation des fardeaux.

812 *Balin*, *Desvignes* et *Comp.*, à Paris, rue de Ménilmontant, n. 28 : Pompes rotatives, foulantes et aspirantes.

813 *Chaussenot*, à Paris, passage Violet, n. 2 : Système complet d'appareils de sûreté contre l'explosion des chaudières à vapeur.

814 *Janvier*, à Paris, rue du Bac, n. 42, chez M. Huerne de Pommeuse : Manivelle à embrayage.

815 *Janvier* et *Eck*, à Paris, rue de Grenelle-Saint-Germain, n. 68 : Roue à vapeur, à piston et à réaction.

816 *Alexandre*, à Paris, rue du Faubourg-Saint-Denis, n. 146 : Machines à vapeur et toutes sortes de machines en général.

817 *Penzoldt* et *Comp.*, à Paris, rue du Faubourg-Saint-Denis, n. 76 : Hydro-extracteurs, ou Machine à extraire l'eau des étoffes.

818 *Goulbier*, à Paris, rue Neuve-Saint-Gilles, n. 8 : Pompes à incendie domestiques et pour arrosage des jardins, etc.

819 *Poirier*, à Paris, rue du Faubourg-Saint-Martin, n. 35 : Presses à copier les lettres, à timbre sec, à cacheter, etc.

820 *Roller*, à Paris, rue de Charenton, n. 95 : Machine à broyer les couleurs et les substances alimentaires.

821 *Martin*, à Paris, rue du Faubourg-du-Temple, n. 12 : Mécanique pour faire des roues de voitures de tout genre.

822 *Pougeois*, à Paris, rue Saint-Sauveur, n. 30 : Cadrans indicateurs pour voitures de transport en commun.

823 *Bunten*, à Paris, quai Pelletier, n. 30 : Baromètre, Thermomètre, etc.

824 *Robert*, à Paris, rue de Vendôme, n. 13 : Horlogerie, Curiosités mécaniques.

825 *Deruquehens*, à Paris, rue Jacob, n. 18 : Instruments de précision.

826 *Leroy*, à Paris, rue des Fossés-Saint-Germain-l'Auxerrois, n. 29 : Instruments d'aréométrie en or, argent, platine, etc.

Nᵒˢ MM.

827 *Legey*, à Paris, rue de Verneuil, n. 54 : Instruments de géodésie. Médaille d'argent en 1834.

828 *Buron*, à Paris, rue des Trois-Pavillons, n. 10 : Lunettes de campagnes ; Instruments d'arpentage, d'optique et de géodésie. Médaille d'argent en 1834.

829 *Vilbœuf* et *Pompon*, à Paris, rue de la Corderie-du-Temple, n. 21 : Horlogerie en Pendules avec un nouveau système de mouvement.

830 *Allain* et *Comp.*, à Paris, rue Boucherat, n. 34 : Horlogerie.

831 *Raffoux*, à Paris, rue des Écluses-Saint-Martin, n. 21 : Compas de moyenne grandeur à mesure fixe.

832 *Soleil* fils, à Paris, rue de l'Odéon, n. 35 : Instruments d'optique et Appareils pour la polarisation de la lumière.

833 *Cornu*, à Paris, rue Sainte-Croix-de-la-Bretonnerie, n. 20 : Horlogerie et Pendules.

834 *Dubuc*, à Paris, impasse de la Pompe, 3 : Pompes à jardin et à incendie.

835 *Bing*, à Paris, rue Portefoin, n. 6 : Pendules mignonettes.

836 *Lebihan*, à Paris, rue du Plâtre-Saint-Jacques, n. 11 : Petites serrures de luxe en cuivre pour portefeuille. Mention honorable en 1827.

837 *Loiseau*, à Paris, rue Michel-le-Comte, n. 31 : Instruments de physique, optique et chimie.

838 *Tachet*, à Paris, rue Saint-Honoré, n. 274 : Instruments de précision et de mathématiques en bois et en cuivre.

839 *Houdin*, à Paris, rue Bergère, n. 19 : Horlogerie et Outils d'horlogerie.

840 *Mallat*, à Paris, rue du Temple, n. 63 : Pendules à mouvement invisible.

841 *Bergue* et *Spren* fils, à Paris, quai de Jemmapes, 228 : Machines à vapeur de toute espèce pour coton, laine ; Presses hydrauliques, etc.

842 *Elie*, à Paris, rue Bourg-l'Abbé, n. 2 : Albâtre et Horlogerie.

843 *Lecomte*, à Paris, rue des Fossés Saint-Jacques, n. 12 : Instruments de physique, chimie, etc.

844 *Rouvet*, à Paris, rue de Chartres, n. 17 : Instruments de mathématiques et Modèles en bois.

845 *Deshayes*, à Paris, rue Cadet, n. 26 : Horlogerie mécanique et Objets de précision : Médaille d'argent en 1827 ; Rappel en 1834.

846 *Winnerl*, à Paris, passage Laurette, n. 7, près l'Observatoire : Montres marines et Instruments de précision.

847 *D'Orléans*, à Paris, rue du Faubourg-du-Temple, n. 110 : Mécanique en grosse horlogerie.

848 *Danger*, à Paris, rue Saint-Jacques, n. 248 : Jaugeage, Graduations et Chiffrage de tout instrument en verre.

Nᵒˢ MM.

849 *Chadriat*, à Paris, rue Dauphine, n. 44 *bis* : Pupitre mécanique à pédale.

850 *Cluesmeau*, à Paris, rue Favart, n. 4 : Pianos.

851 *Limonaire* frère, à Paris, rue Meslay, n. 52 : Pianos.

852 *Bernhardot*, à Paris, rue Buffault, n. 17 : Pianos en tous genres.

853 *Link*, à Paris, place de la Bourse, n. 27 : Pianos.

854 *Wolfel* et *Laurent*, à Paris, rue de l'Université, n. 25 : Pianos.

855 *Mermet*, à Paris, rue Hauteville, n. 43 : Pianos.

856 *Souffleto* et *Comp.*, à Paris, rue du Faubourg-Saint-Martin, n. 174 : Pianos de tous genres.

857 *Schoen*, à Paris, rue Richer, n. 42 : Pianos de tous genres.

858 *Wiermig*, à Paris, rue Saint-Sauveur, n. 22 : Pianos de tous genres.

859 *Wetzels*, à Paris, rue des Petits-Augustins, n. 9 : Pianos.

860 *Mussard*, à Paris, rue Barbette, n. 12 : Pianos.

861 *Ravenne* et *Blondel*, à Paris, rue du Faubourg-du-Temple, n. 1 : Pianos.

862 *Taurin*, à Paris, rue de la Chaussée-d'Antin, n. 50 : Pianos.

863 *Keller*, à Paris, rue de Valois, n. 8 : Pupitre improvisateur.

864 *Soria* (madame), à Paris, rue Féreu, n. 4 : Petits Claviers s'adaptant aux grands et de même étendue.

865 *Nasenberg*, à Paris, rue Meslay, n. 49 : Pianos.

866 *Ehrhart*, à Paris, rue Phelippeaux, n. 35 : Orgues.

867 *Muller*, à Paris, rue de la Ville-l'Évêque, n. 42 : Instruments de musique, Orgues expressives. Médaille de bronze en 1834.

868 *Gadaut*, à Paris, rue Sainte-Croix-de-la-Bretonnerie, n. 45 et 54, Orgues de chœurs et de tribunes.

869 *Daublaine*, *Callinet* et *Comp.*, à Paris, rue Saint-Maur-Saint-Germain, n. 17 : Orgues d'églises et d'appartements.

870 *Rambaux*, à Paris, faubourg Poissonnière, n. 18 : Instruments de lutherie.

871 *Naveau*, à Paris, place Saint-Sulpice, n. 8 : Cordes en soie pour instruments de musique. Mention honorable en 1834.

872 *Jahn*, à Paris, rue de la Lune, n. 6 : Instruments de musique en cuivre.

873 *Godfroy* aîné, à Paris, rue Montmartre, n. 67 : Instruments à vent.

874 *Desronç* et *Cail*, à Paris, rue des Batailles, n. 7, 9 : Sang desséché, Noir animal, Produits chimiques.

875 *Poissenet* et *Comp.*, à Clichy-la-Garenne : Produits chimiques.

876 *Lefebvre*, à Paris, quai de l'École, n. 20 : Pâte dite Augustine pour faire couper les rasoirs. Mention honorable en 1834.

N°ˢ   MM.

877 *Paillasson*, à Paris, rue des Trois-Bornes, n. 17 : Bougie stéarique dite royale.

878 *Holstein* et *Comp.*, à la Planchette, commune de Clichy-la-Garenne : Bougie stéarique, Bougie-chandelle.

879 *Gadain*, à Paris, rue de l'Église, n. 36, aux Batignolles : Dessèchement des viandes.

880 *Desobry*, à Paris ; rue du faubourg Poissonnière, n. 4 : Conserves de fruits et légumes.

881 *Degrand*, à Paris, boulevart du Temple, n. 38 : Conservation des substances alimentaires animales et végétales.

882 *Poirson*, à Paris, Cité-Bergère, n. 6 : Fabrique de pâtes alimentaires.

883 *Chaussenot* jeune, à Paris, allée des Veuves, n. 87 : Sirop de fécule et sucre de fécule.

884 *Lesguillier*, à Paris, rue Mauconseil, n. 1 : Biscuits, façon de Reims.

885 *Groult*, à Paris, rue Sainte-Apolline, n. 16 : Pâtes et farines pour potages et purées.

886 *Chavigny de Blot* (de), aux Batignolles, petite rue de l'Église, n. 7 : Fabrication de moutarde.

887 *Thiboumery* et *Dubosque*, à Vaugirard, rue de Sèvres, n. 180 : Sulfate de quinine.

888 *Buran* et *Comp.*, à Grenelle, près Paris : Produits chimiques.

889 *De la Crétaz*, rue de Nivert, n. 18, à Vaugirard : Produits chimiques.

890 *Hulot*, à Monceaux, rue d'Asnières (Seine) : Sulfate et muriate d'ammoniaque. Mention honorable en 1834.

891 *Leperdriel*, à Paris, faubourg Montmartre, n. 78 : Produits pharmaceutiques pour vésicatoires, cautères.

892 *Binet*, à Paris, impasse Saint-Sabin, n. 8 : Fabrique de couleurs.

893 *Longchamps*, *Macle* et *Comp.*, Paris, rue Saint-Denis, n. 217 : Couleurs en tablettes, Crayons, etc.

894 *Daubigny*, à Paris, rue des Rosiers, n. 7 : Couleurs conservatrices dites lapidifiques.

895 *Gavrel*, à Paris, rue Saint-Méry, n. 48 : Peinture perfectionnée sans odeur.

896 *Houel* (veuve), quai de l'École, n. 10 : Couleurs lucidoniques sans odeur.

897 *Pihan*, à Paris, faubourg Saint-Honoré, n. 118 : Cirage pour équipages et harnais, Cirage vernis.

898 *Schindler*, à Paris, rue de Valois, n. 6 : Teinture de draps en pièces.

899 *Berville* (*Jules*), à Paris, rue de la Chaussée-d'Antin, n. 29 : Couleurs préparées et pastels pour aquarelles.

900 *Cruel-Trempé* et *Félix Bernheim*, à la Villette, Grande-Rue, n. 94 : Teinture de peaux mégissées.

Nᵒˢ   MM.

901 *Courtois*, à Issy, avenue d'Issy, n. 17 : Briques cintrées, Boisseaux pour construction de tuyaux de cheminées.

902 *Sargent*, à Paris, avenue d'Antin, n. 23 : Briques façon anglaise au grand moule.

903 *Courtois*, à Paris, rue Saint-Lazare, n. 142 : Tuiles en terre cuite et métaux.

904 *Tesson*, à Paris, rue Saint-Maur, n. 63, 65 : Poterie réfractaire pour la chimie, Creusets, Moufles, etc.

905 *Halot* et de *Varaigne*, Montreuil-sous-Bois (Seine) : Couleurs diverses à fonds, grand feu sous émail.

906 *Rouveaux*, à Paris, rue Transnonain, n. 42 : Poteries pour le bâtiment.

907 *Chapelle*, à Paris, faubourg Saint-Denis, n. 19 : Peinture et dorure sur porcelaine. Mention honorable en 1834.

908 *Gouvrion*, à Paris, faubourg du Temple, n. 57 : Décoration, dorure et peinture sur porcelaine.

909 *Bonvoisin*, à Paris, rue des Vinaigriers, n. 27 : Lampes et soufflets d'émailleur.

910 *Rouyer* aîné, *Maës* et *Comp.*, à Paris, rue d'Enghien, n. 10 : Fabrique et taille de cristaux.

911 *Bernard*, à Paris, rue du Coq-Saint-Honoré, n. 4 : Carton-pierre.

912 *Aubrun* et *Herr*, à Paris, rue Marbeuf, n. 12 : Nouveau système comble de charpente.

913 *Albrecht*, à Paris, rue de Charonne, n. 18 : Ébénisterie.

914 *Haumont*, à Paris, rue de Bourgogne, n. 12 : Modèle de parquet, nouveau système.

915 *Simon*, à Paris, rue Bourg-l'Abbé, n. 22 : Tabatières garnies en or et argent et plaqué, Objets de fantaisie en écaille, Pendules, Nécessaires, etc.

916 *Legrand*, à Paris, passage Bourg-l'Abbé, n. 17 : Peignes et cannes en écaille.

917 *Drains*, à Paris, rue des Fossés-Saint-Germain-L'Auxerrois, n. 26 : Brosses et pinceaux en tous genres. Mention honorable en 1834.

918 *Lombard*, à Paris, rue Thorigny, n. 8 (Marais) : Sculpture d'ornements, Moules relatifs à la dorure.

919 *Moreau*, à Paris, rue Notre-Dame-des-Champs, n. 46 : Sculpture en marbre-cheminées.

920 *Dutel*, à Paris, rue des Trois-Bornes, n. 11 : Sculpture à la mécanique, Statues, Meubles.

921 *Hardouin*, à Paris, rue de Navarin, n. 11 : Sculpture en tous genres, Candelabres, Tables, etc.

922 *Pommateau*, à Paris, rue Ménilmontant, n. 116 : Sculpture d'ornements, Fontaine en pierre de liais peinte dorée.

923 *Robin*, à Paris, rue des Marais-Saint-Martin, n. 11 : Compas en bois, Tire-Bottes de voyage, etc.

Nᵒˢ   MM.

924 *Bellet*, à Paris, boulevart Bonne-Nouvelle, n. 18 : Appareils en bois remplaçant les planches à bouteilles.

925 *Castagnos*, à Paris, rue Saint-Germain-des-Prés, n. 5, 7 : Meubles en marqueterie de boulle.

926 *Rogé*, à Paris, rue du Petit-Lion-Saint-Sauveur, n. 26 : Menuiserie, Croisée.

927 *Marin*, à Paris, rue de Belle-Chasse, n. 42 : Ameublements, Fauteuils, Canapés.

928 *Jourdain*, à Paris, boulevart Saint-Denis, cité d'Orléans, n. 5 : Ameublements, Sommier élastique.

929 *Noël*, à Paris, Ancien-Marché-Saint-Martin, n. 11 : Tableterie-Mécanique pour les boules de billard.

930 *Joliet*, à Paris, galerie d'Orléans, n. 14 : Diverses tabatières.

931 *Angé*, à Paris, rue Guénégaud, n. 19 : Parquets incrustés et ordinaires, Décors en marqueterie.

932 *Borner*, à Paris, rue de la Planche, n. 16 : Peinture imitative de marbre et Bois avec incrustation, Table à thé, etc.

933 *L'Huinte*, à Paris, rue Meslay, n. 50 : Matelas élastiques.

934 *Wolff*, à Paris, rue Vanneau, n. 11 : Jalousies mécaniques.

935 *Quennesseu*, à Paris, rue Neuve-des-Petits-Champs, n. 55 : Tableterie, Encriers, Tabatières, Cornets, etc.

936 *Bonnié*, à Paris, rue Caumartin, n. 8 : Meubles, Tapisseries et Décors, Divan, Méridienne, Fauteuils.

937 *Sautini*, à Paris, rue de la Harpe, n. 99 : Nouveau pupitre.

938 *Seidel* et *Ahreas*, à Paris, rue Neuve-Saint-Gilles, n. 9 : Découpures, Tableaux, Sujets, Ornements.

939 *Boucher*, à Paris, rue Saint-Lazare, n. 94 : Menuiserie, Treillage, Jardinières-Volières, Pendules.

940 *Graenacker*, à Paris, rue Mazarine, n. 46 : Sculpture en bois, bas-reliefs, etc.

941 *Marin*, à Paris, rue de Belle-Chasse, n. 42 : Siéges de toutes espèces en fer et en bois.

942 *Grohé*, à Paris, rue de Varennes, n. 30 : Ébénisterie, Bureau, Commodes, etc. Mention honorable en 1834.

943 *Dupont*, à Paris, rue du Rocher, impasse d'Argenteuil, n. 12 : Sommiers, Matelas, Fauteuils et autres Meubles élastiques.

944 *Ringuet* père et fils, à Paris, rue Neuve-des-Petits-Champs, n. 36 : Meubles de luxe et goût de divers styles.

945 *Petit* et *Comp.*, à Paris, Petite-rue-de-Reuilly, n. 3 ; Marqueterie.

946 *Firmin Didot* frères, à Paris, rue Jacob, n. 56 : Fabrique de papiers, Imprimerie en lettres et en taille-douce, etc.

947 *Léger*, à Montrouge (Seine), avenue de la Santé, n. 18 : Gravures en caractères. Médaille d'argent en 1823 ; Rappel en 1827.

Nᵒˢ   MM.

948 *Fessin*, à Paris, rue des Boucheries-Saint-Germain, n. 19 : Objets de fonderie en caractères, Filets mixtes.

949 *Lombardot*, à Paris, rue du Four-Saint-Hilaire, n. 8 : Gravure en typographie. Mention honorable en 1834.

950 *Perrot*, à Paris, rue de la Tour-d'Auvergne, n. 7 : Cartes géographiques en relief.

951 *Lacaste*, à Paris, rue du Coq-Saint-Honoré, n. 13 : Gravures en vignettes sur bois. Médaille de bronze en 1834.

952 *Duverger*, à Paris, rue de Verneuil, n. 4 : Impression de cartes géographiques et de musique.

953 *Delarue*, à Paris, rue Notre-Dame-des-Victoires, n. 16 : Impression et dessin et écriture en lithographie. Médaille de bronze en 1834.

954 *Zakrzewski*, à Paris, rue de Lille, n. 71 : Gravure de plans topographiques et cartes sur pierre.

955 *Caboche*, *Garneray* et *Comp.*, à Paris, passage Saulnier, n. 19 : Impressions lithographiques.

956 *Armengaud* frères, à Paris, rue des Filles-du-Calvaire, n. 6 : Dessins de machines, Dessins de locomotives.

957 *Turbé*, à Paris, rue de Madame, n. 22 : Caractères d'imprimerie, Vignettes, et tout ce qui concerne la typographie.

958 *Porthaux*, à Paris, rue du Cimetière-Saint-André-des-Arcs, n. 16 : Gravure typographique.

959 *Lion* et *Laboulaye* frère, à Paris, rue Saint-Hyacinthe-Saint-Michel, n. 33 : Fonderie de caractères d'imprimerie, Petits caractères.

960 *Gouet*, à Paris, rue du Cherche-Midi, n. 103 : Gravures en relief sur acier pour la typographie, Petits caractères.

961 *Andriveau-Goujon*, à Paris, rue du Bac, n. 6 : Cartes géographiques. Médaille d'argent en 1834.

962 *Évrat*, à Paris, rue du Cadran, n. 14, 16 : Impressions typographiques en tous genres.

963 *Delacour*, à Paris, rue Saint-Honoré, n. 122 : Rouleau typographique pour l'application des timbres, Rouleau copiste pour copier les lettres.

964 *Leblanc* (veuve), à Paris, Faubourg-Saint-Martin, n. 41 : Dessins et Gravures d'architecture et de machines pour toute espèce d'industrie. Médailles de bronze en 1819 ; Médailles d'argent en 1823 et 1827.

965 *Dubochet*, à Paris, rue de Seine, n. 33 : Gravure de vignettes sur bois pour ouvrages illustrés.

966 *Laurent* et *de Berny*, à Paris, rue des Marais-Saint-Germain, n. 17 : Fonderie en caractères d'imprimerie (fantaisie).

967 *Carle*, à Paris, rue J.-J. Rousseau, n. 12 : Imprimerie lithographique, Édition d'estampes.

N°ˢ   MM.

968 *Fontana*, à Paris, rue des Marais-du-Temple, n. 13 : Pinceaux à l'usage des peintres.

969 *Bibolet*, à Paris, passage Sainte-Marie, n. 10 : Reliure.

970 *Courtier*, à Paris, rue Grenier-Saint-Lazare, n. 17 : Pinceaux, Brosses pour peindre.

971 *Faure*, à Paris, rue Coquenard, n. 9 : Mannequins perfectionnés pour les peintres et les sculpteurs.

972 *Lebel*, à Paris, rue des Amandiers-Sainte-Geneviève, n. 14 : Maquettes à l'usage des artistes peintres et statuaires.

973 *Koehler*, à Paris, rue de Grenelle-Saint-Germain, n. 59 : Reliure ancienne et moderne. Médaille d'argent en 1834.

974 *Simier*, à Paris, rue Saint-Honoré, n. 152 : Reliures, Album, Objets de fantaisie. Médaille d'argent en 1823 ; Rappel en 1827 ; nouvelle Médaille d'argent en 1834.

975 *Reichmann*, à Paris, rue Saint-Benoît, n. 19 : Reliures mobiles. Mention honorable sous le nom de Frichet en 1834.

976 *Allix*, à Paris, rue Montmartre, n. 41 : Figures en cire à l'usage des peintres, coiffeurs, etc.

977 *Ferry* et *Comp.*, à Paris, impasse Saint-Dominique-d'Enfer, n. 4 : Garde-vues diaphanes, pour tour de lampes et bougies, avec ornements transparents.

978 *Giroux* et *Comp.*, à Paris, rue du Coq-Saint-Honoré, n. 7 : Bordures, Ébénisterie, Nécessaires, Objets de goût et de fantaisie. Médaille d'argent en 1834.

979 *Lebel*, à Paris, rue Michel-le-Comte, n. 23 : Éventails, Lorgnettes, etc.

980 *Martin*, à Paris, rue du Parc-Royal, n. 4 : Sculpture d'ornements, Fleurs, Fruits, etc.

981 *Marrel*, à Paris, rue Phelippeaux, n. 15 : Écrans divers.

982 *Simon*, à Paris, rue Saint-Martin, n. 275 : Lunettes, Pommes de cannes à ressort pour cravache, badine.

983 *Savary*, à Paris, rue de Bièvre, n. 33 : Stores, Écrans, Transparents, etc.

984 *Jacquemin*, à Paris, rue Neuve-Saint-Augustin, n. 34 : Lampes mécaniques, Lustres.

985 *Roger* et *Comp.*, à Paris, rue des Bons-Enfants, n. 34 : Lampes mécaniques à plusieurs becs.

986 *Lamy* et *Levent*, à Paris, rue Montmartre, n. 131 : Lampes dites olearigaz, Lanternes.

987 *Viesnegg*, à Paris, rue Saint-Jacques, n. 72 : Lampes diverses, Cafetières.

988 *Grison*, à Paris, rue Salle-au-Comte, n. 8 : Mèches, Veilleuses, Briquets.

989 *Chaussenot*, à Paris, allée des Veuves, n. 87 : Calorifères et Calorifères-sécheurs

Nᵉˢ   MM.

990 *Jeunel*, à Paris, rue Sainte-Croix-de-la-Bretonnerie, n. 34 : Veilleuses et Matières plastiques.

991 *Barreau*, à Paris, rue Neuve-Vivienne, n. 30 : Lampes-Carcel, Bronzes.

992 *Roche*, à Paris, rue du Bac, n. 107 : Poêles et Cheminées-calorifères.

993 *Welys, Noyelle* et *Bertrand*, à Paris, rue Grange-Batelière, n. 17 : Cheminées-calorifères.

994 *Boudon*, à Paris, rue Montholon, n. 13 : Calorifères à régulateur manomètre.

995 *Deligny*, à Paris, rue Pinon, n. 10 : Cheminée, Poêle, Capnofuge.

996 *Laroche* (madame), à Paris, rue Saint-Étienne, n. 15 : Fourneaux économiques à foyer mobile et autres.

997 *Maratuch*, à Paris, rue des Marais-du-Temple, n. 11 *bis* : Appareils contre l'incendie pour poêles et cheminées.

998 *Barbier*, à Paris, quai de la Mégisserie, n. 8 : Cheminées à charbon de terre en fonte sur modèle français.

999 *Courcier* (madame veuve), à Paris, rue d'Orléans, n. 3 : Bourrelets d'enfants.

1000 *Darbo*, à Paris, passage Choiseul, n. 86 : Biberons. Mention honorable en 1834.

1001 *Breton* (madame), à Paris, boulevart Saint-Martin, n. 3 : Tétines desséchées, Biberons en cristal. Médaille de bronze en 1827 ; Rappel en 1834.

1002 *Paillard*, à Paris, rue Aumaire, n. 31 : Cannes, Manches de parapluies sculptés.

1003 *Fabel*, à Paris, rue du Sentier, n. 18 : Lettres découpées en papier or et argent pour orner les chefs de draps.

1004 *Pion*, à Paris, rue de l'Échiquier, n. 26 : Plomberie, Fonderie partie hydraulique.

1005 *Averty*, à Paris, rue Neuve-des-Mathurins, n. 10 : Pompes de tous genres et Garderobes. Médaille de bronze en 1827 : Mention honorable en 1834.

1006 *Bourg*, à Paris, rue de Charenton, n. 68 : Siége secret.

1007 *Jeannin*, à Paris, rue des Boucheries-Saint-Germain, n. 31 : Fabrique de queues de billard.

1008 *Cresson d'Orval*, à Paris, rue Montmartre, n. 15 : Bandages herniaires divers.

1009 *Valérius*, à Paris, rue du Coq-Saint-Honoré, n. 16 : Corsets contre les difformités de la taille, Bandages.

1010 *Claudin*, à Paris, rue de la Tonnellerie, n. 9 : Fusils de chasse, Pistolets.

1011 *Marambert*, à Paris, rue du Faubourg-Saint-Honoré, n. 66 : Arquebuserie, Pistolets. Mention honorable en 1834.

Nᵒˢ   MM.

1012 *Devisme*, à Paris, rue du Helder, n. 12 : Armes à feu de luxe en tous genres.

1013 *Le Lyon*, à Paris, rue de Richelieu, n. 71 : Armes à feu de luxe, Pistolets.

1014 *Bernard*, à Paris, rue Marbeuf, n. 22 : Canons de fusil de chasse et de Pistolets.

1015 *Krestz (Chrétien)* aîné, à Paris, quai de la Mégisserie, n. 34 : Ustensiles de pêche et de chasse en tous genres.

1016 *Perin*, à Paris, rue de la Chaussée-d'Antin, n. 24 : Armes de luxe, Fusils, Pistolets. Médaille de bronze en 1834.

1017 *Goddet* et *Alkin*, à Paris, rue Saint-Lazare, n. 124 : Canons de fusils et Pistolets.

1018 *Roche*, à Paris, rue du Faubourg-Saint-Martin, n. 89 : Fabrique d'articles de chasse, Carabines, Ceintures, etc. Mention honorable en 1827.

1019 *Baucheron-Pirmet*, à Paris, rue de Richelieu, n. 64 : Armes à feu. Mention honorable en 1834.

1020 *Guiot*, à Paris, rue Saint-Martin, n. 165 : Appareils pour étalages de marchandises.

1021 *Dunand*, à Paris, rue du Marché-Saint-Honoré, n. 5 : Encre et outils pour marquer le linge.

1022 *Derrion*, Paris, rue Montmartre, n. 35 : Mimographie, art d'écrire la danse et la pantomime.

1023 *Guillard*, à Paris, passage Vivienne, n. 12 : Jouets d'enfants mécaniques.

1024 *Dufeu*, à Paris, passage Basfour, n. 15 : Le Tachymecte, appareil pour décrotter les bottes.

1025 *Brissot-Thivars*, à Paris, place du Louvre, n. 4 : Nouveau Tonneau d'arrosement.

1026 *Gauchez* et fils, à Paris, quai Napoléon, n. 15 : Armes.

1027 *Desclous*, à Paris, rue Coquenard, n. 21 : Lits d'accouchement.

1028 *Hiolle*, à Paris, rue Meslay, n. 37 : Queue de billard.

1029 *Oudinot*, à Paris, place de la Bourse, n. 27 : Tissus crinolines et Tissus de santé.

1030 *David*, à Paris, rue Saint-Fiacre, n. 1 : Tissus en coton, laine et soie pour l'impression. Mention honorable en 1823.

1031 *Gaigneaux* frères et *Comp.*, à Paris, rue Saint-Denis, n. 208 : Laines peignées, filées et teintes. Médaille de bronze en 1834.

1032 *Dupuis* et *Reumont* jeune, à Paris, rue des Jeûneurs, n. 1 : Étoffes imitant la soie, la laine et le fil.

1033 *Trotry-Latouche*, à Paris, rue Michel-le-Comte, n. 24 : Bonnets à

Nᵒˢ   MM.

l'usage des Orientaux et des troupes françaises, Tapis de pied, Echantillons d'impressions, Bordures et Rosaces pour tapis et descente d'escalier. Médaille de bronze en 1823 ; Médailles d'argent en 1827, 1834.

1034 *Chinard* fils et *Comp.*, à Paris, rue de Cléry, n. 9 : Châles.

1035 *Robinet*, à Paris, rue Jacob, n. 48 : Tour à dévider les cotons, Instruments propres à apprécier la résistance.

1036 *Despreaux*, à Paris, rue de Louvois, n. 3 : Velours gravés et Cuirs vénitiens.

1037 *Perilleux Michelez*, à Paris, rue des Lombards, n. 41 : Canevas et broderis sur canevas.

1038 *Dutertre*, à la Chapelle-Saint-Denis, Grande-Rue, n. 141 (Seine) : Taffetas gommé, Tapis pour tables et appartements, Toile cirée.

1039 *Godefroy*, à Paris, rue du Gros-Chenet, n. 17 : Impressions sur tissus de laine, laine et soie, soie pure et cachemire.

1040 *Fanfernot* et *Dulac*, à Belleville, impasse de l'Oreillon : Impressions en relief sur étoffes, et Fabrique de tapis.

1041 *Couteaux* père et fils, à Paris, rue Poissonnière, n. 21 : Cuirs vernis, Toiles cirées imperméables au caoutchouc.

1042 *Lavrit* et *Larsonnier*, à Paris, rue du Gros-Chenet, n. 8 : Impressions sur laine, soie, laine et soie.

1043 *Gonin*, à Paris, quai Bourbon, n. 45 : Impressions en or sur étoffes de soie, laine et coton.

1044 *Audin*, à Paris, rue du Faubourg-Poissonnière, n. 106 : Bonneterie en feutre. Mention honorable en 1834.

1045 *Bassot*, à Paris, rue du Temple, n. 22 : Boutons en corne.

1046 *Soyer*, à Paris, rue Richer, n. 17 : Cuirs vernis.

1047 *Daldringen* et *Mathey*, à Paris, rue du Colysée, n. 12 : Une Voiture de cérémonie.

1048 *Tronchon*, à Paris, rue Montmartre, n. 142 : Registre à copier.

1049 *May*, à Paris, rue Sainte-Croix-d'Antin, n. 7 : Papier fait avec des filaments de bananiers.

1050 *Benoist*, à Paris, rue Fontaine-Saint-Georges, n. 10 : Papiers peints glacés imperméables.

1051 *Lainé*, à Paris, rue Michel-le-Comte, n. 34 : Cartonnage à l'usage des bureaux. Mention honorable en 1834.

1052 *Cavaillé-Coll* père et fils, à Paris, rue Notre-Dame-de-Lorette, n. 42 : Orgues et Poïkilorgues.

1053 *Marmier*, à Paris, rue Sainte-Anne, n. 55 : Pendules et Piédestaux, Modèle de cuve et baignoire en marbre.

1054 *Rigardin* et *Comp.*, à Paris, rue de Lille, n. 3 : Marbres artificiels.

1055 *Bex* (madame), à Paris, rue de la Chaussée-d'Antin, n. 13 : Carrelage en stuc bitumineux.

N^{os}   MM.

1056 *Bidon* et *Arrault*, à Montmartre, rue du Chemin-Neuf, n. 1 : Dessins par incrustation en stuc, Asphalte multicolore.

1057 *Brouillet*, à Paris, rue Aubry-le-Boucher, n. 28 : Poterie d'étain à l'usage des pharmaciens et distillateurs.

1058 *Corlieu*, à Paris, rue du Marché-Neuf, n. 24 : Vases pour le dépôt des tisanes dans les pharmacies et salles d'hôpitaux, Appareil pour la distillation des poudres.

1059 *Carpentier*, à Paris, rue de Cléry, n. 83 : Lettres en relief pour devantures de boutiques, Objets en zinc pour le bâtiment.

1060 *Parquin*, à Paris, rue Popincourt, n. 74 : Fontaines, Bouilloires à thé, etc. Médaille de bronze en 1834.

1061 *Viteau*, à Paris, rue Vivienne, n. 16 : Bronzes. Médaille d'argent en 1834.

1062 *Soyer, Ingé* et fils, à Paris, rue des Trois-Bornes, n. 28 : Bronzes.

1063 *Gérard-Pinsonnier*, à Paris, rue Vivienne n. 24 : Ornements en cuivre estampé. Médaille de bronze en 1834.

1064 *Parquin*, à Paris, rue Popincourt, n. 74 : Plaqué d'or et d'argent.

1065 *Mention* et *Wagner*, à Paris, rue des Jeûneurs, n. 14 : Orfévrerie émaillée.

1066 *Morize* et *Vatard*, à Paris, rue Mauconseil, n. 16 : Bijouterie de fantaisie en or.

1067 *Dafrique*, à Paris, rue Saint-Martin, n. 103 : Bijouterie, Joaillerie.

1068 *Delamare*, à Paris, rue du Coq-Saint-Honoré, n. 8 : Plumes à écrire en or et becs en rubis.

1069 *Valat*, à Paris, rue Pastourelle, n. 5 : Cadrans d'émail.

1070 *Viennot*, à Paris, rue Neuve-Bourg-l'Abbé, n. 2 : Bijouterie de deuil.

1071 *Truchy* (madame), à Paris, rue du Petit-Lion-Saint-Sauveur, n. 18 : Imitation de perles fines.

1072 *Laporte*, à Paris, rue des Filles-Saint-Thomas, n. 20 : Coutellerie.

1073 *Crouste*, à Paris, rue Saint-Denis, n. 345 : Emporte-pièce et Gaufroirs pour les fleurs artificielles.

1074 *Taillepied de la Varenne* (mademoiselle), à Paris, rue du Bac, n. 102 : Tour à terre, outil pour polir les marbres.

1075 *Baudy*, à Paris, rue du Faubourg-Saint-Martin, n. 102 : Serpette-sécateur.

1076 *Pourchasse*, à Paris, passage Sainte-Avoye, n. 8 : Vis cylindriques. Mention honorable en 1834.

1077 *Bignon*, à Mont-Rouge, rue du Champ-d'Asile, n. 40 : Outils à l'usage des bottiers et cordonniers.

1078 *Raoul*, à Paris, rue Popincourt, n. 12 : Limes.

1079 *Chevallier*, à Paris, rue Neuve-Ménilmontant, n. 9 : Petite et grosse taillanderie. Mention honorable en 1834.

N^{os}   MM.

1080 *Demay*, à Paris, rue Notre-Dame-de-Lorette, n. 1 : Lits en fer.

1081 *Drouin*, à Paris, rue du Faubourg-Saint-Denis, n. 98 : Lits en fer et en bois.

1082 *Laurent*, à Paris, passage Saulnier, n. 21 : Fenêtres en fer.

1083 *Doré*, à Paris, rue Saint-Denis, n. 283 : Coffres-forts.

1084 *Herbinot*, à Dugny (Seine) : Serrures.

1085 *Rolin et Comp.*, passage Sainte-Croix-de-la-Bretonnerie, n. 6 : Crémones, Mouvements de sonnettes, Clavettes à ressort en fer et en cuivre.

1086 *Prud'homme*, à Paris, port de Bercy, n. 48 : Boulons de toutes espèces.

1087 *Andriot*, à Paris, rue Rochechouart, n. 23 : Modèles d'espagnolettes, dités pantoches.

1088 *Fontaine*, à Paris, rue de Charonne, n. 119, faubourg Saint-Antoine : Pétrin mécanique de petite dimension.

1089 *Serveillé* aîné, à Paris, rue d'Amboise, n. 4 : Modèle de chemin de fer avec wagons.

1090 *Gervais*, à Paris, rue Saint-Jacques, n. 155 : Chaudière-calorifère.

1091 *Rottée*, à Paris, rue Popincourt, n. 30 : Machine à tailler les engrenages. Médaille de bronze en 1834.

1092 *Lucas Richardière*, à Paris, rue de Seine, n. 6 : Modèle d'usine.

1093 *Gronnier*, à Paris, rue du Faubourg-Poissonnière, n. 58 : Plan en relief d'un haut-fourneau avec appareil à air chaud.

1094 *Cartier Armengaud* aîné, à Paris, rue de Montreuil, n. 81 : Roues et engrenages divers.

1095 *Gallafent*, à Paris, rue des Amandiers-Popincourt, n. 7 : Machine à vapeur.

1096 *Claudet*, à Paris, rue Chabannais, n. 3 : Machine à couper et à dresser les cylindres en verre.

1097 *Lagrange*, à Paris, rue du Faubourg-du-Temple, n. 95 : Modèle d'usine et Machines diverses.

1098 *Poyer*, aux Thermes, route de Paris, n. 9 : Moulin à plâtre.

1099 *Beslay* fils, à Paris, rue Neuve-Popincourt, n. 17 : Chaudière d'un nouveau système.

1100 *Theren* jeune, à Paris, rue Neuve-Ménilmontant, n. 6 : Machine à forer le fer et la fonte.

1101 *Saulnier* aîné, à Paris, rue Saint-Ambroise-Popincourt, n. 5 : Machine à vapeur ; Tableaux de diverses machines ; Planches d'acier fondu préparées pour la gravure. Médaille d'argent en 1827 ; Médaille d'or en 1834.

1102 *Gruaz*, à Paris, rue de la Huchette, n. 6 : Diverses machines pour l'horlogerie.

1103 *Frey* fils, à Paris, impasse Saint-Laurent, n. 2 : Machine à vapeur ; Divers dessins de machines.

Nᵒˢ   MM.

1104 *Levesque*, à Paris, petite rue Saint-Pierre-Popincourt, n. 8 : Diverses pompes en cuivre, fonte et fer.

1105 *Klemm* et *Torasse*, aux Batignolles, rue des Dames, n. 21 : Appareil mesurant d'eau.

1106 *Casalis*, à Saint-Quentin (Aisne) : Machine locomotive placée dans les chantiers du chemin de fer de Saint-Germain.

1107 *Biet*, à Paris, passage du Grand-Cerf, n. 7 et 47 : Instruments de physique.

1108 *Zimmer*, à Paris, rue Pierre-Levée, n. 10 *bis* : Appareils de précision.

1109 *Lecrosnier*, à Beau-Grenelle, rue des Entrepreneurs, n. 31 (Seine) : Objets de précision pour la géométrie.

1110 *Gouet*, aux Thermes, n. 17 (Seine) : Cisaille-filière à tarauder, Taraud, Tourne-broche, Horloge, etc.

1111 *Perrelet*, à Paris, rue de Rohan, n. 24 et 26 : Horlogerie de précision et Instruments de précision pour les sciences.

1112 *Pons*, à Paris, rue Cassette, n. 20 : Mouvements de pendules.

1113 *Pons*, à Paris, rue Cassette, n. 20 : Machine à battre le blé.

1114 *Moris*, à Paris, rue du faubourg Saint-Antoine, n. 147 : Filières en bois avec leurs tarrauds.

1115 *Richer*, à Paris, rue de la Boucherie, n. 14 : Instruments d'astronomie et de marine.

1116 *Arrier-Perricat*, à Paris, rue des Écouffes, n. 26 (Marais) : Gravimètres, Thermomètres et autres instruments de physique et de chimie en verre.

1117 *Reymond*, à Paris, boulevart des Italiens, n. 26 : Montres, Échappements, Cylindre se remontant sans clef.

1118 *Guidon*, à Paris, rue Montmartre, n. 121 : Pianos. Médaille de bronze en 1834.

1119 *Roller* et *Blanchet*, à Paris, rue Hauteville, n. 16 : Pianos. Médaille d'argent en 1823; Rappel en 1827; Médaille d'or en 1834.

1120 *Mullier*, à Paris, rue de Tracy, n. 5 : Pianos.

1121 *Moullé*, à Paris, rue d'Enfer, n. 78 : Pianos droits, carrés, à queues.

1122 *Debain*, à Paris, boulevart Saint-Denis, n. 24 : Pianos carrés à trois cordes, petit Piano, Écrans à clavier.

1123 *Pfeiffer*, à Paris, rue Montmartre, n. 132 : Pianos et Harpes.

1124 *Jofroy*, à Paris, rue Neuve-Coquenard, n. 17 : Pianos.

1125 *Abbey*, à Paris, rue Saint-Denis, n. 319 : Orgue d'église et d'appartements.

1126 *La Prévotte*, à Paris, rue Louis-le-Grand, n. 33 : Violon, Alto, Basse et Guitare dite *La Prévotte*. Mention honorable en 1823; Médaille de bronze en 1827; Citation en 1834.

N^{os}   MM.

1127 *Guillet*, à Paris, rue Charlot, n. 19 : Violon et Archet en métal.

1128 *Tulou*, à Paris, rue des Martyrs, n. 27 : Flûtes en tous genres. Médaille de bronze en 1834.

1129 *Labbaye*, à Paris, rue du Caire, n. 17 : Instruments de musique en cuivre.

1130 *Bellissent*, à Paris, rue Saint-Honoré, n. 260 : Flûtes.

1131 *Lefèvre*, à Paris, rue Saint-Honoré, n. 221 : Clarinettes, Bassons et Flûtes. Mention honorable en 1823 ; Médaille de bronze en 1827 ; Rappel en 1834.

1132 *Triebert*, à Paris, rue Montmartre, n. 132 : Instruments de musique à vent et en bois.

1133 *Beziat*, à Paris, rue du Faubourg-Saint-Antoine, n. 121 : Albumine en poudre pour clarifier les vins et sirops.

1134 *Boisset* et *Gaillard*, à Paris, rue de la Verrerie, n. 66 : Bougies diverses ; Blanchissage de cire.

1135 *Chaudron*, *Junot* et *Comp.*, à Paris, rue des Vieilles-Audriettes, n. 4 : Savons divers ; Acide stéarique ; Huile pour les mécaniques.

1136 *Tresca* et *Ebole*, à Paris, rue Thévenot, n. 24 : Bougies stéariques dites de l'Eclipse.

1137 *Auger* (veuve), à Paris, rue Neuve-des-Petits-Champs, n. 28 : Chocolats ; Boîtes de pastilles.

1138 *Chochina*, au Bourget, près Paris (Seine) : Pâtes alimentaires.

1139 *Chambard*, à Paris, rue du Bac, n. 3 *bis* : Pain et Amidon.

1140 *Lecrosnier*, à Paris, rue du Temple, n. 69 : Couleurs pour la gouache et la peinture à l'huile.

1141 *Everat*, à Paris, rue Richer, n. 10 : Briques, tuiles et carreaux.

1142 *Pereiné*, à Paris, rue du Faubourg-Montmartre, n. 10 : Peinture sur porcelaine, vases, services.

1143 *Chapelle*, à Paris, rue du Faubourg-Saint-Denis, n. 19 : Peinture, Dorure sur porcelaine, cristaux, verrerie.

1144 *Depierre*, à Paris, quai Malaquais, n. 13 : Réparation des vitraux anciens.

1145 *de Beine*, à Paris, rue Mercier, n. 2 : Sacs et Tuyaux sans couture ; Toiles et Treillis. Mention honorable en 1834.

1146 *Hallé*, à Paris, rue Bailleul, n. 7 : Sculpture, Carton pierre collé.

1147 *Boileau*, à Paris, rue Saint-Guillaume, n. 16 : Sculpture en bois, Menuiserie, Découpure, Tournure pour décorations d'église, palais, etc.

1148 *Colletta*, à Paris, rue Mandar, n. 9 : Tabatières, Objets de fantaisie. Mention honorable en 1834.

1149 *Chapotot*, à Paris, rue Saint-Sauveur, n. 3 : Formes pour cordonniers.

N^{os}   MM.

1150 *Mercier*, à Paris, rue Jean-Robert, n. 22 : Tabatières fines et bois des îles.

1151 *Berneuil*, à Paris, rue du Faubourg-Poissonnière, n. 118 : Mains-courantes d'escalier.

1152 *Heugue*, à Paris, rue Neuve-Saint-Martin, n. 26 : Brosserie.

1153 *Sellier*, à Paris, rue Rochechouart, n. 14 : Meubles en tous genres.

1154 *Fauve*, à Paris, rue Saint-Dominique-Gros-Caillou, n. 117 : Épingles en bois pour l'étendage.

1155 *Meynard* père et fils, à Paris, passage de la Boule-Blanche, faubourg Saint-Antoine : Ébénisterie et Menuiserie pour siéges. Médaille d'argent en 1834.

1156 *Lemarchaud*, à Paris, rue des Gravilliers, n. 27 : Tours de toute espèce. Mention honorable en 1834.

1157 *Hoefer*, à Paris, impasse Guémenée, n. 8 : Ébénisterie en tous genres.

1158 *Durand* fils, à Paris, rue du Harlay, n. 5 : Meubles en tout genre. Médaille de bronze en 1834.

1159 *Potier-Lucion* et *Point*, chemin de Pantin (Seine) : Modèle de charpentes.

1160 *Carette*, à Paris, rue du Faubourg-Poissonnière, n. 31 : Meubles, Décors d'appartements sur châssis mobiles.

1161 *Mainfrey*, à Paris, rue du Faubourg-Saint-Martin, n. 70 : Ameublements.

1162 *Koch*, à Paris, rue aux Ours, n. 51 : Peignes en tout genre.

1163 *Lemaître*, à Paris, rue Richer, n. 34 : Menuiserie, Procédés mécaniques.

1164 *Davion*, à Paris, rue de la Ferme-des-Mathurins, n. 5 : Objets de goût et de fantaisie, Jardinière-pupitre.

1165 *Béfort* père et fils jeune, à Paris, rue Saint-Honoré, n. 3 : Ébénisterie, Marqueterie, Coffres.

1166 *Ory*, à Paris, rue du Faubourg-du-Temple, n. 71 : Meubles de fantaisie, Nécessaires.

1167 *Bigot*, à Paris, rue Saint-Lazare, n. 142 : Ébénisterie riche. Mentions honorables en 1827 et 1834.

1168 *Sellier*, à Paris, rue Saint-Jacques, aux Sourds-Muets : Objets tournés en bois et ivoire.

1169 *Chambaud*, à Paris, rue du Temple, n. 62 : Petite ébénisterie de fantaisie.

1170 *Daiguebelle*, à Paris, rue Notre-Dame-des-Champs, n. 50 *bis* : Impressions lithographiques en tout genre.

1171 *Bernard*, à Paris, rue Martel, n. 12 : Eau fixative pour le dessin, Papier transparent pour décalquer.

Nᵒˢ   MM.

1172 *Dieu*, à Paris, rue Hautefeuille, n. 13 : Cartes, Globes, Sphères astronomiques. Médaille d'argent en 1834.

1173 *Lemercier, Bernard* et *Comp.*, à Paris, rue de Seine-Saint-Germain, n. 55 : Encres, Crayons, Noirs d'impression et Imprimerie lithographique.

1174 *Garin*, à Paris, rue de Seine-Saint-Germain, n. 51 : Restauration et nettoiement de tout ouvrage sur papier.

1175 *Pierron*, à Paris, rue Saint-Honoré, n. 123 : Presses autographiques de bureau. Mention honorable en 1827 ; Médaille de bronze en 1834.

1176 *Jacotier*, à Paris, rue de Buffon, n. 15 : Reproduction d'anciennes gravures sur pierres lithographiques.

1177 *Beurteaux*, à Paris, quai de la Mégisserie, n. 40 : Peinture en décors, Tableaux.

1178 *Garson*, à Paris, rue de la Cité, n. 36 : Dessins et Impressions lithographiques.

1179 *Martenot* et *Comp.*, à Paris, rue Richelieu, n. 92 : Impressions lithographiques. Mention honorable en 1834.

1180 *Deupès*, à Paris, rue Chilpéric, n. 10 : Calligraphie, Tableaux.

1181 *Dupont*, à Paris, rue de Venise, n. 3 : Typographie, Impression sèche.

1182 *Guichard*, à Paris, rue des Jeûneurs, n. 1 *bis* : Dessins pour impressions d'étoffes et papiers pour broderies, Meubles, Tissus.

1183 *Leblanc*, à Paris, rue Saint-Martin, n. 285 : Dessins au lavis, Bateau à vapeur.

1184 *Villain*, à Paris, rue de Sèvres, n. 29 : Lithographie.

1185 *Lusson*, à Paris, rue des Saints-Pères, n. 13 : Gravures sur cuivre, Architecture gothique, Plans divers.

1186 *Vialon*, à Paris, passage Colbert, escalier *E* : Gravures sur acier, cuivre, étain et figures, ornements, lettres.

1187 *Bobœuf*, à Paris, rue Cadet, n. 23 : Lithographie musicale.

1188 *Dupont*, à Paris, rue de Grenelle-Saint-Honoré : Lithographie (modèles administratifs).

1189 *Houbloup*, à Paris, rue Dauphine, 22, 24 : Impressions lithographiques.

1190 *Allix*, à Paris, rue des Grands-Augustins, n. 29 : Modelage et Moulage en tout genre.

1191 *Silvant*, à Paris, rue Croix-des-Petits-Champs, n. 43 : Lampes, Appareils d'éclairage.

1192 *Hachette*, à Paris, rue Saint-Martin, n. 115 : Laves émaillées et peintes avec couleurs vitrifiées, Poêles, Intérieurs de cheminée.

1193 *Billard*, à Paris, rue Neuve-des-Petits-Champs, n. 93 : Cheminées, Poêles, et Poêles-cheminées.

N^{os}   MM.

1194 *Duvoir*, à Paris, rue Neuve-Coquenard, n. 11 : Appareils de chauf-
fages, Calorifères, Cuisines, Blanchisseries.

1195 *Tirmache*, à Paris, rue Saint-Honoré, n. 357 : Garderobes de différentes formes.

1196 *Greiling*, à Paris, quai Napoléon, n. 33 : Instruments et Appareils de chirurgie.

1197 *Gevelot*, à Paris, rue Notre-Dame-des-Victoires, n. 24 : Amorces
fulminantes pour armes à feu.

1198 *Pirmet*, à Paris, allée d'Antin, n. 15 : Arquebuserie de luxe.

1199 *Delebourse*, à Paris, rue Coquillière, n. 30 : Armes de luxe.

1200 *Desmyau*, à Paris, rue J.-J. Rousseau, n. 5 : Armes à feu, Culot
mécanique.

1201 *Páris*, à Paris, rue de Seine-Saint-Germain, n. 56 : Armes de
chasse en tout genre.

1202 *Bernard*, à Paris, rue de Grenelle-Saint-Germain, n. 156 : Canons
de fusil de chasse.

1203 *Lesire Gruger*, à Paris, rue du Cimetière-Saint-André-des-Arts, n. 9 :
Modèle de pièce d'artillerie.

1204 *Sinet*, à Paris, rue du Dragon, n. 5 : Objets d'arts.

1205 *Masson*, à Paris, rue Neuve-des-Petits-Champs, n. 47 : Caleçons,
Corsets de sauvetage.

1206 *Leroy*, à Paris, quai Saint-Michel, n. 15 : Peinture sur verres,
Transparents, Stores.

1207 *Meynadier*, à Mont-Rouge, Grande-Rue, n. 32 (Seine) : Tissus
imperméables.

1208 *Brunet*, à Paris, rue Neuve-Saint-Eustache, n. 44 : Châles indoux,
laine cachemire.

1209 *Béchard*, à Passy, sur le quai, n. 26 : Teinture et apprêts sur
laines.

1210 *Boutineau*, à Paris, rue Neuve-Saint-Eustacho, n. 52 : Châles indoux.

1211 *Foye Davenne*, à Paris, rue Neuve-des-Petits-Champs, n. 63 :
Couvre-pieds, Laine.

1212 *Poupinel*, à Paris, rue Galande, n. 87 : Couvertures de laine.

1213 *Boullenois*, à Paris, place de l'Hôtel-de-Ville, n. 8 : Soies grèges.

1214 *Popelin Ducarre*, à Paris, rue Neuve-Vivienne, n. 41 : Broderies en
or, argent, soie, etc.

1215 *Gravier Delvalle*, à Paris, rue Neuve-des-Petits-Champs, n. 64 :
Broderies.

1216 *Mazure* de *Aguirre*, à Paris, rue d'Antin, n. 3 : Chanvre imperméable, Malles, Etuis.

1217 *Ledoux*, à Neuilly-sur-Seine (Seine) : Doubles tissus imperméables.

N^{os}   MM.

1218 *Dufau* et *Comp.*, à Paris, rue Saint-Bernard, n. 13, faubourg Saint-Antoine : Peaux de chevreaux bronzées, dorées et noires.

1219 *Guillois*, à Beau-Grenelle, rue des Entrepreneurs, n. 13 : Cuirs vernis, Tiges imperméables en caoutchouc.

1220 *Dunet*, à Paris, rue de la Madeleine, n. 16 : Coffres pour voitures.

1221 *Villaeys*, à Paris, rue des Coquilles, n. 2 : Papiers de fantaisie.

1222 *Gombault*, à Paris, rue de la Sourdière, n. 11 : Papiers pliés à l'usage de la bouche.

1223 *Blouet*, à Paris, quai de la Râpée, n. 9 : Meules anglaises et françaises, Carreaux.

1224 *Montagnac Fabreguettes*, à Paris, rue Paradis-Poissonnière, n. 47 : Toiles métalliques pour papeterie.

1225 *La Société des mines et fonderies de la Vieille Montagne*, à Paris, rue Richer, n. 12 : Fonte et laminage du zinc.

1226 *Allez*, à Paris, quai de la Mégisserie, n. 2 : Objets en fonte de fer.

1227 *Gallois*, à Paris, rue Saint-Martin, n. 249 : Cloches d'église, Sonnettes et Fontainerie.

1228 *Cahouet*, à Paris, halle aux Veaux, n. 4 : Moules à chandelles, Bougies, Cierges.

1229 *Desbassyns de Richemont*, à Paris, faubourg Saint-Honoré, n. 83 : Chalumeaux aerhydriques, divers fers pour souder.

1230 *Muel*, à Paris, rue Neuve-de-Nazareth, n. 9 : Toute espèce de fonte, Statues, etc.

1231 *Savart*, à Paris, rue Neuve-Saint-Gilles, n. 14 : Bronze d'arts, Sculpture, Reliefs.

1232 *Thilorier*, à Paris, rue Richelieu, n. 89 : Bronzes et dorures.

1233 *Duval*, à Paris, rue du Temple, n. 105 : Appareils pour bains.

1234 *Pillioud*, à Paris, rue Vieille-du-Temple, n. 78 : Orfévrerie. Médaille d'argent en 1827 ; Rappel en 1834.

1235 *Bon*, à Paris, rue de Vaucanson, n. 4 : Jeaillerie fausse.

1236 *Enslen*, à Paris, Palais-Royal, n. 112 : Bijoux montés en strass.

1237 *Baudouin*, à Paris, rue Grange-Batelière, n. 26 : Peinture sur émail. Panneaux peints.

1238 *Noel*, à Paris, rue Phelippeaux, n. 32 : Bijoux en argent doré.

1239 *Chemelat*, à Paris, rue de la Vieille-Bouclerie, n. 5 : Rasoirs.

1240 *Foubert*, à Paris, passage Choiseul, n. 35 : Coutellerie.

1241 *Mozard*, à Paris, rue de la Croix, n. 16 : Taillanderie.

1242 *Renard*, à Paris, rue des Gravilliers, n. 28 : Outils et Instruments pour tous genres de gravures.

1243 *Gaudichon*, à Paris, rue Saint-Sébastien, n. 5 : Nouvelle cafetière.

1244 *Leguillette* et *Tessier*, à Paris, faubourg Saint-Antoine, n. 50 : Serrurerie en bâtiments.

Nᵒˢ   MM.

1245 *Delaplanche*, à Paris, rue de la Calandre, n. 54 : Serrurerie mécanique.

1246 *Grenier*, à Paris, rue de la Calandre, n. 54 : Horlogerie et mécanique.

1247 *Piault*, à Paris, rue de Lille, n. 30 : Balanciers fixes de pendules.

1248 *Le Bedel*, à Paris, rue Gît-le-Cœur, n. 3 : Perles fausses.

1249 *Pelletan*, à Paris, rue de Verneuil, n. 27 : Machines et Appareils.

1250 *Thonnelier*, à Paris, rue des Trois-Bornes, n. 26 : Machines de toutes sortes.

1251 *Régnier*, à Grenelle, rue de Grenelle, n. 8 (Seine) : Machines. Mention honorable en 1827 ; Médaille de bronze en 1834.

1252 *Lepaute* (*Henri*), à Paris, rue Saint-Honoré, n. 247 : Horlogerie mécanique.

1253 *Boulanger Lapierre* dit *Petit*, à Paris, rue Saint-Honoré, n. 340 : Montres.

1254 *Morin*, à Paris, rue de l'Arcade, n. 9 : Dynamomètres.

1255 *Rouen et Comp.*, à Paris, rue Ménilmontant, n. 43 : Appareil pour gaz portatif.

1256 *Ratisseau*, à Paris, rue Traversière, n. 26 : Mécanique à broyer.

1257 *Lepaute* jeune, à Paris, rue Saint-Honoré, n. 121 : Horlogerie.

1258 *Klemm*, à Paris, faubourg du Temple, n. 137 : Machine à vapeur.

1259 *Frèche*, à Paris, rue des Récollets, n. 12 : Mesures, Tombereau peseur.

1260 *Giraudou*, à Paris, rue de Charonne, n. 95 : Moulins, Scieries, machines à vapeur.

1261 *Guérin*, à Paris, rue du Marché-d'Argenteuil, n. 10, 12 : Pompes à incendie.

1262 *Merciel*, à Paris, rue Saint-Maur, n. 33 : Coffre-fort à combinaisons.

1263 *Noble*, *Clark*, à Paris, rue Censier, n. 6 : Machine à couper le papier.

1264 *Hussenet*, à Paris, rue Vieille-du-Temple, n. 80 : Pompe à rotation.

1265 *Krafft*, à Paris, faubourg Saint-Martin, n. 85 : Cylindre pour gravure sur étoffes.

1266 *Huck*, à Paris, rue Bichat, n. 17 : Mécanique en général.

1267 *Imbert*, à Paris, impasse Saint-Sébastien, n. 6 : Machines à vapeur, Scierie, etc.

1268 *Ribcu*, à Paris, rue Basse-des-Ursins, n. 21 : Tours, Machines, Outils de précision.

1269 *Huette*, à Paris, quai de l'Horloge, n. 75 : Baromètres, Boussoles et Niveaux.

1270 *Lanet et Sornay*, à Paris, place de la Bourse, n. 9 : Appareil filtré épurateur.

N^{os}   MM.

1271 *Frank*, à Paris, galerie Colbert, n. 23 : Pianos droits et carrés.

1272 *Laroche*, à Joinville-le-Pont (Seine) : Orgue expressif.

1273 *Lefebvre*, à Paris, rue Saint-Honoré, n. 211 : Clarinettes.

1274 *Hertz*, à Paris, rue de la Victoire, n. 38 : Pianos de tous genres.

1275 *Brod*, à Paris, rue de la Rochefoucaud, n. 22 : Instruments à vent.

1276 *Hildebrand*, à Paris, rue Saint-Martin, n. 202 : Cloches, Grelots, etc.

1277 *Marix*, à Paris, passage des Panoramas, n. 47 : Orgues expressives.

1278 *Picard*, à Paris, rue du Puits (Temple) : Orgues expressives.

1279 *Brand* et *Comp.*, à Paris, boulevart Saint-Denis, n. 19 : Pianos.

1280 *Léon*, à Paris, rue de Crussol, n. 2 : Vernis pour reliures.

1281 *Bergeron* et *Couput*, à Paris, rue Sainte-Croix-de-la-Bretonnerie, n. 9 : Couleurs pour teintures.

1282 *Bergerat* et *Letellier*, à Paris, rue de la Vieille-Monnaie, n. 9 : Produits chimiques.

1283 *Larmoyer*, à Paris, rue des Vieux-Augustins, n. 57 : Vernis et cirage.

1284 *Perard* et *Comp.*, à Paris, rue d'Antin, n. 6 : Huile de pied de bœuf.

1285 *Thuez*, à Gravelle, commune de Charenton-Saint-Maurice : Amidon, Gomme indigène.

1286 *Ducoudré*, à Paris, rue du Coq-Saint-Jean, n. 5 : Prussiate de potasse, Bleu de Prusse, etc.

1287 *Fromont*, à Paris, rue Marbœuf, n. 27 : Cirage pour harnais, et Vernis.

1288 *Sarazin*, à Paris, rue Saint-Antoine, n. 107 : Pâtes et Farines pour potages.

1289 *Chatain*, à Paris, rue du Vieux-Colombier, n. 19 : Huile pour l'horlogerie.

1290 *Souchon*, à Paris, rue Saint-Fiacre, n. 1 : Produits chimiques.

1291 *Collot*, à la Villette, rue d'Allemagne, n. 165 : Raffinage de sel marin.

1292 *Gentillot*, à Paris, rue des Fossés-du-Temple, passage du Jeu-de-Boules, n. 1 : Peinture à l'huile séchant en moins d'une heure.

1293 *Gallo* et *Bigot*, à Paris, rue Vivienne, n. 20 : Bougies stéariques.

1294 *Taulet*, à Paris, rue Galande, n. 47 : Fonte de suifs à la vapeur combinée.

1295 *Giroux*, à Paris, rue de l'Arbre-Sec, n. 35 : Café-châtaigne.

1296 *Maurin*, à Paris, rue Saint-Honoré, n. 344 : Peinture en bâtiments.

1297 *Verd*, à Paris, rue de la Paix, n. 12 *bis* : Creusets.

3*

Nᵒˢ   MM.

1298 *Michel* et *Valin*, à Paris, rue de Bondy, n. 30 : Porcelaines, Objets
      d'art et de fantaisie.

1299 *Leclaire*, à Montreuil-sous-Bois (Seine) : Porcelaine-fantaisie.

1300 *Rœderer* (le baron), représentant la Compagnie des verreries de
      Saint-Quentin, à Paris, rue du Faubourg-Saint-Honoré, n. 85,
      Glaces, Miroirs, Verres à vitres. Médaille d'or en 1834.

1301 *Dubois*, à Paris, rue du Faubourg-Saint-Martin, n. 158 : Peinture
      sur verres, Restauration d'anciens vitraux.

1302 *Bouvet*, à Paris, Palais-Royal, n. 152, 153 : Taille de cristaux et
      Décoration de porcelaines. Médaille d'or en 1819.

1303 *Pochet Deroche*, à Paris, rue Jean-Jacques-Rousseau, n. 16 : Ver-
      reries. Mention honorable en 1834.

1304 *Fontaine*, à Paris, rue Saint-Séverin, n. 2 : Tours et Outils, Ma-
      chines.

1305 *Cruchet*, à Paris, rue Coquenard, n. 54 : Décorations pour théâtres
      et appartements en papier et pâte-carton.

1306 *Aniel*, à Paris, rue du Faubourg-Saint-Denis, n. 84 : Parquets or-
      dinaires et Marqueterie.

1307 *Fontaine*, à Paris, rue Royale-Saint-Martin, n. 17 : Tabatières fan-
      taisies, Meubles de goût.

1308 *Hérard-Devillers*, à Paris, quai Valmy, n. 81 : Vernis et Décors sur
      métaux et bois, Incrustations en tout genre. Mention honorable
      en 1834.

1309 *Gathois*, à Paris, cour Batave, n. 14 : Layetier, Coffretier, Em-
      balleur.

1310 *Pinson*, à Paris, rue du Ponceau, n. 12 : Écaille et Ivoire factices,
      Nécessaires.

1311 *Houel* et *Comp.*, à Paris, rue du Cherche-Midi, n. 65 : Pierres litho-
      graphiques.

1312 *Saunier*, au Petit-Mont-Rouge, avenue de la Santé, n. 31 : Gravure
      typographique.

1313 *Chesse*, à Paris, rue Saint-Jacques, n. 69 : Gravure en relief. Cita-
      tion en 1823, 1827, 1834.

1314 *Couder*, à Paris, rue Cadet, n. 24 : Dessins en tous genres pour ma-
      nufactures.

1315 *Monginet*, à Paris, rue Neuve-des-Petits-Champs, n. 5 : Dessins de
      machines.

1316 *Bineteau*, à Paris, rue des Maçons-Sorbonne, n. 3 : Lithographie en
      tout genre.

1317 *Gatellier*, à Paris, rue du Cherche-Midi, n. 77 : Dessins en Bro-
      deries.

1318 *Dagneau*, à Paris, rue de la Vieille-Draperie, n. 1 : Brosses et Pin-
      ceaux pour peintres-doreurs.

N.^s   MM.

1319 *Verdun* et *Gradelet*, à Paris, rue du Petit-Bac : Objets d'arts et de curiosités.

1320 *Thilorier* et *Serrurot*, à Paris, rue Richelieu, n. 89 : Lampes hydro-statiques.

1321 *Lepante (Henri)*, à Paris, rue Saint-Honoré, n. 247 : Phares.

1322 *Rouen* et *Comp.*, à Paris, rue de Ménilmontant, n. 43 : Lampes de toute espèce.

1323 *Petit*, à Paris, rue Grange-Batelière, n. 21 : Cheminées, Calori-fères, etc.

1324 *Lecerf*, à Paris, rue Montholon, n. 15 : Cheminées diverses.

1325 *Cerbelaud*, à Paris, rue Saint-Lazare, n. 98 : Appareils de chemi-nées, Fourneaux.

1326 *Blatin*, à Paris, rue Guénégaud, n. 11 : Rigouphales, Biberettes, etc.

1327 *Mohr*, à Paris, passage du Petit-Saint-Antoine : Garde-robes ino-dores.

1328 *Duhoux*, aux Batignolles, rue Lechapelais : Garde-robes : Châssis de toits en zinc.

1329 *Parrizet*, à Paris, rue d'Enfer-Saint-Michel, n. 22 : Cuvettes, Uri-noirs, Garde-robes.

1330 *Journeux* jeune, à Paris, rue de la Roquette, n. 18 : Fonderie, Cise-lure, Pieds de billard en bronze.

1331 *Petit Colin*, à Paris, rue de Cléry, n. 78 : Bougies emplastiques.

1332 *Payot*, à Paris, rue des Lombards, n. 28 : Pharmacie portative.

1333 *Corriol*, à Paris, rue de Sèvres, n. 2 : Sac médico-chirurgical d'am-bulance.

1334 *Acier*, à Paris, rue Saint-Martin, n. 48 : Instruments de chirurgie.

1335 *Simon*, à Paris, rue Basse-du-Rempart, n. 44 : Matelas élastiques, Tapisserie.

1336 *Manecaux*, à Paris, quai Napoléon : Armes et Objets d'équipement.

1337 *Vinet-Buisson*, à Paris, rue du Faubourg-Saint-Denis, n. 50 : Frot-teur mécanique, Balayeur public, Appareils.

1338 *Martin Ferry* et *Comp.*, à Paris, impasse Saint-Dominique-d'Enfer, n. 4 : Brosses arabes pour chevaux.

1339 *Jullien* (veuve), à Paris, rue Poissonnière, n. 9 : Instruments pro-pres à la conservation des vins.

1340 *Davril*, à Paris, rue Meslay, n. 65 : Système d'étagère pour vers à soie.

1341 *Fichet*, à Paris, rue du Faubourg-Saint-Honoré, n. 14 : Objets ma-térialisés à l'usage de l'enseignement industriel.

1342 *Lascola* et *Comp.*, correspondants de la Société agricole et indus-trielle de la Lozère, à Paris, rue du Sentier, n. 18 : Draps, Serge Escots et autres tissus.

Nos   MM.

1343 *Valenthiennes* (madame veuve) et *Comp.*, à Paris, rue Popincourt, n. 102 : Ouates en pièces de six aunes et plus.

1344 *Vallée* et *Bourniche*, à Paris, rue de l'Arbre-Sec, n. 3 : Toiles anti-hygrométriques à tableaux.

1345 *Gombert* père et fils, à Paris, rue de Sèvres, n. 102 : Cotons retors. Médaille d'argent en 1834.

1346 *Mayer*, à Paris, passage des Petits-Pères, n. 9 : Blondes et dentelles.

1347 *Vanceekhout* (madame veuve), à Paris, rue Montmartre, n. 124 : Dentelles.

1348 *Demi-Doineau*, à Paris, rue Vivienne, n. 16 : Tapis ras et velouté.

1349 *Thomann*, à Puteaux (Seine) : Impressions sur mousseline, laine, coton et sur soie.

1350 *Bonvallet* et *Comp.*, à Paris, rue Neuve-Saint-Eustache, n. 24 : Impressions en relief sur toute espèce de tissus.

1351 *Lhotel*, à Paris, rue Sainte-Foix, n. 8 : Impressions en relief sur draps et tissus de laine.

1352 *Notré*, à Paris, rue du Caire, n. 12 : Plumes d'autruches et autres, oiseaux de paradis.

1353 *Sana*, à Paris, rue Saint-Denis, n. 374 : Fleurs artificielles.

1354 *Vauquelin*, à Paris, boulevart de l'Hôpital, n. 40 : Veaux cirés, bottines, avant-pieds, etc.

1355 *Balan*, à Paris, rue Mauconseil, n. 25 : Gaînerie.

1356 *Pérot*, à Saint-Denis, rue de Paris, n. 80 (Seine) : Malles de voyage.

1357 *Boudard*, à Paris, rue de la Chapelle, n. 7 : Peaux de chevreau, Gants.

1358 *Vigoureux*, à Paris, rue Grange-Batelière, n. 18 : Voiture modèle.

1359 *Marion*, à Paris, cité Bergère, n. 14 : Papier de fantaisie.

1360 *Lacome*, à Paris, passage Bourg-l'Abbé, n. 8 : Papeterie, Pains à cacheter, Impressions lithographiques.

1361 *Cabany Saint-Maurice*, à Paris, rue Sainte-Avoye, n. 57 : Registres, Presses à copier, Nouveautés de papeterie.

1362 *Vallier*, à Paris, faubourg Saint-Antoine, n. 23 : Draps sans couture pour la fabrication du papier.

1363 *Bort*, à Paris, rue Richelieu, n. 31 : Papier pour toile imperméable, pour tenture. Mention honorable en 1834.

1364 *Chalet*, à Paris, rue Neuve-des-Petits-Champs, 39 : Papier de fer.

1365 *Bouillard*, à Paris, rue Michel-le-Comte, n. 30 : Cartonnage, Gaînerie.

1366 *Bourguignon*, à Paris, boulevart Beaumarchais, n. 4 : Marbrerie.

1367 *Hubsch*, à Sèvres, rue de Vaugirard, n. 28 : Carrelage mosaïque.

N^{os}   MM.

1368 *Coignet*, à Paris, rue Hauteville, n. 35 : Mastic bitumineux pour dallage, couverture, etc.

1369 *Advier*, à Paris, boulevart Saint-Martin, n. 15 : Bitume végétal.

1370 *Mathieu*, à Paris, rue Laffitte, n. 39 : Goudron, Vive essence, Huile fine, Bitume.

1371 *Sorrieu* père, à Paris, faubourg du Roule, n. 102 : Briques.

1372 *Bottier*, à Paris, rue Saint-Jean-de-Beauvais, n. 30 : Outil propre à battre l'or.

1373 *Pernot*, agent de la compagnie agricole et industrielle du Migliacciaro, à Paris, rue de l'Échiquier, n. 34 : Barres de fer de différentes dimensions, provenant de la forge de Chiara (Corse).

1374 *Fasbender*, à Paris, rue Saint-Denis, n. 368 : Tissus métalliques.

1375 *Gaillard* frères, à Paris, rue Saint-Denis, n. 228 : Toiles métalliques, Tuiles et Tôle découpées.

1376 *Brewer* fils, à Paris, rue du Faubourg-Saint-Denis, n. 204 : Toiles métalliques pour la fabrication du papier continu.

1377 *Tangre*, à Paris, rue Saint-Maur, n. 47 : Lisses métalliques.

1378 *Robert*, à Paris, boulevart Saint-Denis, n. 19 : Horlogerie.

1379 *Petit* et *Mabire*, à Paris, rue des Gravilliers, n. 18 : Un toit en zinc.

1380 *Wiklund*, à Paris, rue Saint-Honoré, n. 99 : Châssis vitrés.

1381 *Pichon*, à Paris, rue Saint-Dominique, faubourg Saint-Germain, n. 7 : Pompe à colonne en fonte.

1382 *Luynes* (le duc de), à Paris, rue Saint-Dominique, n. 33 : Acier fondu et damassé.

1383 *Tard*, à Paris, rue des Amandiers Saint-Jacques, n. 14 : Bronzes.

1384 *Raingo* frères, à Paris, rue de Saintonge, n. 11 : Pendules.

1385 *Poncet* et *Royer*, à Paris, rue des Fossés-du-Temple, n. 2 *bis* : Cadres-Pendules, Vases en bronze estampé.

1386 *Cornudet*, à Paris, rue de Lancry, n. 6 : Bronzes.

1387 *Blève*, à Paris, rue de Lancry, n. 4 : Ornements estampés.

1388 *Povaud*, à Paris, rue des Arcis, n. 18 : Orfévrerie d'église.

1389 *Gaussant-Saivre*, à Paris, rue du Temple, n. 57 : Bijoux dorés.

1390 *Nocus*, à Saint-Mandé (Seine), chemin du Rendez-Vous : Émail, Flint-Glass, Crown-Glass, Pierres pour les lapidaires.

1391 *Guinand*, à Paris, rue Mouffetard, n. 283 : Flint et Crown-Glass.

1392 *Raynauld*, rue Grange-aux-Belles, n. 10 : Bijouterie fausse, Objets de fantaisie.

1393 *Barthélemy*, à Paris, rue Neuve-des-Bons-Enfants, n. 13 : Pierres factices imitant le diamant. Médaille de bronze en 1823.

1394 *Mayet-Vallon*, à Paris, passage Véro-Dodat : Coutellerie. Médaille de bronze en 1827 ; Médaille d'argent en 1834.

Nos   MM.

1395 *Sabatier*, à Paris, rue Saint-Honoré, n. 84 : Coutellerie. Mention honorable en 1827 ; Médaille de bronze en 1834.

1396 *Morize*, à Paris, rue Saint-Antoine, n. 13 : Coutellerie.

1397 *Camus*, à Paris, rue Oblin, n. 7 : Outils divers.

1398 *Lebet*, à Paris, rue Grenétat, n. 2 : Armes blanches, Couteaux de chasse, Limes et Râpes.

1399 *Godeau*, à Paris, rue Grétry, n. 1 : Coffres-forts, Serrures, Verrous, etc.

1400 *Lossel*, à Paris, rue du Roi-de-Sicile, n. 24 : Scies à métaux.

1401 *Auger*, à Paris, rue de la Harpe, n. 100 : Serrures.

1402 *Robin*, à Paris, rue Grange-Batelière, n. 1 : Coffres-forts et Serrures de sûreté.

1403 *Paublan*, à Paris, rue Saint-Honoré, n. 366 : Coffres-forts, Serrurerie.

1404 *Valdeck*, à Paris, rue du Faubourg-Saint-Denis, n. 171 : Filières et Tarauds.

1405 *Vigoureux*, à Paris, rue Grange-Batelière, n. 18 : Cric.

1406 *Forgeron*, à Paris, rue de Sèvres, n. 97 : Serrure de sûreté.

1407 *Bataille*, à Paris, rue Saint-Maur-Popincourt, n. 17 : Instruments d'agriculture.

1408 *Enfer*, à Paris, rue Neuve-Sainte-Catherine, n. 22 : Soufflets, Forges, Tables d'émailleur, etc.

1409 *Meyer* frères et *Comp.*, à Paris, rue Poissonnière, n. 5 : Métiers à tisser et autres.

1410 *Brisset*, à Paris, rue des Martyrs, n. 12 : Pierre cylindrique.

1411 *Pauwels*, à Paris, rue du Faubourg-Poissonnière, n. 109 : Machines.

1412 *Gailard* et *Thirion*, à Paris, allée des Veuves, n. 93 : Pompes à incendie.

1413 *Castera*, à Paris, rue de Grenelle : Modèles d'appareils de sauvetage.

1414 *Brisset*, à Paris, rue des Martyrs, n. 12 : Pierre lithographique. Mention honorable en 1827, 1834.

1415 *Guenin*, à Paris, rue Monthabor, n. 9 : Métier mécanique à l'usage des confiseurs.

1416 *Vielcazal*, à Paris, rue du Faubourg-Saint-Denis, n. 62 : Appareils pour les eaux minérales factices, les vins mousseux.

1417 *Églot*, à Paris, rue du Faubourg-Saint-Martin, n. 268 : Appareils pour les distillateurs.

1418 *Laignel*, à Paris, rue Chanoinesse, n. 12 : Divers instruments propres à la marine, Spécimen d'un chemin de fer.

Nᵒˢ   MM.

1419 *Bourbouze*, à Paris, rue de la Harpe, n. 91 : Instruments de physique.

1420 *Huntzinger*, à Paris, place Royale, n. 9 : Instruments de mathématiques, de marine.

1421 *Lenseigne*, à Paris, rue Guillaume, n. 9 : Machine, dite Deversoir ou Déchargeoir des neiges et des glaces.

1422 *Durousseau de la Combe* (madame veuve), à Paris, rue des Fossés-Montmartre, n. 6 : Pendule à équation, Tableau d'hygrométrie, Tableau d'équation.

1423 *Boquillon*, à Paris, au Conservatoire des Arts et Métiers : Appareil propre à régulariser l'écoulement des liquides et des fluides élastiques.

1424 *Rieussec*, à Paris, boulevart Bourdon, n. 4 : Montres dites chronographes. Médaille de bronze en 1823.

1425 *Duchemin*, à Paris, place du Châtelet, n. 2 : Pendules.

1426 *Breguet* neveu et *Comp.*, à Paris, quai de l'Horloge, n. 79 : Horlogerie.

1427 *Collardeau-Duheaume*, à Paris, rue du Faubourg-Saint-Martin, n. 56 : Instruments de précision.

1428 *Lemoine*, à Paris, rue Cadet, n. 30 : Balance-bascule.

1429 *Vacher*, à Paris, rue des Petites-Écuries, n. 21 : Pianos.

1430 *Alexandre*, à Paris, rue Transnonain, n. 6 : Orgues expressives et Accordéons.

1431 *Sonnier*, à Paris, rue du Petit-Musc, n. 11 : Instruments de musique en cuivre. Médaille de bronze en 1827.

1432 *Halary*, à Paris, rue Mazarine, n. 37 : Instruments de musique en cuivre.

1433 *Roard de Clichy* et *Comp.*, à Paris, rue du Faubourg-Montmartre, n. 13 : Céruse, Blanc d'argent, Minium, etc.

1434 *Bucaille*, à Paris, rue de Varennes, n. 16 : Bougie diaphane et autres.

1435 *Villeneuve* (*de*), à Paris : Substances alimentaires préparées au lait.

1436 *Godard*, à Paris, rue Montesquieu, n. 2 : Extrait de bière.

1437 *Dunand*, à Paris, rue du Faubourg-Saint-Martin, n. 11 : Biscuits de Reims.

1438 *Delnef*, à Paris, rue de la Poterie-des-Arcis, n. 32 : Suc de réglisse.

1439 *Soudan*, à Paris, rue de la Verrerie, n. 97 *bis* : Café de chicorée-Moka.

1440 *Langlois* et *Chenal*, à Paris, rue Planche-Mibray, n. 6 : Couleurs préparées pour la miniature et les diverses branches de la peinture.

N^{os}   MM.

1441 *Menuel*, à Paris, rue du Cloître-Saint-Merry, n. 16 : Savons.

1442 *Prével*, au Petit-Charonne (Seine) : Vermillon français.

1443 *François* et *Arnal*, à la Glacière, Grande-Rue, n. 9 (Seine) : Encres typographiques.

1444 *Gautier*, à Paris, rue de la Roquette, n. 46 : Jaune de Naples.

1445 *Mothereau*, à Paris, avenue de Saint-Ouen, n. 14 : Briquet-creuset.

1446 *Boudier*, à Vaugirard, avenue d'Issy, n. 215 (Seine) : Tuyaux de cheminées en terre cuite.

1447 *Lebeuf*, à Creil (Seine) : Faïences, Porcelaines opaques. Médaille d'or en 1834.

1448 *Touchard*, à Paris, rue de la Michaudière, n. 12 : Terre cuite.

1449 *Fans-Zvoll*, à Paris, rue des-Marais-du-Temple, n. 42 : Moulures en bois et Dorures.

1450 *Lequart*, à Paris, rue du Faubourg-Saint-Antoine, n. 58 : Moulures en cuivre.

1451 *Romagnesi*, à Paris, rue Paradis-Poissonnière, n. 24 : Sculptures et imitations en carton-pierre. Médaille de bronze en 1823 ; Médaille d'argent en 1827 ; Rappel en 1834.

1452 *Vinant*, à Paris, rue Saint-François, n. 14 (Marais) : Moulage en plâtre.

1453 *Girgois*, à Paris, rue de la Poterie-des-Arcis, n. 7 : Pendule-régulateur.

1454 *Tricot*, à Paris, rue Coquenard, n. 37 : Casiers et Planches à bouteilles.

1455 *Pérol*, à Paris, rue des Fossés-Montmartre, n. 12 : Incrustations sur métaux.

1456 *Reydel-Quirin*, à Paris, rue Saint-Denis, n. 287 : Rouets pour filer le chanvre.

1457 *Jolly*, à Paris, rue Saint-Martin, n. 224 : Porte-plumes en cuivre sans soudure.

1458 *Chaumont*, à Paris, rue du Faubourg-Saint-Denis, n. 14 : Ornements en zinc.

1459 *Vouzy*, à Paris, rue Cadet, n. 18 : Nouveau système de pavage.

1460 *Berthel* et *Peret*, à Paris, rue de Montmorency, n. 13 : Orfévrerie, Nécessaires, etc.

1461 *Molerat* et *Comp.*, à Paris, rue Geoffroy-l'Angevin, n. 7 : Étuis en bois et Boîtes à rasoirs.

1462 *Fierobe*, à Paris, rue Contrescarpe-Saint-Antoine, n. 62 : Meubles en tous genres.

1463 *Masson*, à Paris, passage des Panoramas, galerie Saint-Marc, n. 26 : Formes mécaniques pour chaussures.

Nos   MM.

1464 *David*, à Paris, avenue de Saint-Cloud, n. 35 : Ouvrages de tonnellerie.

1465 *Poujade*, à Paris, rue Saint-Dominique-Saint-Germain, n. 43 : Meubles.

1466 *Champion*, à Paris, quai de Béthune, n. 28 : Fossets à futailles.

1467 *Wohlgemulh*, à Paris, rue de la Vieille-Estrapade, n. 27 : Tour à graver et à réduire en creux.

1468 *Dutzschhald*, à Paris, rue Saint-Nicolas, faubourg Saint-Antoine, n. 24 : Incrustations pour meubles.

1469 *Langlumé*, à Paris, rue Saint-Lazare, n. 10 : Enluminures.

1470 *De Roy*, à Paris, rue Saint-Thomas-du-Louvre, n. 42 : Dessins de broderies en tous genres.

1471 *Rypinski*, à Paris, rue Bourbon-Villeneuve, n. 5 : Dessins pour étoffes.

1472 *Pérès*, à Paris, rue du Faubourg-Saint-Martin, n. 116 : Peintures et Dorures sous verre.

1473 *Blondeau*, à Paris, quai de l'École, n. 10 : Nouveau pantographe.

1474 *Gobert*, à Paris, rue Saint-Hyacinthe, n. 8 : Impressions et Peinture à l'huile sur étoffes.

1475 *Saurel* et *Dache*, à Paris, rue de Cléry, n. 44 : Dessins pour châles.

1476 *Maitre*, à Paris, rue Saint-Denis, n. 347 : Dessins pour châles.

1477 *Racinet*, à Paris, place Saint-Germain-l'Auxerrois, n. 31 : Dessins d'écritures lithographiés.

1478 *Barre*, à Paris, rue des Marais-Saint-Germain, n. 14 : Gravure sur métaux.

1479 *Seguin*, à Paris, passage du Caire, n. 57 : Imprimerie en taille-douce.

1480 *Lanet de Limencey*, à Paris, place de la Bourse, n. 9 : Appareil prompt-copiste.

1481 *Picquet*, à Paris, quai Conti, n. 17 : Atlas et Cartes géographiques.

1482 *Gohier Desfontaines*, à Paris, rue Feydeau, n. 28 : Nouvelle méthode de reliure.

1483 *Lahausse*, à Paris, rue Poissonnière, n. 31 : Taille-crayon.

1484 *Lebrun*, à Paris, rue de Grenelle-Saint-Germain, n. 126 : Reliure.

1485 *Verreaux* et fils, à Paris, boulevart Montmartre, n. 6 : Préparation des objets d'histoire naturelle.

1486 *Parzudaky*, à Paris, rue du Bouloy, n. 2 : Objets d'histoire naturelle.

1487 *Cambray*, à Paris, rue Saint-Martin, n. 223 : Décoration de table.

1488 *Coëssin*, à Paris, rue Saint-Honoré, n. 290 : Lampe à fond tournant.

Nᵒˢ   MM.

1489 *Poirier*, à Paris, rue Saint-Nicolas-d'Antin, n. 29 : Lanternes de voitures.

1490 *Granger*, à Paris, rue Neuve-des-Mathurins, n. 12 : Lampes mécaniques.

1491 *Grivard*, à Paris, rue Neuve-des-Petits-Champs, n. 79 : Lampes dites *Carcel* simplifiées.

1492 *Clachet*, à Paris, rue Dauphine, n. 12 : Lampes à réflecteurs.

1493 *Jarrin*, à Paris, rue Saint-Honoré, n. 341 : Lampes.

1494 *Breuzin*, à Paris, rue du Bac, n. 13 : Lampes mécaniques.

1495 *Curt*, à Paris, rue des Ursulines-Saint-Jacques, n. 10 : Fourneaux économiques.

1496 *Faurie* fils, à Paris, rue de Clichy, n. 4 et 26 : Chaudronnerie et Poêlerie.

1497 *Faurie*, à Paris, rue de Clichy, n. 4 et 26 : Fourneaux.

1498 *Cauvard*, à Paris, rue Saint-Denis, n. 211 : Peignes en écaille et en buffle.

1499 *Massué*, à Paris, rue Aumaire, n. 3 et 5 : Peignes en ivoire et buis.

1500 *Cabanes* et *Marine-Heil*, à Paris, rue Saint-Martin, n. 13 : Éventails.

1501 *Charrière*, à Paris, rue de l'École-de-Médecine, n. 9 : Instruments de chirurgie. Médaille d'argent en 1834.

1502 *Charrière*, à Paris, rue de l'École-de-Médecine, n. 9 : Cordon porte-voix.

1503 *Evans*, à Paris, rue Jacob, n. 54 : Objets d'histoire naturelle.

1504 *Auzou*, à Paris, rue du Paon, n. 8 : Pièces d'anatomie classique. Médaille d'or en 1834.

1505 *Delvigne*, à Paris, Rond-Point-des-Champs-Élysés, n. 1. Nouveau système d'armement.

1506 *Achard* et *Comp.*, à Paris, rue du Renard-Saint-Sauveur, n. 11 : Épuration des couchers.

1507 *Mareschal*, à Paris, rue de la Planche, n. 20 : Appareil de filtrage.

1508 *Mercier* (madame), à Paris, rue Sainte-Anne, n. 10 : Blanchissage à la vapeur.

1509 *Biard*, à Paris, rue du Mont-Parnasse, n. 8 : Appareil pour utiliser la force du vent.

1510 *Gottfried-Peters*, à Paris, rue de l'Oratoire-du-Roule, n. 9 : Bouée de sauvetage.

1511 *Tiebault*, à Saint-Mandé, cours de Vincennes, n. 23 : Appareils de sauvetage en cas d'incendie.

1512 *Caron*, *Marlo* et *Comp.*, à Paris, rue de Cléry, n. 9 : Tissus plissés à plis fixés.

1513 *Raimbert*, à Chateaudun (Seine) : Couvertures de laine.

Nᵒˢ   MM.

1514 *Hindenlang*, fils aîné, à Paris, rue des Vinaigriers, n. 15 : Filature et Tissus de cachemire.

1515 *Chardin*, à Paris, rue Saint-Denis, n. 175 : Soie à coudre et à broder. Médaille de bronze en 1834.

1516 *Laure* (madame), rue Saint-Lazare, n. 82 : Broderies.

1517 *Vaison*, à Paris, rue Marbœuf, n. 13 : Tapis veloutés, Moquettes en tout genre.

1518 *Barthélemy*, à Paris, rue de Tivoli, n. 19 : Fil, Tubes, Sondes, Feuilles, etc., en caoutchouc.

1519 *Oberzyski*, à Paris, rue des Petits-Hôtels, n. 8 : Application du caoutchouc sur toutes étoffes.

1520 *Colleau*, à Paris, rue du Faubourg-Saint-Denis, n. 156 : Literie, Matelas en liège et en baleine.

1521 *Guérin* jeune, à Paris, rue des Fossés-Montmartre, n. 6 : Étoffes imperméables.

1522 *Godefroy*, à Paris, rue de Labarre, n. 2 : Impressions sur étoffes.

1523 *Vandendries*, à Vaugirard, rue de l'École, n. 8 : Tapis imprimés.

1524 *Cocu*, à Paris, rue de Ménilmontant, n. 86 : Tissus en caoutchouc.

1525 *Ferlier*, à Paris, rue Saint-Denis, n. 326 : Fleurs artificielles.

1526 *Dardier*, à Paris, rue Neuve-des-Petits-Champs, n. 95 : Gants de chevreau.

1527 *Mellier*, à Paris, rue Saint-Nicolas, faubourg Saint-Martin : Tannerie, Corroyerie.

1528 *Lolagnier*, à Paris, rue du Fer-à-Moulin, n. 16 : Peaux d'agneau et de chevreau pour ganterie.

1529 *Debeyme*, à Paris, rue Saint-Sauveur, n. 33 : Corroyerie.

1530 *Lauzin* fils, à Paris, rue Saint-Martin, n. 231 : Cuirs vernis.

1531 *Reulos* et *Budin*, à Paris, rue Censier, n. 11 : Peau de cheval tannée et corroyée.

1532 *Javal*, à Paris, rue du Faubourg-Saint-Martin, n. 82 : Cuirs vernis pour sellerie, etc.

1533 *Gouré*, à Paris, rue de Lancry, n. 43 : Mors de bride (dits *segundo*).

1534 *Micoud*, à Paris, rue Saint-Martin, n. 271 : Cuirs vernis imperméables, etc.

1535 *Lemercier*, à Paris, faubourg du Temple, n. 27 : Voitures, Sellerie, etc.

1536 *Lepart* et *Jouenne*, à Paris, rue Saint-Denis, n. 178 : Broderies or et argent.

1537 *Pastelot*, à Paris, rue du Petit-Carreau, n. 32 : Stores, Étoffes peintes à la main.

1538 *Bruyer*, à Paris, rue Saint-Martin, n. 259 : Registres de toute espèce.

N^s   MM.

1539 *Legendre*, à Paris, rue Royale-Saint-Martin, n. 8 : Crayons, Plumes à pompe.

1540 *Sol*, à Paris, rue Neuve-des-Champs, n. 13 : Matière avec paille de froment réduite pour fabrication de papier.

1541 *Bouchet* et *Comp.*, à Paris, rue du Mont-Blanc, n. 12 : Papier en feuilles de maïs.

1542 *Chalêt*, à Paris, rue Neuve-des-Petits-Champs, n. 39 : Registres.

1543 *Dehais*, à Paris, rue de la Croix, n. 13 : Papier de fantaisie, Cartonnage gaufré.

1544 *Valant*, à Paris, rue Mazarine, n. 40 : Papiers de fantaisie.

1545 *Rocque*, à Paris, passage des Panoramas, n. 19 : Tenture de papiers peints.

1546 *Girault*, à Paris, rue Saint-Guillaume, n. 20 : Impressions de papier de tenture.

1547 *Rouchon* et *Riollot*, à Paris, rue de Reuilly, n. 67 : Papiers peints.

1548 *Dubreuil*, à Paris, rue des Marais-du-Temple, n. 1 : Imitation du marbre en pierres peintes.

1549 *Texier*, à Montmartre (Seine) : Bustes, Statues en pierres artificielles. Citation en 1834.

1550 *Perronnet* et *Saint-Étienne*, aux Thermes (Seine) : Mastics bitumineux, Asphaltes.

1551 *Chameroy*, à Paris, boulevart Saint-Martin, n. 136 : Tuyaux et fontaines en bitume.

1552 *Mory* (de), à Paris, boulevart Saint-Martin, n. 15 : Croisées et châssis en fonte de nouvelle invention.

1553 *Milius* frères et *Comp.*, à Paris, rue Traversière-Saint-Antoine, n. 15 : Chromate de potasse et de plomb.

1554 *Fontoline*, à Paris, rue Royale-Saint-Martin, n. 9 : Fabrique de colliers de chien.

1555 *Camus*, à Paris, rue des Filles-du-Calvaire, n. 6 : Fer soudé avec la fonte, le cuivre, etc.

1556 *Lelieur*, à Paris, rue Saint-Méry, n. 11 : Bols couverts et objets à l'usage des limonadiers, en métal apprêté.

1557 *Pernon*, à Paris, rue du Chaume, n. 21 : Fils tors en bronze.

1558 *Chaumont*, à Paris, rue Chapon, n. 23 : Bronzes.

1559 *Grignon*, à Paris, rue d'Anjou, n. 13 : Bronzes.

1560 *Toy* et frères, à Paris, Chaussée d'Antin, n. 19 : Ornements en bronze appliqués à la porcelaine.

1561 *Nicolle* et *Fimbert*, à Paris, rue Amelot, n. 64 : Bronzes.

1562 *Richard*, *Eck* et *Durand*, à Paris, rue des Trois-Bornes, n. 15 : Bronzes d'arts et autres.

1563 *Raerio*, à Paris, rue des Filles-Saint-Thomas, n. 19 : Bronzes pour le bâtiment et l'ameublement.

Nᵒˢ   MM.

1564 *Sanders*, à Paris, rue Soli, n. 13 : Fontaines à thé en cuivre bronzé.

1565 *Pompon*, à Paris, rue du Temple, n. 105 : Cuivre étiré et bronze pour décorations.

1566 *Bonnet*, à Paris, rue de la Perle, n. 4 : Lampes.

1567 *Moussier*, à Paris, rue des Fossés-Montmartre, n. 27 : Service de table imitant l'argent et sans cuivre.

1568 *Quevreux*, à Paris, rue Sainte-Avoye, n. 69 : Bijouterie.

1569 *Delamarre*, à Paris, rue Saint-Honoré, n. 270 : Joaillerie, Bijouterie, Orfévrerie.

1570 *Marret*, à Paris, rue Vivienne, 16 : Joaillerie, Bijouterie.

1571 *Marret*, à Paris, passage Saulnier, n. 6, faubourg Montmartre : Bijouterie de fantaisie, Orfévrerie fine.

1572 *Ropet*, à Paris, rue du Faubourg-du-Roule, n. 108 *bis* : Cuirs à couteaux et à rasoirs.

1573 *Picard*, à Paris, rue Frépillon, n. 22 : Moules en fer blanc.

1574 *Camus*, à Paris, rue des Filles du Calvaire, n. 6 : Grilles de filtre pour cafetières, passoires, porte-molette complet.

1575 *Pequin*, à Cugand (Vendée) : Échantillons de laine filée. Mention honorable en 1834.

1576 *Faullin de Banville*, à Paris, rue du Four-Saint-Honoré, n. 33 : Serrure sans clef à combinaison.

1577 *Gascoin*, à Paris, rue Neuve-de-Chabrol, n. 5. Moulures en fer.

1578 *Gillot*, à Paris, rue Saint-Georges, n. 31 : Serrures de sûreté, Coffres-forts.

1579 *Courtois*, à Paris, rue Sainte-Appoline, n. 12 : Coffres-forts, Herse de laboureur.

1580 *Furcy Marlette*, à Paris, rue Saint-Maur-du-Temple, n. 65 : Espagnolettes.

1581 *Travers*, à Paris, rue du Faubourg-Poissonnière, n. 122 : Serrurerie de bâtiment et Ferronnerie.

1582 *Verstaen*, à Paris, rue Beaujolais-du-Temple, n. 6, 7 : Coffres-forts, Serrurerie.

1583 *Léonard*, à Paris, rue Neuve-Saint-Augustin, n. 3 : Lits en fer et en fonte.

1584 *Grand-Homme*, à Paris, passage de l'Industrie, n. 17 : Serrures de sûreté sans clefs.

1585 *Fleuret* (madame veuve) et fils, à Paris, passage Saulnier, n. 4, faubourg Montmartre : Serrurerie en bâtiment, Mécanique, Lits en fer forgé. Mention honorable en 1834.

1586 *Le Roy*, à Paris faubourg Saint-Denis : Nouveau système d'araire.

1587 *Poirée*, à Paris, quai Malaquais, n. 23 : Modèle d'épi mobile en remplacement du pertuis de la morue.

1588 *Jametel*, à Paris, rue des Prouvaires, n. 38 : Fours aërothermes.

1589 *Collier*, à Paris, rue Richer, n. 24 : Machine à peigner les laines.

Nᵒˢ   MM.

1590 *Menut*, à Paris, rue de la Pépinière, n. 7 : Modèles d'engrenage, machine à vapeur.

1591 *Basin*, à Paris, rue des Mathurins Saint-Jacques, n. 18 : Nouvelle invention pour peser les poids de tous les pays avec le même poids.

1592 *Collier* (madame veuve), à Paris, rue Saint-Dominique, faubourg Saint-Germain, n. 27 : Mécaniques de toutes espèces.

1593 *Labbé*, à Paris, rue Amelot, n. 52 : Objets de mécanique.

1594 *Lavoipierre*, à Paris, rue Saint-Denis, n. 371 : Roues de voiture ordinaire.

1595 *Pailliette*, à Paris, rue de la Montagne-Sainte-Geneviève, n. 52 : Soufflets à double effet et à vent continu.

1596 *Franckot*, à Paris, rue neuve des Poirées, n. 3 : Nouveau moteur pour l'air dilaté.

1597 *Bonnard*, à Paris, rue Montmartre, n. 154 : Lits à bascule, Armure métallique.

1598 *Lecomte* aîné, à Paris, rue Folie-Méricourt, n. 12 : Machine à vapeur.

1599 *Thilorier*, à Paris, place Vendôme, n. 21 : Appareil pour la liquéfaction et la solidification de l'acide carbonique.

1600 *Tussand*, à Paris, rue Neuve-de-Lappe, n. 2 : Cylindre de machine à vapeur.

1601 *Géruzet* (*Aimé*), à Bagnères-de-Bigorre (Hautes-Pyrénées) : Marbres des Pyrénées ; Colonne, Cheminées, Tables, et Echantillons de marbre de Bagnères-de-Bigorre. Médaille d'argent en 1834.

1602 *Richard* (*Alphonse*), au Puy (Haute-Loire) : Dentelles en fil d'or et d'argent.

1603 *Bonnet* (*Joseph*), au Puy (Haute-Loire) : Appareil d'horlogerie destiné à *ôter* l'engrenage et à *planter*.

1604 *Montgolfier*, à Saint-Marcel-les-Annonay. — Grosberty-les-Annonay (Ardèche), Saint Maur, près Paris : Papiers divers. Médailles d'or en 1801, 1806, 1819 et 1823.

1605 *Tracol*, à Annonay (Ardèche) : Peaux de chevreaux mégissées.

1606 *Lioud* (*François*) et *Comp.*, à Annonay (Ardèche) : Soie blanche. Médaille d'or en 1834.

1607 *Lioud* (*François*) et *Comp.*, à Annonay (Ardèche) : Peaux de chevreaux mégissées.

1608 *Pradier* (*Joseph*), à Annonay (Ardèche). Soie grège.

1609 *Dumaine*, à Tournon (Ardèche) : Soie grège.

1610 *Heller* (*Christian*), à Annonay (Ardèche) : Serviette ouvragée.

1611 *Pagèze de Lavernède*, à Malbosch (Ardèche) : Régule d'antimoine.

1612 *Ladreyt*, à Saint-Marcel-d'Ardèche (Ardèche) : Brodequins pour la chasse et Souliers sans couture, et dont l'un sans forme.

N° MM.

1613 *Digeon* et *Comp.*, à Javron (Mayenne) : Ardoises; divers échantillons.

1614 *Henry* fils aîné, à Laval (Mayenne) : Cheminée en marbre grisfleuri.

1615 *Troupel*, *Turs*, *Favre*, entrepreneurs du service de la maison centrale d'Embrun (Hautes-Alpes) : Draps croisé, Tissus laine et fil, Laines peignées, Tissus en soie, Fantaisies en rame, Frisons écrus.

1616 *Allier*, directeur de la ferme modèle, près Gap (Hautes-Alpes) : Charrue à versoir mobile, nommée par l'Exposant *Charrue des Alpes*.

1617 *Breysse* (*Xavier*), au Puy (Haute-Loire) : Cartons piqués pour la dentelle au moyen d'une machine inventée par l'Exposant.

1618 *Drouet*, aux Sables-d'Olonne (Vendée) : Boîtes de conserves de sardines à l'huile.

1619 *Picard Ballereau*, à Bourbon-Vendée (Vendée) : Boîtes de conserves de sardines à l'huile.

1620 Les propriétaires des mines de Faymoreau représentés par M. *Mercier*, leur fermier (Vendée) : Eau gazeuse à différentes atmosphères, destinée à faire connaître la force relative du verre.

1621 *Ayraud*, à Les Epesses (Vendée) : Mouchoirs de poche en fil.

1622 *Mouilli* (*Pierre*), à Cugand (Vendée) : Serge croisée, bronze, bleue et gris savon.

1623 *Durand Caille*, à Cugand (Vendée) : Serge croisée rouge mélangée de bleu, bleue et gris bleue.

1624 *Cheguillaume* et *Comp.*, à Cugand (Vendée) : Drap breton, Croisé noir, Molleton croisé, lisse, bleu, Castorine et Espagnolette croisées, laine filée, futaine croisée, coton ordinaire écru et coton fin.

1625 *Bizières*, à Bourbon-Vendée (Vendée) : Papier taroté par le cylindre perfectionné par l'Exposant.

1626 *Fages* (*Jean-Louis*), à Carcassonne (Aude) : Flanelles, Casimirs et Draps divers. Médaille en bronze et médaille d'argent en 1819; médaille d'or en 1827.

1627 *Viviés* fils et *Anduze*, à Saint-Colombe-sur-l'Hers (Aude) : Draps divers. Médaille en bronze en 1834, décernée à M. Emmanuel Viviés.

1628 *Mouisse* (*Jean-François*), à Limoux (Aude) : Draps divers. Médaille en bronze en 1834.

1629 *Daydé-Gary*, à Cenne-Monestiés (Aude) : Draps divers.

1630 *Sompayrac* aîné, à Cenne-Monestiés (Aude) : Draps divers. Médailles en bronze en 1827 et en 1834.

1631 *Belz-Sicard*, à Limoux (Aude) : Draps, castorine, tartan.

1632 *Paliopy* et *Comp.*, à Palairac et Maisons (Aude) : Divers produits des mines de l'Aude, de l'Ariége et des Pyrénées orientales.

1633 *Haume* (*Guillaume*), à Aubusson (Creuse) : Tapis.

N^{rs}   MM.

1634 *Bellat (Michel-Médard)*, à Aubusson (Creuse) : Tapis.

1635 *Bourgeois-Duchez*, à Felletin (Creuse) : Droguets, flanelles rayées, tissu laine et fil.

1636 *Liebach-Hartmann* et *Comp.*, à Thann (Haut-Rhin) : Indiennes, jaconas, mousselines satinées, mousselines laine pure ; étoffes en soie et en laine ; robes chalis satiné ; une pièce meuble pour store. Médaille d'argent en 1834.

1637 *Landmann (S.)* et *Comp.*, à Sainte-Marie-aux-Mines (Haut-Rhin) : Impressions sur calicot, teint en rouge andrinople, indienne sur fond lilas, andrinople, etc. Médailles de bronze en 1827 et 1834.

1638 *Barbé* et *Comp.*, à Vieux-Thann (Haut-Rhin) : Indiennes, gros de Naples.

1639 *Kayser* et *Comp.*, à Sainte-Marie-aux-Mines (Haut-Rhin) : Cravates en coton teint, tissu lisse, façonné, soie et coton, imitation des mouchoirs de batiste. Médaille d'argent en 1827 ; Rappel en 1834.

1640 *Weisgerber* frères et *J. Kaiser*, à Ribeauvillé (Haut-Rhin) : Madras ordinaires, fins, façon des Indes, cravates fines en coton, soie et coton, satinées ordinaires, cotonnades fantaisies ordinaires grand teint, coton filé teint en diverses nuances.

1641 *Laurent-Weber* (madame veuve) et *Comp.*, à Mulhausen (Haut-Rhin) : Toiles de ménage, coton pur, cotonnades diverses, mouchoirs en coton, soie et coton, coton filé en diverses couleurs, bobines de soie en diverses nuances.

1642 *Reber (J.-G.)* et *Comp.*, à Sainte-Marie-aux-Mines (Haut-Rhin) : Cravates satinées soie et coton, madras satinés à franges, calicots, percales, tissu croisé laine et coton. Rappel de médaille de bronze en 1827 ; Rappel en 1834.

1643 *Mohler* frères, à Sainte-Marie-aux-Mines (Haut-Rhin) : Cotonnades, toiles de ménage, guingans d'exportation, mouchoirs, madras pour la vente intérieure et pour l'exportation, châles tartan, tapis en coton pour tables et ameublement. Mentionné en 1834.

1644 *Japy* frères, à Beaucourt (Haut-Rhin) : Quincaillerie et serrurerie, articles en fer battu, mouvements de grosse et petite horlogerie. En 1806 médaille d'argent, en 1819 médaille d'or, en 1823 rappel de médaille, en 1827 *idem*, en 1834 diplôme de rappel de médaille d'or.

1645 *Witz-Steffan Oswald* frères et *Comp.*, à Niederbruck (Haut-Rhin) : Gavettes et bobines, trait d'argent faux doré, fils de laiton pour toiles métalliques, cuivre rouge à émailler, clinquant laiton.

1646 *Migeon* et fils, à Grandvillars (Haut-Rhin) : Vis à bois en fer, laiton, pitons en fer, crochets d'armoires et gonds.

1647 *Hofer (Henri)*, à Kaysersberg (Haut-Rhin) : Filés de coton, chaîne en bobine et écheveaux en jumel pour tissage mécanique, numéros 48 à 68.

1648 *Dolfus-Mieg* et *Comp.*, à Mulhausen (Haut-Rhin) : Cotons filés, trame et chaîne de Louisiane, d'Alger, de Géorgie, longue soie, fil d'Écosse blanc, fil câble, jaconas, mousselines, organdis. Médailles d'argent en 1819, 1827 et 1834.

1649 *David Kœnig*, et pour l'apprêt, *Merzdorff* frères, à Mulhausen et Vieux Thann (Haut-Rhin) : Tissus de coton, madapolams, apprêt dit toiles d'Irlande, percales à rose d'or.

1650 *Baumgartner (Daniel)* et *Comp.*, à Mulhausen (Haut-Rhin) : Percales. Médaille d'argent en 1827 ; Médaille d'or en 1834.

1651 *Schlumberger (François-Médard)*, à Mulhausen (Haut-Rhin) : Étoffes façonnées en coton pour meubles, teint et écru, Tapis de table en laine et coton.

1652 *Fergusson* et *Bornèque*, à Bavilliers (Haut-Rhin) : Tissus de coton, calicot-madapolam, coutils, cuir-coton.

1653 *Engelmann* père et fils, à Mulhausen (Haut-Rhin) : Lithographies et objets d'art par la chromolithographie. Médaille d'argent en 1823 ; Rappel en 1827 et 1834.

1654 *Zuber (Jean)* et *Comp.*, à Rixheim (Haut-Rhin) : Papier blanc et papiers peints pour tenture, panneaux de décors. 1806, Médaille d'argent ; 1819, Médaille de bronze sous le nom de Jean Zuber et Compagnie.

1655 *Kiener* frères, à Colmar (Haut-Rhin) : Papier blanc, surfin, collé et non collé.

1656 *Heitschlin (P.)* et *Gilardoni* frères, à Altkirch (Haut-Rhin) : Parquets en carrelage de terre cuite avec des dessins incrustés.

1657 *Hermann (J.)*, à Bitschwiller (Haut-Rhin) : Broches de filature.

1658 *Gauss (J.M.)*, à Colmar (Haut-Rhin) : Papiers marbrés.

1659 *Blech-Fries* et *comp.*, à Mulhausen (Haut-Rhin) : Indiennes, Robes mousseline laine, et autres chaine coton.

1660 *Herzog (A.)*, Logelbach (Haut-Rhin) : Cotons filés. Médaille d'argent en 1819 ; Rappel en 1823, sous l'ancienne raison sociale de Schlumberger et Herzog. — Médaille d'argent en 1834, sous le nom de Ant. Herzog.

1661 *Durand*, à La Sauvetat-du-Drot (Lot-et-Garonne) : Four à double voûte, propre à cuire les prunes et autres fruits.

1662 *Poitevin (F.-E.)* fils et *Comp.*, à Tonneins (Lot-et-Garonne) : Fil pour toiles à voiles.

1663 *Leroux Darcet*, à Beaune (Côte-d'Or) : Sirop de fécule.

1664 *Bresson*, à Dijon (Côte-d'Or) : Huile de pépins de raisins.

1665 *Sommier* (mademoiselle), à Dijon (Côte-d'Or) : Soie filée et Costes peignées.

1666 *Buffel*, à Dijon (Côte-d'Or) : Charrue (petit modèle).

1667 *Du Mesnil*, Dijon (Côte-d'Or) : Lampe de mineur.

4

N°S   MM.

1668 *Guasco-Johard*, Dijon (Côte-d'Or) : Deuxième partie du Voyage pittoresque en Bourgogne.

1669 *Berthot* (madame *Caroline*), à Dijon (Côte-d'Or) : Tableaux en tapisserie.

1670 *Sirodot* père et fils, et *Popinot*, à Bèze (Côte-d'Or) : Toiture en tôle.

1671 *Tilloy-Bérard*, à Marcanay-le-Bois (Côte-d'Or) : Prussiate de potasse en cristaux.

1672 *Thévenin*, cultivateur à Dijon (Côte-d'Or) : Charrue.

1673 *Paris*, à Dijon (Côte-d'Or) : Instruments de musique, nommés harmoniphon-hautbois, harmoniphon-cor anglais, et soufflet expressif.

1674 *Meugnot*, à Maison-Neuve (Côte-d'Or) : Charrue-bascule et Versoir en fer estampé.

1675 *Busset*, à Dijon (Côte-d'Or) : Système d'imprimerie typographique de musique. Médaille de bronze en 1834.

1676 *Bazile* (*Maurice*), à Châtillon (Côte-d'Or) : Laines, plusieurs toisons de béliers et de brebis.

1677 *De la Teysonnière* et *Royer*, à Nuits (Côte-d'Or) : Articles de tonnellerie.

1678 *Benini* (*Roch*), à Paris, galerie Colbert, n. 18 et 22. Chapeaux de paille.

1679 *Delavelèye*, directeur de la fonderie de Dijon (Côte-d'Or) : Diverses pièces de fonderie, une Machine à vapeur et diverses autres pièces, telles que cylindres, pompes, robinets, cloches ; plus, un frein de Prony, de construction nouvelle.

1680 *Godin* aîné, à Châtillon (Côte-d'Or) : Plusieurs toisons de brebis. Médaille d'argent en 1834.

1681 *Maitre* (*Joseph*), à Villotte (Côte-d'Or) : Plusieurs toisons de brebis.

1682 *Fournier*, à May (Seine-et-Marne) : Échantillons de soie récoltée sur les propriétés de l'exposant.

1683 *Hanriot*, directeur de l'École d'horlogerie de Dijon (Côte-d'Or) : Horlogerie et Thermomètre métallique. Médaille d'argent en 1823 ; Rappel en 1827 ; nouvelle Médaille d'argent en 1834.

1684 *Chevalier Asselineau*, à Saint-Aignan (Loir-et-Cher) : Cuir à la Jusée et Veau paré.

1685 *Fesneau Pestibeau*, à Montrichard (Loir-et-Cher) : Encre française.

1686 *Téry*, à Lamballe (Côtes-du-Nord) : Peaux de mouton, dites basanes.

1687 *Gapaillard* (*Joseph*), à La Prenessage (Côtes-du-Nord) : Fuseaux en bois de houx.

1688 *Gapaillard* (*Jean*), à La Prenessage (Côtes-du-Nord) : Fuseaux en bois de houx.

N^rs	MM.

1689 *Gapaillard* (*Louis*), à La Prenessage (Côtes-du-Nord) : Fuseaux en bois de houx.

1690 *Meunier* (*Jean*), à La Prenessage (Côtes-du-Nord) : Fuseaux en bois de houx.

1691 *Meunier* père et fils, à La Prenessage (Côtes-du-Nord) : Fuseaux en bois de houx.

1692 *Meunier* (*Pierre*), à La Prenessage (Côtes-du-Nord) : Fuseaux en bois de houx.

1693 *Meunier* fils (*Jean*), à La Prenessage (Côtes-du-Nord) : Fuseaux en bois de houx.

1694 *Courtel* (*François*), à La Prenessage (Côtes-du-Nord) : Fuseaux en bois de houx ; Médaille de bronze en 1829 ; Médaille d'argent en 1834.

1695 *Le Floch* (*Louis*), à La Prenessage (Côtes-du-Nord) : Fuseaux en bois de houx.

1696 *Le Guennec* (*Jacques-Alexis*), à Grâces (Côtes-du-Nord) : Toiles à tamis dites mi-fils.

1697 *Aubanel* (*Laurent*), à Avignon (Vaucluse) : Caractères typographiques.

1698 *Mugnier*, à Gray (Haute-Saône) : Tissus de crin noir, blanc et rouge avec dessins damassés et satinés en crin ou soie végétale. Mention honorable en 1834.

1699 *Lacompard* (*Laurent*) et *Comp.*, à Plancher-les-Mines (Haute-Saône) : Quincaillerie et Serrurerie. Médaille de bronze en 1827.

1700 *Forges de Ronchamp* (Société anonyme), à Ronchamp (Haute-Saône) : Tôle et Rails de chemins de fer.

1701 *De Bruyer*, à La Chaudeau (Haute-Saône) : Fer blanc et noir. Médaille d'or en 1827 et rappel en 1834.

1702 *Huguenin* et *Ducommun*, à Mulhausen (Haut-Rhin) : Table et pièces détachées pour un tour à graver les rouleaux, rouleaux en cuivre dont l'un sur axe en fer.

1703 *Scheibel* et *Loos*, à Thann (Haut-Rhin) : Banc de 83 broches et batteur-étaleur.

1704 *Taillade* (*Th.*), à Thann (Haut-Rhin) : Banc à Broches à engrenage, de 88 broches en acier fondu, Métier à filer de 300 broches, mouvant par engrenages, Nouveau système ; une corde double, un cadre avec diverses pièces détachées pour filature.

1705 *André Kœchlin* et *Comp.*, à Mulhausen (Haut-Rhin) : Banc à 156 broches, Mul Jenny de 360 broches, Métier à tisser à 9 marches et machine à papier continu avec machines accessoires.

1706 *Schlumberger* (*Nicolas*) et *Comp.*, à Guebwiller (Haut-Rhin) : Pièces pour un métier, un étaleur et un banc à broches pour filer le lin.

1707 *Klinglin* (Le baron de), à Plaine-de-Valsch et Vallerys-Thal (Meurthe) : Verre commun et de luxe façon de Bohême.

Nᵉˢ   MM.

1708 *Godard* et *Comp.*, à Baccarat (Meurthe) : Cristaux. Médaille d'or en 1823, et rappels en 1827 et 1834.

1709 *Kugel Jacob*, à Nancy (Meurthe) : Ébénisterie en bois de palissandre avec incrustation en cuivre.

1710 *Husson* et ses sept filles, à Nancy (Meurthe) : Lingerie et broderies sur batiste et sur mousseline, broderies au plumetis et aux points d'armes. Citation à l'exposition de 1834.

1711 *Driand* et *Marchal*, à Nancy (Meurthe) : Pâtes diverses et amidon.

1712 *Grandeury* frères, à Nancy (Meurthe) : Pâtes diverses et amidon.

1713 *Boilvin Marie* et *Neveu*, à Badonviller (Meurthe) : Alènes de différentes sortes. Médaille d'argent en 1823, et rappels en 1827 et 1834.

1714 *Picard* frères, à Nancy (Meurthe) : Draperie.

1715 *Goudchaux Picard* frères, à Nancy (Meurthe) : Draps cuir-laine, casterines et flanelles. Médaille de bronze en 1834.

1716 *Thirion*, à Norroy (Meurthe) : Alènes de différentes sortes. Mention honorable en 1823.

1717 *Miller-Thiry*, à Nancy (Meurthe) : Marbres.

1718 *Didot* père, à Lunéville (Meurthe) : Broderies sur tulle en or et coton.

1719 *Horrer Martin* et *Rozat*, à Blâmont (Meurthe) : Toiles de coton écru et cotons filés. Citation en 1834.

1720 *Ruffi-Jussel* (madame veuve), à Nancy (Meurthe) : Broderies sur mousselines et sur tulles. Médaille de bronze en 1834.

1721 *Bour*, à Nancy (Meurthe) : Cotons filés. Citation en 1834.

1722 *Picard* frères, à Nancy (Meurthe) : Draps cuir-laine.

1723 *Marx-Picard* et fils, à Nancy (Meurthe) : Châles en pould de soie, brodé en soie au crochet; Mérinos cachemire, et Mousseline-laine brodée.

1724 *Batclot* (madame veuve) jeune, à Blâmont (Meurthe) : Articles de grosse taillanderie.

1725 *Marcot-Thiriet* et *Comp.*, à Nancy (Meurthe) : Draps cuir-laine et casterines. Médaille de bronze en 1834.

1726 *Bompard* (*Nicolas*) et *Comp.*, à Nancy (Meurthe) : Mousselines, calicots et percales, flanelles et Napolitaines. Médaille de bronze en 1834.

1727 *Millet* et *Robinet*, à la Magnanerie de Poitiers (Vienne) : Echeveaux de soie filée.

1728 *Millet* (madame), à la Magnanerie de la Cataudière, près Châtellerault (Vienne) : Echeveaux de soie filée.

1729 *Guérineau* fils, à Poitiers (Vienne) : Peaux d'oie (imitation cygne).

1730 *Fromentault* (*Hippolyte*), à Poitiers (Vienne) : Draps cuir-laine.

1731 *Grivel* fils, à Poitiers (Vienne) : Peaux de chevreaux, d'agneaux et de moutons.

1732 *Challuau-Duméreau*, à Loudun (Vienne) : Tulles brodés.

Nº   MM.

1733 *Pichot*, à Poitiers (Vienne) ; Imitation de marqueterie sur ivoire et sur os.

1734 *Guillou-Zentler*, à Toulon (Var) : Épaulette avec corps et contour à point de Milan, à étoiles, les bouillons formant un câble avec trait guipé.

1735 *Mero (Joseph)* et *Curault*, à Grasse (Var) : Essences et parfums.

1736 *Stehelin* et *Huber*, à Bitschwiller (Haut-Rhin) : Machine locomotive à cylindre de 13 pouces de diamètre ; Roues de wagons montées sur leur essieu, et Grue hydraulique pour l'alimentation des tenders sur les chemins de fer.

1737 *Prodon-Pouzel*, à Thiers (Puy-de-Dôme) : Articles de coutellerie.

1738 *Pallu* et *Comp.*, à Pontgibaud (Puy-de-Dôme) : Litharge rouge et jaune ; Minerai lavé ; Gâteau d'argent ; divers échantillons de minerai brut ; Baguettes de plomb.

1739 *Navarron (Étienne)*, à Obset, près Thiers (Puy-de-Dôme) : Rasoirs ; Manches découpés.

1740 *Navarron-Jury* aîné, à Château-Gaillard, près Thiers (Puy-de-Dôme) : Rasoirs ; Manches découpés.

1741 *Tixier-Goyon*, à Thiers (Puy-de-Dôme) : Articles de coutellerie. Mention honorable en 1827 et 1834.

1742 *Navarron-Dumas*, à Obset, près Thiers (Puy-de-Dôme) : Articles de coutellerie.

1743 *Vedel-Souche*, à Thiers (Puy-de-Dôme) : Timbres secs, cachets et griffes, etc.

1744 *Bostmambrun (Philippe)* oncle et neveu, à Saint-Remy (Puy-de-Dôme) : Articles de coutellerie. Mention honorable en 1819. Médaille d'argent en 1823, et rappel en 1834.

1745 *Doumaux* frères, à Clermont (Puy-de-Dôme) : Persiennes en fer.

1746 *Jacod-Jalloustre*, à Clermont (Puy-de-Dôme) : Pistolets, et Fusil à bascule.

1747 *Drelon* et *Engelvin*, à Clermont (Puy-de-Dôme) : Divers produits d'antimoine.

1748 *Boudet-Drelon*, à Clermont (Puy-de-Dôme) : Pâtes dites de Gênes et Farines de légumes.

1749 *Foye*, à Ambert ((Puy-de-Dôme) : Tapis.

1750 *Jonard* et *Magnin*, à Clermont (Puy-de-Dôme) : Farines de légumes, Pâtes dites de Gênes. Médaille de bronze en 1834.

1751 *Bouyon*, à Clermont (Puy-de-Dôme) : Cuir de vache travaillé d'après un nouveau mode.

1752 *Colson*, à Clermont (Puy-de-Dôme) : Caractères d'imprimerie de nouvelle composition.

1753 *Thibaut (Émile)*, à Clermont (Puy-de-Dôme) : Vitraux peints.

1754 *Pradier-Gillet* et *Mégemont*, à Clermont (Puy-de-Dôme) : Berquets de plusieurs espèces.

Nᶜˢ   MM.

1755 *Gaillet* et *Comp.*, à Clermont (Puy-de-Dôme) : Chocolats.

1756 *Barré-Russin*, à Orchamps, près Dôle (Jura) : Porcelaine blanche et brune à feu, dite higiocérame.

1757 *Robert*, à Dôle (Jura) : Pièces d'anatomie chirurgicale en plâtre.

1758 *Muel-Doublat* (*Édouard-Joseph-Claude*), propriétaire de forges à Abainville (Meuse) : Fers en barres et autres ; Barre fer à jantes ou cercle intérieur de roues de locomotive ; Fer à rebord pour roues de wagon et de locomotive ; Échantillons de fer ; Cornières et feuilles tôle pour chaudière à vapeur ; Essieux pour locomotive, Tige de piston, Fils fer, Carrossage. Médaille de bronze en 1827 ; Rappel en 1834.

1759 *Werly* (*Jean*), à Bar-le-Duc (Meuse) : Corsets sans coutures ; un Échafaud pour remplacer les cordes à nœuds ; un Modèle de métier à fabriquer les paillassons pour les jardins. Mention honorable en 1834.

1760 *Oubriot* (*Maurice*), à Revigny (Meuse) : Charrue.

1761 *Chouilloux* (*Pierre-Vincent*), à Bar-le-Duc (Meuse) : un Spécimen de calligraphie anglaise.

1762 *Muel* (*Pierre-Adolphe*), à Tusey, près Vaucouleurs (Meuse) : Divers objets en fonte, notamment deux grandes Statues (un Fleuve et un Triton), Statuettes, Balcons, Marches et Contre-marches d'escalier, etc.

1763 *Serre* (*François*), à Saint-Mihiel (Meuse) : Cric à double noix.

1764 *Dillon* aîné, à Xivray, près Saint-Mihiel (Meuse) : Bas et gants en fil d'Écosse. Citation en 1834...

1765 *Soulpin* (*Jean-Claude*), à Saint-Mihiel (Meuse) : Échantillons de coton à broder, un Dynamomètre et un Appareil à lessiver les fils et les tissus. Citation en 1834.

1766 *Chaine-Briclot* (*Victor*), à Verdun (Meuse) : Groupe d'objets d'histoire naturelle (oiseaux et divers petits animaux).

1767 *Douillot*, à Bonnet (Meuse) : Machines électriques. Médaille de bronze en 1834.

1768 *Noyer* frères, à Dieu-le-Fit (Drôme) : Soie grége et Organsin. Médaille d'argent en 1834.

1769 *Gérin* fils, à Valence (Drôme) : Soie grége et organsin.

1770 *Cornud* et *Comp.*, à Montélimart (Drôme) : Organsin jaune pour satin.

1771 *Barral* frères, à Crest (Drôme) : Organsin pour satin. Médaille d'argent en 1834.

1772 *Faure* (*Ernest*), à Saillans (Drôme) : Soie grége et organsin.

1773 *Chartron* père et fils, à Saint-Vallier et Saint-Donat (Drôme) : Soies, Crêpes, Organsins et Soie grége. Médaille d'argent de 2ᵉ classe en 1806, de bronze en 1819, d'argent en 1823 et 1827, et une médaille d'or en 1834.

1774 *Eymieu* (*Pascal*), à Saillans (Drôme) : Flottes soie fantaisie, dite

N⁰ˢ   MM.

Cardette ou fil gros, et autres mi-fines ; Fantaisie, fils gros et fils fins. Médaille de bronze en 1834.

1775 *Planel*, à Saillans (Drôme) : Écheveaux de soie.

1776 *Morin* et *Comp.*, à Dieu-le-Fit (Drôme) : Étoffes dites Amazones, Mérinos, Molletons et Écheveaux de laine.

1777 *Chabrières*, à Crest (Drôme) : Étoffes en laine croisée, dite Marègue.

1778 *Dupont (Sophie)* et *Comp.*, à Valence (Drôme) : Mouchoirs en fil façon foulard, peints en diverses couleurs. Médaille de bronze en 1834.

1779 *Latune* et *Comp.*, à Crest (Drôme) : Papiers divers. Médaille de bronze en 1823 ; Médaille d'argent en 1834.

1780 *Revol* père et fils, à Saint-Uze (Drôme) : Divers objets de ménage en porcelaine. Mention honorable en 1823 et en 1827.

1781 *Souvion*, à Saillans (Drôme) : Écheveaux de chanvre et Écheveaux de fil.

1782 *Thomann*, à Besançon (Doubs) : Soufflets de forge. Mention honorable en 1834.

1783 *Nicot (François-Constant)*, à la Grande-Combe de Morteau (Doubs) : Faux. Médaille de bronze en 1834.

1784 *Bobilier (Célestin)*, à Maison-du-Bois (Doubs) : Faux. Médaille de bronze en 1827.

1785 *Prével (Jean-Baptiste)* aîné, à Besançon (Doubs) : Bourses en cuir à la mécanique.

1786 *Bécoulet (madame veuve)* et *Vaissier*, à Arcier (Doubs) : Papiers fins et communs à la mécanique.

1787 *Gloriod (François-Joseph)*, à Les Gras (Doubs) : Tour à buriner pour l'horlogerie. Citation en 1834.

1788 *Baron (Joseph)*, à Les Gras (Doubs) : Roues d'échappements pour l'horlogerie.

1789 *Garnache*, à Les Gras (Doubs) : Outils et machines pour l'horlogerie. Citation en 1834.

1790 *Bobilier (Jean-Claude)*, à Grand-Combe (Doubs) : Faux.

1791 *Vincenti* et *Comp.*, à Montbéliard (Doubs) : Ébauches d'horlogerie à la mécanique.

1792 *Fougy*, à Besançon (Doubs) : Roues de montres à dentures diminuant les frottements et échappements à cylindre.

1793 *Paur*, à Sainte-Suzanne (Doubs) : Pièces de musique.

1794 *Moser* et *Marti*, à Montbéliard (Doubs) : Mouvement de pendule.

1795 *Bourlier* père et fils, à Montécheroux (Doubs) : Outils d'horlogerie.

1796 *Quelet (Pierre)*, à Montécheroux (Doubs) : Outils d'horlogerie.

1797 *Séraut (Louis-Ambroise)*, à Lac ou Villers (Doubs) : Outils d'horlogerie.

1798 *Garnache (Lucien)*, à Les Gras (Doubs) : Outils d'horlogerie. Citation en 1834.

N^{os}   MM.

1799 *Garnache-Barthod* frères, *Clément* et *Juvénal*, à Les Gras (Doubs) : Outils d'horlogerie. Citation en 1834.

1800 *Voinet* (*François*), à Les Gras (Doubs) : Outils d'horlogerie.

1801 *Gueutal*, à Montécheroux (Doubs) : Outils d'horlogerie.

1802 *Bouthey*, *Valengin* et *Rith*, à Morteau (Doubs) : Mouvements de montres et tour universel.

1803 *Guinand* (madame veuve), à Lac ou Villers (Doubs) : Flint-Glass, Crown-Glass en matière brute et en disques. Médaille d'argent en 1834.

1804 *Berthet* aîné, à Morteau (Doubs) : Disques pour l'optique.

1805 *Peugeot* et *Comp.*, à Audincourt (Doubs) : Appareils pour filature de coton et laine à la mécanique.

1806 *Jacquot* (*Xavier*), Derrière-le-Mont, commune de Montlebon (Doubs) : Tuyères et bassin en cuivre.

1807 *Girard-Bobilier* et *Comp.*, à Les Gras (Doubs) : Tuyères. Médaille de bronze en 1834.

1808 *Garrisson* oncle et neveu, à Montauban (Tarn-et-Garonne) : Ratine, Bergopsom, Algérienne, Molleton. Médaille de bronze en 1819; Rappel en 1834.

1809 *Coudère* et *Soucaret* fils, à Montauban (Tarn-et-Garonne) : Toiles à tamis, Flottes de soie. Mention honorable en 1834.

1810 *Bergis* et *Comp.*, à Montauban (Tarn-et-Garonne) : Sucre indigène.

1811 *Détape*, à Bruniquel (Tarn-et-Garonne) : Fers de plusieurs dimensions divisés en quatre classes. Médaille d'argent en 1834.

1812 *Charrier-Barbette* frères, à Niort (Deux-Sèvres) : Angélique confite.

1813 *Labbé*, à Niort (Deux-Sèvres) : Fusil.

1814 *Chauvin*, à Niort (Deux-Sèvres) : Fusils dits préservateurs à simple poussoir, à fermoir et à poussoir composé.

1815 *Soulisse* (*Pierre-Remi*), à Niort (Deux-Sèvres) : Horloge astronomique. Mention honorable en 1834.

1816 *Soulisse* (*Simon*), à Niort (Deux-Sèvres) : Machines à engrenage, applicables à une pompe à incendie, et à combinaisons différentes. Médaille de bronze en 1834.

1817 *Falcon* (*Théodore*), au Puy (Haute-Loire) : Dentelles.

1818 *Llanta* (*Saturnin*), à Perpignan (Pyrénées-Orientales) : une Charrue Dombasles modifiée. Mention honorable en 1834.

1819 *Vignaud*, à Angoulême (Charente) : Encre.

1820 *Châtenet*, à Angoulême (Charente) : Deux volumes de lithographies.

1821 *Guénard*, à Saint-Yrieix (Charente) : Échantillons de soies. Mention honorable en 1834.

1822 *Callaud* (*E.*), à Angoulême (Charente) : Appareil distillatoire.

1823 *Marsat*, à Ruffec, Villemant-Lamothe (Charente) : Échantillons de fer.

1824 *Durandeau* aîné, *Lacombe* et *Comp.*, à Lacourade (Charente) Échantillons de papiers. Médaille de bronze en 1834.

N°ˢ MM.

1825 *Laroche, Duchez , Lejeune* et *Comp.*, à Saint-Michel (Charente) : Échantillons de papiers.

1826 *Lacroix* frères et *Gaury*, à Angoulême (Charente) : Échantillons de papiers. Médaille de bronze en 1823 ; Rappel en 1834.

1827 *Callaud Bellisle Sazerac* et *Comp.*, à Veuze et Maumont (Charente) : Échantillons de papiers. Médaille d'argent en 1834.

1828 *Deláge* frères , à La Couronne (Charente) : Échantillons de toiles métalliques pour la fabrication des papiers. Citation à l'exposition de 1834.

1829 *Chrétien* , à Nersac (Charente) : Flôtres sans fin et sans coutures pour la fabrication du papier.

1830 *Longeau* aîné , à Angoulême (Charente) : Flôtres pour la fabrication du papier.

1831 *Callaud Bellisle* (G.) , à Magnac-sur-Tourre (Charente) : Ciment romain.

1832 *Callaud* cousins , au Gond (Charente) : Échantillon de farine.

1833 *Gérardin* , à Angoulême (Charente) : une Boîte d'œufs gravés.

1834 *Tardat*, à Angoulême (Charente) : Tableaux à la plume.

1835 *Vachon* et *Comp.*, à Nantua (Ain) : Filature Thibet, Laine et Fantaisie Soie.

1836 *Lardin* frères , à Saint-Rambert (Ain) : Flottes en bobines , Soies filées. Médaille d'argent en 1827 ; Rappel en 1834.

1837 *Dobler* et fils , à Tenay (Charente) : Bobines laine pure , soufflées , thibet 1/4 soie , 3/4 laine , laine pure ; échevottes 1/2 soie, 1/2 thibet, 1/4 soie, 3/4 laine, 2/5 soie , 3/5 laine chaîne, laine soufflée pure.

1838 *Sourd* père et fils ,   (Ain) : Échevottes de thibet et soie, trame n. 25 à 210 , chaîne n. 40 à 110.

1839 *Collot* fils , à Saint-Rambert (Ain) : Linge de table damassé.

1840 *Bernard*, à Villebois (Ain) : Pierres lithographiques.

1841 *Perrault de Jotemps*, à Naz (Ain) : Toisons de mérinos. Médaille d'or en 1823 ; Rappels en 1827 et 1834.

1842 *Audibert Vaucher*, à Divonne (Ain) : Échantillons de papiers. Mention honorable en 1834.

1843 *Mermet*, à Châtillon-de-Michaille (Ain) : Notice descriptive d'une machine à battre le blé.

1844 *Jannin Béatrix*, à Saint-Germain (Ain) : Écrous à chapeaux pour essieux de voitures fabriqués à la mécanique. Médaille de bronze en 1834.

1845 *Boullier* et *Comp.*, à Condamine-la-Doye (Ain) : Couvertures fine, mi-fine , pure laine et superfine mérinos.

1846 *Poncet-Mercier*, à Oyonnax (Ain) : Peignes de cornes et articles de tour en buis et en bois.

1847 *Guyon*, à Montmerle (Ain) : Cadran solaire à équation.

1848 *Estivaut* fils aîné , à Givet (Ardennes) : Échantillons de colle-forte. Médaille d'argent en 1819 ; Rappel en 1823 , 1827 et 1834.

4*

Nᵒˢ   MM.

1849 *Hasslaner* et *L. Fiolet*, à Givet (Ardennes) : Un assortiment de pipes. Citation en 1834.

1850 *Cellier-Rigaux*, à Raucourt (Ardennes) : Boucles et dés à coudre.

1851 *Camion* frères, à Viviers-Aucourt (Ardennes) : Fiches, Équerres et Charnières.

1852 *Estivant-Donau*, à Givet (Ardennes) : Colle forte. Médaille de bronze en 1834.

1853 *La Compagnie des Ardoisières de Rimogne et de Saint-Louis-sur-Meuse*, à Rimogne (Ardennes) : Ardoises.

1854 *Blaise*, à Signy-le-Petit (Ardennes) : Casseroles en fonte étamées et Fers à repasser creux.

1855 *Labrosset-Béchet* (*F.*), à Sedan (Ardennes) : Draps alpaga, Castorine, Azorine, Coating, Vigontine, Sibérienne, Laponienne, Obsterkin, Fashionable, Drap vigogne, Drap fourrure. Médaille d'argent en 1834.

1856 *Rousselet* (*Antoine*), à Wé et Sedan (Ardennes) : Draps casimirs et Satins de laine.

1857 *Marius-Paret*, à Sedan (Ardennes) : Draps, Casimirs et Satins de laine.

1858 *Trotrot* fils aîné, à Sedan (Ardennes) : Casimirs, Draps écarlate et cramoisi. Citations en 1827 et 1834.

1859 *Jacquemart-Lagard*, à Charleville (Ardennes) : Serrures perfectionnées.

1860 *Chapraux* frères, à Sedan et à La Ferté-sur-Thiers (Ardennes) : Draps, Cuir-laine, Alpagas, Casimirs et Satins de laine. Médaille d'argent en 1819 ; Médaille d'or en 1823, et Rappel en 1827.

1861 *Cunin-Gridaine* père et fils, à Sedan (Ardennes) : Draps. Médaille d'or en 1823 ; Rappel en 1827.

1862 *Leroy-Picart*, à Sedan (Ardennes) : Draps cuir-laine et Casimirs noirs, Draps cramoisi cachemire et Satins de laine.

1863 *La Compagnie des Verreries et des manufactures de Glaces de Saint-Quirin*, à Cirey et Monthermé (Ardennes) : Glaces étamées et non étamées de différentes grandeurs. Médailles d'argent en 1819, 1823, 1827 ; Médaille d'or en 1834.

1864 *Robert-Thomas*, à Givonne (Ardennes) : Casseroles, Fléaux et Pelles.

1865 *Neveux-Godard*, à Chenois-Auboncourt (Ardennes) : Articles de bonneterie, Gilets de flanelle, Bas, Caleçons. Mention honorable en 1823.

1866 *Estivant* frères, à Givet (Ardennes) : Rouleaux de cuivre et Tombac laminé.

1867 *Charles-Bernard*, à Torcy-Sedan (Ardennes) : Une Enclume.

1868 *Lépinois*, à Neuville et Day (Ardennes) : Charrue.

1869 *Mesmin* aîné, à Givet (Ardennes) : Fonds de chaudières et Planches

N^{os}   MM.

en cuivre jaune et rouge, Bottes en fil de cuivre, Tombac, Laiton, Zinc laminé.

1870 *Devillez* frères, à Brévilly (Ardennes) : Feuille de tôle faite en laminoir, longueur $2^m,730$, largeur $1^m,020$, épaisseur $0^m,023$, poids 462 kilogrammes; morceau coupé à cette même feuille.

1871 *Sauveau*, à Bergerac (Dordogne) : Linge de table avec lisières dans tous les sens.

1872 *Conte (Numa)*, à Périgueux (Dordogne) : 1° Régulateur de cheminée, échappement Graam en rubis, 4 trous rubis, remontoir d'égalité, balancier compensateur de Janvier; 2° Régulateur avec sonnerie d'heures et demi-heures, échappement à chevilles, balancier compensateur de Rivoz; 3° Régulateur à deux roues, échappement Graam, remontoir à poulie; 4° Pendule à cadran demi-circulaire.

1873 *Dupont (Auguste)*, à Périgueux (Dordogne) : Autographies-écritures, Lithographies et gravure sur pierre, Dessins au crayon. Médaille de bronze en 1834.

1874 *Festugières* frères, à Eyziès (Dordogne) : Barres de fer pour axe de machines, Chaînes-câbles, Cylindres cannelés de filature et pour carrossage. Médaille de bronze en 1834.

1875 *Ferrer* jeune, à Perpignan (Pyrénées-Orientales) : Manches de fouet en bois dit de Perpignan.

1876 *Guimezames (Bonaventure)*, à Sorède (Pyrénées-Orientales) : Manches de fouet et de cravaches en bois dit de Perpignan.

1877 *Fraisse (François)*, à Perpignan (Pyrénées-Orientales) : Échantillons de marbre, Serre-papiers, Socle et Vases.

1878 *Philippot* jeune, à Perpignan (Pyrénées-Orientales) : Échantillons de marbre.

1879 *Companyo*, à Perpignan (Pyrénées-Orientales) : Oiseaux empaillés.

1880 *Pairé* (mesdemoiselles *Anne* et *Antoinette*) sœurs, à Perpignan (Pyrénées-Orientales) : Robe de femme sans couture en tricot de fil à l'aiguille, avec dentelles catalanes, et un bonnet de même fabrication.

1881 *Lacoste (Alexis)*, à Perpignan (Pyrénées-Orientales) : Deux paires de pendants d'oreilles en or, dits à la catalane.

1882 *Augé*, à Perpignan (Pyrénées-Orientales) : Échantillons de soie grège.

1883 *Vimort-Maux*, à Perpignan (Pyrénées-Orientales) : Cotons filés et teints, Échantillons de ouates.

1884 *Espériquette (Joseph)*, à Perpignan (Pyrénées-Orientales) : Un Tableau de sondages exécutés dans le département.

1885 *Corbière* aîné, à Perpignan (Pyrénées-Orientales) : Soies grèges.

1886 *Bourré*, à Boulogne-sur-Mer (Pas-de-Calais) : Modèle de lavoir mécanique pour le noir animal en grains, et Appareil de révivification de cette matière.

Nᵒˢ   MM.

1887 *Leplant*, à Arras (Pas-de-Calais) : Cheminée à la prussienne en tôle à fond double servant de calorifère.

1888 *Catez*, à Arras (Pas-de-Calais) : Lampe à pression constante.

1889 *Quenut*, à Saint-Omer (Pas-de-Calais : Bottes en maroquin et en cuir à talon mobile et semelles élastiques, Socques à semelles de longueur variable, et Maroquins garnis en pluche.

1890 *Un officier de marine*, à Calais (Pas-de-Calais) : Tableau mosaïque en paille. Mention honorable en 1827.

1891 *Kœchlin*, à Auxi-le-Château (Pas-de-Calais) : Toiles de lin, cretonnes, fabriquées à la mécanique, Tissus de laine et coton, laine pure, dit mérinos renforcé.

1892 *Lahérard*, à Roellepot (Pas-de-Calais) : Fils écrus, Lins, Étoupes.

1893 *Dewild* et *Buffet*, à Arras (Pas-de-Calais) : Machine à vapeur sans balancier à cylindre vertical et fixe, Système de pompes pour presses hydrauliques.

1894 *Griffon*, à Wizernes, près Saint-Omer (Pas-de-Calais) : Papiers divers. Médaille d'or en 1834.

1895 *Toursel*, à Arras (Pas-de-Calais) : Soie obtenue en 1837 à Arras ; les vers ont été nourris de feuilles de mûriers blancs sauvageons cultivés à Arras.

1896 *Lecoq-Guibé*, à Alençon (Orne) : Mousselines brodées.

1897 *Philbert-d'Ocagne* fils, à Alençon (Orne) : Dentelles dites point d'Alençon et Mousselines brodées.

1898 *Vantillard*, à Merouvel, près l'Aigle (Orne) : Aiguilles diverses, pointes doubles à carder le lin, pointes aplaties et non aplaties à carder la laine et la soie.

1899 *Cadou Taillefer*, à l'Aigle (Orne) : Aiguilles et Hameçons, Fils d'acier de divers numéros.

1900 *Huc*, à l'Aigle (Orne) : Filières d'acier et Échantillons de métaux. Médaille de bronze en 1834.

1901 *Bohin* (*F.*), à l'Aigle (Orne) : Boîtes en bois.

1902 *la Société en commandite d'horlogerie*, à Trun (Orne) : cinq Montres d'or dites calibres Lépine, perfectionnées, entièrement établies dans la fabrique; un finissage (montre au second degré d'établissement). Mention honorable en 1834.

1903 *Clérambault* (*Charles*), à Alençon (Orne) : Mousselines brodées, façon suisse. Mentions honorables en 1827 et 1834.

1904 *Boisselet* et fils, à Marseille (Bouches-du-Rhône) : Pianos. Médailles d'argent en 1827 et 1834.

1905 *Bernex* et *Comp.*, à Marseille (Bouches-du-Rhône) : Papiers peints et Décors.

1906 *Sigoret* (*Auguste*), à Marseille (Bouches-du-Rhône) : Colle forte commune, façon de Flandre et surfine. Médaille d'argent en 1834.

N^{os}   MM.

1907 *Villeneuve (de)* et *Tochi*, à Marseille (Bouches-du-Rhône) : Ciment de Roquefort ; une Tête moulée avec cette matière.

1908 *Imbs (Xavier)*, à Aubagne (Bouches-du-Rhône) : deux Peaux tannées par un procédé rapide et économique ; Cuir pour semelles.

1909 *Bosq* frères, à Auriol (Bouches-du-Rhône) : une Règle à coulisse pour faire les rainures aux montants de fenêtres ; un Coupoir pour les briques dites *tomettes*; une machine à faire des broches.

1910 *Carle (Philippe)*, à Marseille (Bouches-du-Rhône) : Registres grand-livre à simples et à doubles coutures.

1911 *Rozan* oncle et fils, à Marseille (Bouches-du-Rhône) : Gobelets, Verres et Carafes.

1912 *Bœuf* et *Garaudy*, à Marseille (Bouches-du-Rhône) : Divers objets en corail.

1913 *Barbaroux de Mégy*, à Marseille (Bouches-du-Rhône) : Divers objets en corail ; Camées.

1914 *Dugué* frères, à Nogent-le-Rotrou (Eure-et-Loir) : Burat pour mantille écrue ; Voile de religieuse ; Bournous ordinaires des Arabes ; Ceintures arabes.

1915 *Buisson*, à Illiers (Eure-et-Loir) : une Charrue.

1916 *Saint-Marc* (madame veuve), *Porteu* et *Téliot* aîné, à Rennes (Ille-et-Vilaine) : Toiles blanches et demi-blanches, basse voile. Médaille d'or en 1827.

1917 *Desbouillons* et *Jouon*, à Rennes (Ille-et-Vilaine) : Toiles à voiles à fils simples, demi-blancs, à fils doubles; ancienne toile grise en lin, à fils doubles. Médaille de bronze en 1834.

1918 *Morin du Lérain* fils et *Comp.*, à Rennes (Ille-et-Villaine) : Toiles basses voiles, Toiles mélis double, fort, fin; Toiles bonnettes, Toile doublage. Mention honorable en 1819, confirmée en 1823.

1919 *Gratien*, à Fougères (Ille-et-Vilaine) : Toiles fines de chanvre; Toiles en lin (mécanique).

1920 *Galais*, à Fougères (Ille-et-Vilaine) : Toiles de Chanvre. Citation en 1823 ; Rappel en 1827.

1921 *Dubois*, à Fougères (Ille-et-Vilaine) : Flanelles rayées de diverses couleurs.

1922 *Lesénéchal*, à Dol (Ille-et-Vilaine) : Échantillons de laines teintes de diverses nuances.

1923 *Brison* fils, à Rennes (Ille-et-Vilaine) : Cuirs à la Jusée; Peaux de veaux sèches en croûte, etc. Médaille d'argent en 1834.

1924 *Lair-Lamotte*, à Saint-Malo (Ille-et-Vilaine) : Cuirs à l'usage de la marine; Sceaux à incendie; Bâches pour les diligences, etc.

1925 *Joly* fils aîné, à Saint-Malo (Ille-et-Vilaine) : Cordages, Funin pour haubans, Lignes du banc, tannée. Mention honorable en 1834.

1926 *Amiel*, à Saint-Malo (Ille-et-Vilaine) : Cordages fil fin goudronné, fil fin blanc, fil ordinaire blanc.

N^{os}   MM.

1927 *Palmié* et *Peyraud*, à Saint-Malo (Ille-et-Vilaine) : Chaux hydraulique artificielle; Pouzzolane, Briques, Tuiles, Carreaux, Conduits ; Enduit d'un an, en chaux à double cuisson, arraché d'un mur. Médaille d'argent en 1819.

1928 *Lebesnier* et *Comp.*, à Rennes (Ille-et-Villaine) : Appareil pour le traitement d'une cambrure de la jambe et du pied chez un enfant ; autre Appareil pour le traitement d'un pied-bot.

1929 *Goinard* aîné, à Rennes (Ille-et-Vilaine) : Chandelles moulées. Citation en 1823; Rappel en 1827.

1930 *Barillé*, à Rennes (Ille-et-Vilaine) : Bottes et Claques-Sandales.

1931 *Gervais*, à Caen (Calvados) : Cotons filés n°s 16, 19 et 21 ; Chaînes continues. Médaille de bronze en 1834.

1932 *Gast*, à Caen (Calvados) : Modèle d'un procédé nouveau pour lancer les navires.

1933 *Reverdy*, à Caen (Calvados) : Chapeaux de soie et de feutre.

1934 *Durand*, à Rully (Calvados) : Peau de veau tannée sans autre apprêt.

1935 *Juhel-Desmares*, à Vire (Calvados) : Draps bleu, cuir-laine, zéphir, etc. Médaille de bronze en 1834.

1936 *Fournet-Brochaye*, à Lizieux (Calvados) : Drap pilote, Molleton à poil, croisé. Citation en 1834.

1937 *Maufras* (mademoiselle), à Caen (Calvados) : Châles d'Angora tricotés.

1938 *Sorel*, à Caen (Calvados) : Schal d'Angora au métier.

1939 *Polignac* (*le comte de*), à Gouvix (Calvados) : Laine provenant de mérinos pure race ; Toisons de bélier et de brebis. Médaille d'or en 1823 ; Rappels en 1827 et 1834.

1940 *Levard*, à Vire (Calvados) : Potasses fabriquées avec les cendres du sarrasin ; Potasse régénérée.

1941 *Bellamy* frères, à Caen (Calvados) : Bas de coton.

1942 *Rebut*, à Caen (Calvados) : petites Boîtes de bourres métalliques pour charger les fusils de chasse. Mention honorable en 1834.

1943 *Bénard* et *Comp.*, à Rabut (Calvados) : Plomb de chasse.

1944 *Fournier-Lamotte* père et fils et *Dufay*, à Condé-sur-Noireau (Calvados) : Nappes et Serviettes à dessins.

1945 *Manoury* (*Arsène*), à Caen (Calvados) : Bas.

1946 *Lemoine-Gondon*, à Condé-sur-Noireau (Calvados) : Échantillons de cotons mélangés à la carde.

1947 *de Manneville*, à Troussebourg, près Honfleur (Calvados) : Machines à préparer les bois de tonnellerie. Mention honorable en 1834.

1948 *Berthe*, à Honfleur (Calvados) : Sulfates de fer.

1949 *Regnauld*, à Caen (Calvados) : Plomb de chasse.

1950 *Daurey de Sainte-Foix*, au Gast (Calvados) : Vases en granit blanc, forme Médicis.

N^{os}   MM.

1951 *Bourdon (Charles)*, à Caen (Calvados) : Robes et autres objets en blonde ou dentelle de soie.

1952 *Villain* (mesdemoiselles) sœurs, à Caen (Calvados) : Tulles brodés, dits points de Caen.

1953 *Violard*, à Caen (Calvados) : Blondes et Dentelles. Médaille de bronze en 1834.

1954 *Vardon* (mademoiselle), à Caen (Calvados) : Tulle brodé.

1955 *Juhel Pondegrenne*, à Vire (Calvados) : Coupes de drap.

1956 *Entrepreneur des services de la Maison centrale de détention de Beaulieu*, (l'), à Caen (Calvados) : Franges et autres objets.

1957 *Lafont-Vaisse*, à Mazamet (Tarn) : Molletons, Flanelles, Espagnolettes, Casquettes, Casimir frisé.

1958 *Cormouls (Ferdinand)*, à Mazamet (Tarn) : Molletons, Flanelles diverses, Tartans, Alpagas. Médaille de bronze sous la raison sociale Vene, Houlès, Cormouls et Comp.

1959 *Houlès* père et fils, à Mazamet (Tarn) : Molletons, Flanelles diverses, Tartans, Châles, Bernet et Casquettes de plusieurs nuances.

1960 *Lagasse (André)* et *Molinier (Jacques)*, à Lavaur (Tarn) : Échantillons de soie filée à six cocons.

1961 *Maraval (Isidore)*, à Lavaur (Tarn) : Échantillons de soie filée à six cocons.

1962 *Rivière (Jean-Pierre)*, à Lavaur (Tarn) : Échantillons de soie filée à six cocons.

1963 *Fauré (Fançois)* et *Rivière (Guillaume)*, à Lavaur (Tarn) : Échantillons de soie filée à six cocons.

1964 *Jau (François)* et *Sepet (Madeleine)*, à Lavaur (Tarn) : Échantillons de soie filée à cinq cocons.

1965 *Bastié (Joseph)* et *Donadille (François)*, à Lavaur (Tarn) : Échantillons de soie filée à six cocons.

1966 *Rivals (Armand)*, à Lavaur (Tarn) : Échantillons de soie filée à deux cocons.

1967 *Ventouillac (Jean-Antoine)*, à Lavaur (Tarn) : Plan d'une étuve pour l'étouffage des cocons.

1968 *Debar* aîné, à Castel-Bert, commune de Lavaur (Tarn) : Carreaux d'appartements en terre cuite et de plusieurs couleurs.

1969 *Gisclard* fils, à Albi (Tarn) : Essence d'anis, d'absynthe, de menthe poivrée, de genièvre et de girofle. Mention honorable en 1834.

1970 *Guibal (Jean-Pierre-Julien)*, à Castres (Tarn) : Drap bleu de troupes, garance; Cuirs-laine de différentes couleurs et qualités. Médaille d'or en 1834.

1971 *Ackerman-Laurence (Jean-Baptiste)*, à Saumur (Maine-et-Loire) : Échantillons de vin d'Anjou champanisé.

1972 *Lesourd-Delisle (Antoine)*, à Angers (Maine-et-Loire) : Vin d'Anjou champanisé.

N^{os}   MM.

1973 *Cosnier (Prosper)*, à Angers (Maine-et-Loire) : Échantillons de laine.

1974 *Joubert-Bonnaire et Comp.*, à Angers (Maine-et-Loire) : Toiles à voiles. Médaille d'argent en 1823 ; Rappel en 1827.

1975 *Moreau-Joubert et Ducos* frères, à Angers (Maine-et-Loire) : Échantillons de chanvre peigné.

1976 *Dauphin*, à Angers (Maine-et-Loire) : Une Machine planétaire.

1977 *Lehec*, à Angers (Maine-et-Loire) : Une Machine à diviser, munie d'un diviseur universel et une varlope.

1978 *École royale des arts et métiers d'Angers* (1) (Maine-et-Loire), : Une Machine à vapeur à moyenne pression, un Tour en l'air et un Tour à l'archet avec accessoires, un Étau à chaud, une Machine à vapeur à basse pression, une Presse hydraulique de la force de 150,000 kil., un Modèle de machine à forer. Mention honorable en 1819 ; Médaille de bronze en 1823 ; Mention honorable en 1827, et Médaille de bronze en 1834.

1979 *Houyau (Victor)*, à Angers (Maine-et-Loire) : Une Meule courante en fonte et pierres, une Meule gisante, un Garde-graisse, un Système de suspension, une Archure de forme nouvelle.

1980 *Tessié (Cyprien)*, à Cholet (Maine-et-Loire) : Un Fusil (nouveau système).

1981 *Cahier*, à Soissons (Aisne) : Une Horloge pour un édifice.

1982 *Poilly*, à Folembray (Aisne) : Cloches à jardins, et Bouteilles.

1983 *Colnet* (de), à Quicangrogne, commune de Wimy (Aisne) . Bouteilles accompagnée d'une Notice sur les verreries.

1984 *Pille*, à Soissons (Aisne) : Une Boîte contenant de la soie. Mention honorable en 1834.

1985 *Bernoville* frères, à Saint-Quentin et Bohain (Aisne) : Mousseline laine.

1986 *Graux*, à Juvincourt (Mauchamp) (Aisne) : Échantillons de laine soyeuse et lustrée. Mention honorable en 1834.

1987 *Meuret*, à Haris (Aisne) : Charrue pour terrains défrichés.

1988 *Fiévet*, à Boué (Aisne) : Fils à dentelles.

1989 *Antierboche*, à Hierson (Aisne) : Mécanisme pour préserver de la fumée.

1990 *Tillancourt* (de), à Montfaucon (Aisne) : Échantillons de soie.

1991 *Fabrique (la) royale de Saint-Gobain*, à Chauny (Aisne) : Produits chimiques. Médaille d'argent en 1834.

1992 *Evrad Latron*, à Soissons (Aisne) : Mesures appliquées au nouveau système.

1993 *Pétigny* (de), à Soissons (Aisne) : Une Carabine.

1994 *Deviolaine*, à Prémontré et Vauxrot (Aisne) : Cloches à jardins, Glaces, Verres blancs et de couleur, Litres, Bouteilles. Médaille de bronze en 1823 ; Rappel en 1827 et 1834.

N°ˢ   MM.

1995 *Paris*, à Tavaux (Aisne) : Charrue à quatre fers, dite *Brabant*.

1996 *Mennot-Leroy*, à Poutru (Aisne) : Échantillon de toison d'un troupeau électoral. Médaille d'argent en 1834.

1997 *Dupont (Louis-Guislain)*, à Étaves et Bocquiaux (Aisne) : Dessins d'une charrue.

1998 *Poisson-Livorel*, à Saint-Quentin (Aisne) : Mousselines brochées.

1999 *Jardin (Ch.)*, à Saint-Quentin (Aisne) : Mousseline laine pure écrue.

2000 *Daudeville et Comp.*, à Neuville-Saint-Amand et Nauroy (Aisne) : Tissus en coton.

2001 *Davin, Defresne*, à Saint-Quentin (Aisne) : Linge de table.

2002 *Dambrun* frères, à Vendelles-Saint-Quentin (Aisne) : Mousselines.

2003 *Picart* jeune et fils, à Saint-Quentin (Aisne) : Jaconas, Batistes, Linge damassé. Médaille d'argent en 1834.

2004 *Billard*, à Levernier (Aisne) : Charrue.

2005 *Robert-Belein*, à Saint-Quentin (Aisne) : Tulles. Médaille d'argent en 1834.

2006 *Pelletier*, à Saint-Quentin (Aisne) : Linge damassé.

2007 *Deletain*, à Château-Thierry (Aisne) : Un Volume contenant les offices en plain-chant de la Semaine sainte, lithographié sur bois de marronnier.

2008 *Dumérin*, à Aiguirande (Indre) : Une Charrue, dite *Dumérin*, à double régulateur.

2009 *Morin-Jolly*, à Bouges (Indre) : Une Charrue, dite *Morin*, pouvant fonctionner avec ou sans avant-train.

2010 *Ponroy* fils, à Issoudun (Indre) : Sujets d'empreintes en plâtre, dites *Imitations métalliques*, et Bronzes sur plâtre durci.

2011 *Louanet (Prosper)*, à Villedieu (Indre) : Service de table et Cabaret en porcelaine. Médaille de bronze en 1823 ; Rappel en 1834.

2012 *Colas (Antoine)*, à Charroux (Allier) : Une Charrue, dite *Colas*, à la bourbonnaise ; Charrue à butter avec son extirpateur.

2013 *Denizot*, à Saint-Pourçain (Allier) : Pompe à incendie.

2014 *Tallard (Louis-Joseph)*, à Moulins (Allier) : Échantillons de soie blanche et jaune, filés à quatre cocons. Cité en 1819 et 1823. Mention honorable en 1827, pour la fabrication de ses bas.

2015 *Desrosiers (Pierre-Antoine)*, à Moulins (Allier) : Un Exemplaire, les douze dames de rhétorique, petit in-folio, peint. Médaille d'argent en 1834.

2016 *Dewilde et Buffet*, à Arras (Pas-de-Calais) : Une Machine à vapeur sans balancier, à cylindre vertical et fixe ; une Pompe pour presses hydrauliques.

2017 *Compagnie (la) des Verreries de Saint-Louis*, à Saint-Louis (Moselle) : Cristaux divers.

2018 *Utzschneider et Comp.*, à Sarreguemines (Moselle) : Assiettes, Moule à pâté, Vases, Bols, Cornets à fleurs, Marabouts, Cafetières, Théiè-

N^{os}   MM.

res en faïence fine de diverses couleurs, et autres articles de luxe :
Objets en grès, unis et en relief. Médaille d'or en l'an IX et X ;
Rappel en 1806, 1819, 1823, 1827 et 1834.

2019 *D'Huart de Nothomb*, à Longwy et Audun-le-Tige (Moselle) : Faïen-
cerie, Terre cuite, Vases terre anglaise, demi-porcelaine.

2020 *Georges (L.)*, à Metz (Moselle) : Boite à chapeau garnie d'un nécessaire ordinaire, Malle à système mécanique, Sac de nuit.

2021 *Gillard* frères, à Sierck (Moselle) : Une pièce de cuir fort.

2022 *Chevreusse* et *Bouvert*, aux Bordes (commune de Vallières), (Moselle) :
Tuiles plates, creuses, Ardoises, Briques et Carreaux.

2023 *Michels-Maire*, à Metz (Moselle) : Bottes en cuir verni, Souliers et
Galoches à ressort, Bottes corioclaves à double semelle, Souliers de
chasse, etc. Médaille de bronze en 1834.

2024 *Marchal, Berger* et *Comp.*, à Bitche (Moselle) : Verres de montre en
cristal.

2025 *Burgun, Wallet, Berger* et *Comp.*, à Goetzenbrück (Moselle) :
Verres de montres et de pendules en cristal.

2026 *Germain (Aug.)*, à Moutiers, près Briey (Moselle) : Draps de diverses
couleurs pour les troupes.

2027 *Firmenich*, à Metz (Moselle) : Colle forte.

2028 *Champigneulle* jeune, à Metz (Moselle) : Flôtre cylindrique pour
les fabricants de papiers.

2029 *Lazar, Aron*, à Metz (Moselle) : Flanelles et Molletons.

2030 *Schmaltz*, à Metz (Moselle) : Pluche.

2031 *Massing* frères, *Huber* et *Comp.*, à Puttelange (Moselle) : Pluche.

2032 *Haffeur*, à Metz (Moselle) : Briques réfractaires pour hauts fourneaux, Carreaux pour âtres de fours, Briques à divers usages,
Tuiles.

2033 *Hesse* (madame veuve), à Puttelange (Moselle) : Colle forte.

2034 *Girardot*, à Briey (Moselle) : Tuiles bombées et autres.

2035 *Marchal* et *Guguon*, à Metz (Moselle) : Tableau représentant une
figure prise à la cathédrale de Metz, et exécutée sur verre.

2036 *Léonard (J.-P.)*, à Courcelle-Chaussy (Moselle) : Une machine à
battre le trèfle et les gerbes avec manége en bois et bâtisse pour ce
manége.

2037 *Meyer (J.-J.)* et *Comp.*, à Mulhausen (Haut-Rhin) : Un nouveau
système de regard du couronnement du trou d'homme et de prise
de vapeur à appliquer aux générateurs de vapeur ou chaudières à
vapeur ; trois indicateurs du niveau de l'eau dans les chaudières
à vapeur ; un régulateur-compensateur à vapeur en bronze.

2038 *Boyer* aîné, à Limoges (Haute-Vienne) : Flanelles de diverses qualités. Mentions honorables en 1827 et 1834.

2039 *Laporte* frères, à Limoges (Haute-Vienne) : Flanelles de diverses
qualités.

Nᵒˢ   MM.

2040 *Boudet* aîné, à Limoges (Haute-Vienne) : Dreguets et Flanelles de diverses qualités fabriqués avec les laines du pays.

2041 *Valentin*, à Limoges (Haute-Vienne) : Un corset à busc, à charnière, se délaçant à la minute.

2042 *Michel* et *Valin*, à Limoges (Haute-Vienne) : Pendules, Flacons et Vases (genre rocaille et arabe). Mention honorable en 1834 ; Citation en 1834.

2043 *Tharaud*, à Limoges (Haute-Vienne) : Porcelaines, Vases peints, Plateaux, Coupes et autres Objets. Mention honorable en 1823.

2044 *Roche*, à Limoges (Haute-Vienne) : Porcelaines, Assiettes à dessert, Tasses turques, une sainte Vierge.

2045 *Dumas*, à Limoges (Haute-Vienne) : Chocolat.

2046 *Manœuvrier* aîné, à Limoges (Haute-Vienne) : Couteaux de diverses grandeurs, Sécateur simplifié, scie à serpette.

2047 *Laporte* aîné, à Limoges (Haute-Vienne) : Un Sécateur, une Scie.

2048 *Dubouché*, à Limoges (Haute-Vienne) : Pistolet propre à faire éclater les souches.

2049 *Boulaud*, à Limoges (Haute-Vienne) : Machine à sauvetage pour incendie.

2050 *Dally*, à Limoges (Haute-Vienne) : Une chaise de fantaisie.

2051 *Jourde*, à Limoges (Haute-Vienne) : Sabots-souliers et Sabots plissés.

2052 *Guillat*, à Limoges (Haute-Vienne) : Sabots plissés.

2053 *Coudert*, à Limoges (Haute-Vienne) : Sabots.

2054 *Duprat*, à Cieux (Haute-Vienne) : Sabots. Médaille de bronze en 1827.

2055 *Mayeras*, à Limoges (Haute-Vienne) : Sabots d'enfants.

2056 *Michalowski* et *Stimpinski*, à Junieu (Haute-Vienne) : Papiers peints.

2057 *Herigoyen*, à Oradour-sur-Glaud (Haute-Vienne) : Papier de paille pure couleur naturelle.

2058 *Ardant* frères, à Limoges (Haute-Vienne) : Articles de librairie, Reliures, Clichés.

2059 *Dutreix*, à Limoges (Haute-Vienne) : Une petite romaine décimale, oscillante, marquant les doubles décagrammes du côté faible, et les demi-hectogrammes du côté fort.

2060 *Gérard* et *Miclot* aîné, à Brevannes (Haute-Marne) : Limes. Rappel de Médaille d'argent en 1834.

2061 *Mugnier* (*Étienne*), à Vassy (Haute-Marne) : Clous, Boulons d'artillerie et de marine. Médaille de bronze en 1834.

2062 *Ariel-Truffet*, à Chaumont (Haute-Marne) : Pompe à incendie d'après un nouveau système.

2063 *André*, à Osne-Leval (Haute-Marne) : Fonte moulée, Balcons, Borne-fontaine, Croix et autres Articles.

N°³⁸   MM.

2064 *Jaulin-Duseutre*, à Corme-Royal, canton de Saujon (Charente-Infé-
    rieure) : Une charrue à avant-train avec versoir en fer battu, étan-
    çon en fer forgé, et un nouveau système de jaugeage appliqué à
    l'étançon, une Baratte à manivelle composée, un Semoir à brouette
    avec un jeu de cuiller.

2065 *Bigot* et *Comp.*, à Amboise (Indre-et-Loire) : Castorines.

2066 *Chauveau* et *Comp.*, à Tours (Indre-et-Loire) : Pâte féculante.

2067 *Hardy* fils et *Bienvenu*, à Châteaurenault (Indre-et-Loire) : Cuirs de
    bœuf et de vache.

2068 *Crémière* et *Briand*, à Saint-Symphorien, près Tours (Indre-et-Loire) :
    Limes et Râpes.

2069 *Delaunay* et *Comp.*, à Saint-Symphorien, près Tours (Indre-et-
    Loire) : Minium, Céruses et Mine Orange. Médaille en bronze
    en 1834, sous la raison *Pallu* jeune et fils.

2070 *Huard* fils, à Saint-Symphorien, près Tours (Indre-et-Loire) :
    Amidon.

2071 *Rimoneau-Cochet*, à Saint-Symphorien, près Tours (Indre-et-Loire) :
    Amidon.

2072 *Pian-Picault*, à Saint-Symphorien, près Tours (Indre-et-Loire) :
    Amidon.

2073 *Bellanger* père et *Nourisson*, à Tours (Indre-et-Loire) : Tapis fabri-
    qués avec des poils de chevreau et tapis de soie. Médaille en bronze
    en 1827 ; Rappel en 1834.

2074 *Tellier* et *Compagnie*, à Amboise (Indre-et-Loire) : Aiguilles.

2075 *Haussmann*, *Jordan-Hirn* et *Compagnie*, à Logelbach, près Colmar
    (Haut-Rhin) : Indiennes diverses d'après de nouveaux procédés de
    teinture ; Imprimés à la main et sur une nouvelle machine à rou-
    leau ; Mousseline-laine imprimée à la main. Médaille d'or en 1806,
    1819 et 1823 ; Confirmation en 1827 ; Rappel en 1834, sous la rai-
    son *Haussmann* frères.

2076 *Schlumberger* (*Daniel*) et *Compagnie*, à Mulhausen (Haut-Rhin) : In-
    diennes ; Jaconas, et Riches impressions. Médaille d'argent en
    1819 ; Rappel en 1834, sous la raison *Schlumberger* (*D.*) et *Com-
    pagnie*.

2077 *Fries* et *Callias*, à Guebwiller (Haut-Rhin) : Napperons damassés
    en fil de lin ; Mousseline-laine ; Indiennes mi-fond et diverses ;
    Calicots.

2078 *Hofer* (*Josué*), à Mulhausen (Haut-Rhin) : Mousseline-laine ; Toiles
    peintes.

2079 *Dorgebray*, à Kingersheim, près Mulhausen (Haut-Rhin) : Indien-
    nes, fonds divers au rouleau et impressions à la planche.

2080 *Ziegler*, à Mulhausen, (Haut-Rhin) : Mousselines Jacquart ; Diverses
    percales ; Gazes ; Calicots ; Écrus légers ; Toiles de ménage et pour
    la troupe.

Nᵒˢ   MM.

2081 *Schlumberger-Schwartz* (G.), à Mulhausen (Haut-Rhin) : Serviettes damassées ; Nappes ; Napperons , etc.

2082 *Kœchlin-Ziegler*, à Mulhausen (Haut-Rhin) : Gravures sur rouleaux, sur planche de cuivre ; Diverses empreintes de gravures sur molettes. Médaille d'argent en 1834.

2083 *Risler* (*Mathieu*), à Cernay (Haut-Rhin) : Garnitures de cardes pour filature de coton. Médaille de bronze en 1834.

2084 *Schlumberger, Kœchlin* et *Comp.*, à Mulhausen (Haut-Rhin) : Jaconas imprimés ; Mousseline-laine ; Indiennes diverses. Médaille d'or en 1834.

2085 *Lefébure* (*E.*), à Orbey (Haut-Rhin) : Une pièce calicot, 100 portées pour l'impression ; une seconde pièce, 75 portées , et une troisième pièce, 85 portées, destinée à la vente en blanc.

2086 *Kœchlin, Dollfus* et frères, à Mulhausen (Haut-Rhin) : Cotons filés en bobines et échevettes de chaîne, et en cannette de trame.

2087 *Grosjean* fils, à Mulhausen (Haut-Rhin) : Mousselines diverses ; Jaconas. Médaille d'or en 1834, sous la raison *Grosjean , Kœchlin* et *Compagnie*.

2088 *Schlumberger* jeune et *Compagnie*, Thann (Haut-Rhin) : Indiennes diverses ; Impressions sur jaconas au rouleau avec rentrures, etc. Médaille d'argent en 1834.

2089 *Kestner* père et fils, à Thann (Haut-Rhin) : Produits chimiques consistant en sels d'étain, soude brute, sel de soude, cristaux de soude, nitrate et pyrolignite de plomb, acide tartrique , sulfate de zinc et de plomb.

2090 *Hartmann* (*Jacques*), à Munster (Haut-Rhin) : Cotons filés ; Bobines des nᵒˢ 20 à 300 et 45 à 300 ; Chaînes nᵒˢ 46 à 226. Médaille d'or en 1834.

2091 *Hartmann* et fils, à Munster (Haut-Rhin) : Mousselines diverses ; Organdi écru , tissé à la mécanique ; Jaconas. Médaille d'or en 1834.

2092 *Schmid* et *Salzmann*, à Ribeauvillé (Haut-Rhin) : Cotonnades ; Mouchoirs, dits Madras ; Guingans ; Cravates fantaisie ; Tissus divers.

2093 *Gros-Odier, Roman* et *Compagnie*, à Wesserling (Haut-Rhin) : Indiennes diverses ; Organdis imprimés ; mousseline-laine imprimée ; Satin imprimé. Médaille d'or en 1819 , sous la raison *Gros-Davilliers , Roman et Compagnie ;* Rappel en 1834 , sous la raison *Gros-Odier, Roman* et *Compagnie*.

2094 *Hofer* frères, à Mulhausen (Haut-Rhin) : Indiennes diverses.

2095 *Robert-Roulet*, à Thann (Haut-Rhin) : Indiennes et impressions sur mousselines.

2096 *Kress* (*Charles*), à Colmar (Haut-Rhin) : Une Pompe à incendie portative avec avant-train, pièces de rechange, tuyaux, seaux et autres accessoires.

2097 *Nœgely-Charles*, à Mulhausen (Haut-Rhin) : Divers échantillons ; Cotons filés, dix-huit écheveaux et dix-sept bobines.

N^{os}   MM.

2098 *Virebent* frères, à Toulouse (banlieue) (Haute-Garonne) : Ornements d'architecture en argile. Médaille de bronze en 1834.

2099 *Virebent (Auguste)*, *Moucreau* et *Compagnie*, à Toulouse (Haute-Garonne) : Ouvrages en Stalactite et Stalagnite de Montbrun, arrondissement de Muret.

2100 *Boussard*, à Toulouse (Haute-Garonne) : Un Fusil de sûreté. Mention honorable en 1824.

2101 *Granié* frère, à Toulouse (Haute-Garonne) : un Fauteuil pliant, en fer forgé, le dossier porte une feuillure en fer qui n'est pas rapportée et qui est prise sur le rondin lui-même.

2102 *Maruéjouls (Frédéric)*, à Touille (Haute-Garonne) : Faux, Aciers, Bandes d'acier, Ressort de voiture au marteau, à deux corroyages, Barres d'acier à fuseau, au marteau, à deux corroyages pour taillanderie.

2103 *Fouque*, *Arnoux* et *Comp.*, à Saint-Gaudens (Haute-Garonne) : Poteries diverses, Faïences fines et Porcelaines. Médaille de bronze en 1823; Médaille d'argent en 1834.

2104 *Boussard*, à Toulouse (Haute-Garonne) : une Lampe dite *Boussard*. Mention honorable en 1827.

2105 *Pradal*, à Nantes (Loire-Inférieure) : un Instrument de chirurgie, destiné à couper les gencives qui recouvrent la dernière molaire chez les adultes.

2106 *Guichard*, à Nantes (Loire-Inférieure) : Céruse en poudre et en pains. Mention honorable en 1834.

2107 *Bertrand* et *Feydeau*, à Nantes (Loire-Inférieure) : Conserves alimentaires, Vases perfectionnés. Médaille de bronze en 1834 sous le nom de *Leidig* et *Comp.*

2108 *Levraud*, à Nantes (Loire-Inférieure) : Conserves alimentaires, telles que poissons, viandes, pains de semoule et fruits.

2109 *Bonamy de Conninck* et *Comp.*, à Nantes (Loire-Inférieure) : Savon de Paleuc et Bougie stéarique.

2110 *Bridon*, à Nantes (Loire-Inférieure) : Fil, cœur lin, blanc, lessivé et à la mécanique, Étoupes.

2111 *Cherot* et *Comp.*, à Nantes (Loire-Inférieure) : Toiles à voiles à fils câblés.

2112 *Prin* et *Comp.*, à Nantes (Loire-Inférieure) : Cuirs corroyés, Veaux cirés.

2113 *Bonraisin-Tillault* et *Comp.*, à Nantes (Loire-Inférieure) : Coutils sur laine, Flanelles rayées et Droguets.

2114 *Merlant (L.)* jeune, à Nantes (Loire-Inférieure) : Cuirs corroyés.

2115 *Pracontal (de)*, à Bion (Manche) : Diverses pièces en fonte, en fer, telles que Marmite, Galletoire, Casserole, Cassolin, Tuyau.

2116 *Frestel*, à Saint-Lô (Manche) : Diverses pièces de coutellerie, telles que Rasoirs, Couteaux garnis, Serpettes, Jardinière, Ciseaux. Men-

N^{os}   MM.

tion honorable en 1819. Médailles de bronze en 1823 et 1827, et Rappel en 1834.

2117 *Cousinet*, à Saint-Lô (Manche) : Lampe-Veilleuse en argent ciselé.

2118 *Baillet*, à Avranches (Manche) : Bâtelet de sauvetage.

2119 *Delaunay-Vildieu*, *Couturier* et *Comp.*, aux usines de Cherbourg et à Tourlaville (Manche) : Produits chimiques obtenus de la soude brute qui provient elle-même des varechs brûlés sur la côte. Mentions honorables en 1827 et 1834 à M. *Couturier*.

2120 *Colleville*, à Cherbourg (Manche) : quatorze Statuettes de personnages formant trois scènes différentes : 1. Un bureaucrate ; 2. Un fermier et sa femme ; 3. Une scène bachique.

2121 *Lansot*, à Coutances (Manche) : Peaux vélin parchemin pour écrire, Peaux de veau de caisse et tambour.

2122 *Lansot (Charles)* (madame veuve), à Coutances (Manche) : Peaux de veau pour grosse caisse de musique, pour caisse et tambour, Peaux de veau vélin parchemin pour écrire.

2123 *Leparquois*, à Saint-Lô (Manche) : Lainages, Finette dite flanelle de Saint-Lô de Virginie, 3/4 fil et laine. Mention honorable en 1834, sous le nom de *Lambert*.

2124 *Angot-Levrard*, à Saint-Lô (Manche) : Finette dite flanelle, Chaîne en fil, Finette dite Virginie, Chaîne-fil.

2125 *Angot-Garnier*, à Saint-Lô (Manche) : Flanelle dite Virginie.

2126 *Legras*, à Gouville (Manche) : Chapeau de paille de seigle, façon d'Italie.

2127 *Dorande*, à Canisy (Manche) : Tissus en fil, Couvertures pour cheval, Coutils blancs, écrus, pour pantalon de troupe. Médaille de bronze en 1834, sous le nom de *Lecluze-Biard*.

2128 *Vallée-Lerond* (madame veuve), à Cameloutrs près Saint-Lô (Manche) : Mousseline mi-double-chaîne et trame retorses.

2129 *Anne* dit *Saint-Michel*, à Saint-Lô (Manche) : Chapeaux fabriqués avec laines d'agneau, poils de chevreaux, de chameau et de lièvre.

2130 *Guion-des-Moulins*, à Coutances (Manche) : Marbres des carrières de Regneville, Montmartin-sur-Mer, Montehaton et du Mesnilaubert. Mentions honorables en 1827 et 1834.

2131 *Auvray* frères, à Forêt-de-Gavray (Manche) : Sabots et autres chaussures en bois.

2132 *Gervaise*, à Coutances (Manche) : un Doublier, tissu en fil damassé de 4 mètres 76 centimètres de longueur, sur 2 mètres 37 centimètres de largeur.

2133 *Pagezy* et fils, à Montpellier (Hérault) : Couvertures en laine pour l'exportation, autres pour campement de l'armée.

2134 *Barbot* et *Fournier*, Lodève (Hérault) : Tartans, Châles et Draps cuir de laine. Médaille de bronze en 1834.

Nᵒˢ   MM.

2135 *Barthez (Sylvestre)*, à Saint-Pons (Hérault) : Draps divers. Médaille de bronze en 1834.

2136 *Mercier*, à Montpellier (Hérault) : un Échantillon de soie.

2137 *Delarbre-Aigoin*, à Ganges (Hérault) : Soie grége et Soie ouvrée.

2138 *Lauret* frères, à Ganges (Hérault) : Bas de soie et de fil d'Écosse unis et brodés , une flotte soie blanche.

2139 *Troupel* fils, entrepreneur de la maison centrale de détention, à Montpellier (Hérault) : Bas et Gants en bourre de soie , ou déchets cardés filés à la main, Bonnets de fantaisie , Mitons-soie, Cordonnet , Dentelles , Mouchoirs coton. Mention honorable à l'exposition de 1834.

2140 *Sabatier*, à Montpellier (Hérault) : Lithotome double de M. Dupuytren , servant pour la taille latérale.

2141 *Bourdeaux*, à Montpellier (Hérault) : Sécateurs perfectionnés , Forceps modifiés ; une Scie charnon mobile et trois Pinces-artères ; un Couteau catalan modifié. Médaille de bronze en 1834.

2142 *Michel (Georges)*, à Aniane (Hérault) : une Peau de veau tannée au chêne vert.

2143 *Larguèze* aîné, à Montpellier (Hérault) : Cuirs et Peaux.

2144 *Roques*, à Montpellier (Hérault) : Peau de moutons et de brebis tannée en roux.

2145 *Giraud (Etienne)*, à Aniane (Hérault) : Peau de veau.

2146 *Sagnier (Louis)*, à Montpellier (Hérault) : Bascules et Romaines à deux et à trois crochets.

2147 *Grimes*, à Montpellier (Hérault) : Tables et autres objets en marbres de diverses couleurs extraits des carrières de Faugères, de celles de Caunes (Aude), des montagnes des Cévennes, de la montagne de Cette et de la Valette. Médaille de bronze.

2148 *Farel (Paulin)*, à Montpellier (Hérault) : Indigo extrait du polygonum tinctorium ; Echeveaux de laine et de soie teintes en vert et bleu avec cet indigo.

2149 *Figuier*, à Montpellier (Hérault) : Chlorure d'or et de sodium cristallisé.

2150 *Trinaire (J.-Francois)*, à Ganges (Hérault) : un Filet pour la pêche, fabriqué au métier.

2151 *Dejean (Cyprien)*, à Montagnac (Hérault) : Vin de Tokai, récolté dans le département de l'Hérault.

2152 *Laurent*, à Montpellier (Hérault) : un Tableau en cheveux.

2153 *Leroux (P.-J.)*, à Vitry-le-Français (Marne) : Flacons de salicine succidanée de sulfate de quinine.

2154 *Dupont* et *Lecomte*, gérants de la manufacture d'Ourscamps (Oise) : Cotons filés, Calicots. Médaille de bronze en 1827.

2155 *Lemoine (Victor)*, à Noyon (Oise) : Armes de chasse et de guerre, cinq Fusils, un Canon.

Nᵒˢ   MM.

2156 *Damainville*, à Crépy (Oise) : Chaîne de Vaucanson perfectionnée. Siphon à loupe, Niveau de montagne, Marteau à numéroter, un Perçoir universel. Citation en 1834.

2157 *Clugny* (le marquis de), à Liancourt (Oise) : Échantillons de limes.

2158 *Liancourt* (le duc de), à Liancourt (Oise) : Échantillons de cardes à laine. Médaille de bronze en l'an X et 1806 ; Mention honorable en 1819 ; Médaille d'argent en 1834.

2159 *Valès* (*Léon*) et *Bouchard*, à Ronquerolles, commune d'Aguets (Oise) : Laines filées pour broderie, pour bonneterie, pour mitaines.

2160 *Saint-Cricq Caseaux* (de), à Creil (Oise) : Porcelaine opaque en blanc, imprimée bleu, Service forme anglaise, Porcelaine transparente. Médaille d'argent en 1819 ; Rappel en 1827 ; Médaille d'or en 1834.

2161 *Mégard*, à Crépy (Oise) : Peaux d'agneaux.

2162 *Geoffroy-Feret*, à Beauvais (Oise) : Boutons de nacre en os noir poli, Boutons en hippopotame.

2163 *Montier*, à Compiègne (Oise) : un Fusil, nouveau système.

2164 *Caron-Lefèvre*, à Beauvais (Oise) : Tapis de foyer haute laine, Tapis carrés fond noir.

2165 *Malard* et *Barré*, à Beauvais (Oise) : Tapis de pied veloutés, en point de Hongrie, et autres. Médaille de bronze en 1823 et 1834.

2166 *Vérité* fils, à Beauvais (Oise) : Échappement libre à force constante, applicable aux pendules.

2167 *Caron Langlois* fils, à Beauvais (Oise) : Tapis de pied haute laine, Tapis de table imprimés sur drap, sur pluche de soie, Foulards de fil imprimés sur envers, Etoffes imprimées pour robes et pour meubles, Châles imprimés. Médaille d'argent en 1824, 1827 et 1834.

2168 *Gillet* (*Pierre-Alexandre*), à Milly (Oise) : une Charrue.

2169 *Mary*, à Saint-Rimault (Oise) : Toiles demi-hollande, provenant de lin filé à la main dans le pays.

2170 *Lemaire*, à Compiègne (Oise) : Serrures de sûreté.

2171 *Vilcoq*, à Brie-Comte-Robert (Seine-et-Marne) : un Tarare avec deux tiroirs servant à cribler toute espèce de grains.

2172 *Kœning*, à Meaux (Seine-et-Marne) : un Tarare pour cribler toute espèce de grains, un Coupe-racines perfectionné,

2173 *Fontenelle*, à Avon (Seine-et-Marne) : Machine propre à battre le blé avec deux tiroirs. Mention honorable en 1834.

2174 *Billard*, à Melun (Seine-et-Marne) : Carreaux, Briques angulaires et simples, Briques-socle figurées en bois.

2175 *Lebreton*, à Meaux (Seine-et-Marne) : Bottes et Souliers d'une confection toute particulière, et qui sont revêtus d'un enduit imperméable.

5

Nᶜˢ   MM.

2176 *Japuis (Adrien)* et *Japuis (Jean-Baptiste)*, à Claye (Seine-et-Marne) : Impressions sur tissus de coton et de fil pour ameublement. Médaille d'or en 1834.

2177 *Japuis (Jean-Marie)* aîné, à Claye (Seine-et-Marne) : Toiles imprimées.

2178 *Jolly* et *Godard*, à Paris (Seine-et-Marne) : Mouchoirs vignettes à festons, Foulards chamois, bleus et puce unis.

2179 *Morize*, à Melun, maison centrale de détention (Seine-et-Marne) : Articles de Serrurerie et de Quincaillerie.

2180 *Roch*, à Melun (Seine-et-Marne) : Un Dessus de table, Marqueterie en marbre de différentes couleurs avec sujet.

2181 *Briet*, à La Ferté-sous-Jouarre (Seine-et-Marne) : Bleu dit d'outre-mer.

2182 *Caille*, à Lieusaint (Seine-et-Marne) : Échantillons de laines. Médaille de bronze en 1834.

2183 *Beauvais*, à Gastins (Seine-et-Marne) : Échantillons de laine mérinos avec une partie de toison.

2184 *Garnot*, à Gastins (Seine-et-Marne) : Échantillons de laines mérinos.

2185 *Bealay*, à Limoges-Fourches (Seine-et-Marne) : Encaustique vernis pour les meubles, les marbres.

2186 *Mérat* et *Thavenot*, à Montereau (Seine-et-Marne) : Têtes de pipes coloriées et Stumels peints.

2187 *Ratier*, à Fay (Seine-et-Marne) : Échantillons de soie blanche.

2188 *Husson*, à Melun (Seine-et-Marne) : Perles façon anglaise, argentées et brutes.

2189 *Bournet*, à Fontainebleau (Seine-et-Marne) : Serrures avec leur panneau.

2190 *Auberge*, à Courquetaine (Seine-et-Marne) : Sappes, Faucilles.

2191 *Janet* et *Comp.*, à Nemours (Seine-et-Marne) : Échantillons de marbres, extrait des carrières de Treuxy, canton de Nemours ; Modèle de l'obélisque de Luxor ; Cheminées et Tablettes.

2192 *Linas* (de), à Fontainebleau (Seine-et-Marne) : Marbres extraits de la carrière dite Sainte-Marguerite, à Noisy, près Montereau, un Anneau en marbre, Colonne d'un seul morceau de donze pieds et demi, Cheminées variées, Balustrade, Modèles gothiques et divers Échantillons.

2193 *Fichet*, à Meaux (Seine-et-Marne) : Chariot-Chèvre.

2194 *Foin*, à Sens (Yonne) : Une Pompe rotative excentrique.

2195 *Hugues*, à Bordeaux (Gironde) : Semoirs et Sarcloirs.

2196 *Mothes* frères, à Bordeaux (Gironde) : Machine à battre, Coupe-paille, Coupe-racines.

2197 *Sterling*, à Bordeaux (Gironde) : Guindeau perfectionné, Vis de Redages.

N^{os}   MM.

2198 *Johnston (D.)*, à Bordeaux (Gironde) : Poteries fines.

2199 *Gateau* et *Déon*, à Sens (Yonne) : Cornets acoustiques, dits *Oreilles acoustiques.*

2200 *Masquelez*, à Rochefort (Charente-Inférieure) : Modèle d'une Machine à ébouer les routes.

2201 *Marx-Picard* et fils, à Nancy (Meurthe) : Un Schal brodé en soie au crochet, une Robe de chambre, et deux Robes de mousseline laine brodées en soie.

2202 *Boullard*, à Villeneuve-l'Archevêque (Yonne) : Plumes en cristal propres à écrire et à dessiner.

2203 *Gayrard* et *Lagrèze*, à Albi (Tarn) : Essences d'anis et d'absynthe.

2204 *Raoul*, à Guingamp (Côtes-du-Nord) : Pelotes et Écheveaux de fils retors.

2205 *Blaise (Armand)*, à Guingamp (Côtes-du-Nord) : Pelotes et Écheveaux de fils retors. Citation en 1834.

2206 *Ludger-Guéléot*, à Guingamp (Côtes-du-Nord) : Pelotes et Écheveaux de fils retors.

2207 *Côte-John*, à Guingamp (Côtes-du-Nord) : Cuirs de cheval et de génisse corroyés.

2208 *Leroy*, à Saint-Aubin-sur-Gaillon (Eure) : Une Charrue à un cheval.

2209 *Hérouard* frères, à La Couture (Eure) : Instruments de musique.

2210 *Martin*, à La Couture (Eure) : Instruments de musique. Médaille de bronze en 1834.

2211 *Jauson-Maurupt*, à Vitry-le-Français (Marne) : Une nouvelle Pompe à incendie avec une lance, vingt pieds de tuyaux, une clef et un tourne-vis.

2212 *Dufour*, à Bourth (Eure) : Épingles superfines.

2213 *Vallery*, à Saint-Paul-sur-Rille (Eure) : Bois de teinture triturés. Médaille d'argent en 1834.

2214 *Wulliamy*, à Nonancourt (Eure) : Laines filées. Médaille de bronze en 1834.

2215 *Buisson*, à Angerville (Eure) : Instruments aratoires.

2216 *Fouquet*, à Rugles (Eure) : Fils de cuivre et de laiton, Épingles peintes de Paris, etc. Médaille d'argent en 1834.

2217 *Tannery*, à Saint-Marcel (Eure) : Une Charrue en fer forgé.

2218 *Lucas* frères, à Reims (Marne) : Laines peignées, n°s 1 à 16, Laines cardées, n°s 9 à 12.

2219 *Charpentier* (Mlle), à Saint-Souplet (Marne) : Écheveaux de laine peignée, filée au petit rouet.

2220 *Rousseau*, à Épernay (Marne) : Instruments dits *Acuponcteurs.*

2221 *Lachapelle* et *Levarlet*, à Reims, (Marne) : Laines, chaînes n°s 1, 2, 3 et 4, chaîne, peignage non mécanique, n° 5; bobine de pei-

N°S   MM.

gnage mécanique, n°s 12, 13 et 14, contenant ensemble un échantillon des n°s précédents.

2222 *Picot*, à Châlons (Marne) : Feuilles de placage, Filets en bois, Album, Lithographies, etc.

2223 *Channosset* et *Compagnie*, à Châlons (Marne) : Laines peignées et cardées, n°s 1, 3 et 4, triples; n° 5, double; n°s 2, 6, 7 et 8, simples.

2224 *Barbat*, à Châlons (Marne) : Diverses Lithographies.

2225 *Pierquin-Grandin*, à Reims (Marne) : Flanelles lisses, croisées, dites *Bolivar*.

2226 *Caillez*, à Châlons (Marne) : Une Pompe pouvant aspirer et lancer cent litres d'eau par minute, ou seulement alimenter une pompe ordinaire; elle sert encore aux épuisements.

2227 *Bodelet*, à Brugny (Marne) : Poterie et Grès anglais.

2228 *Camu* fils et *Croutelle*, à Pontgirard (Marne) : Laine filée. Médaille d'argent en 1834.

2229 *Blouet* et *Compagnie*, à La Ferté-sous-Jouarre (Seine-et-Marne) : Deux meules à moulin.

2230 *Henriot* frère, sœur et *Compagnie*, à Reims (Marne) : Flanelles, Molletons, Bolivard, Mérinos, Mousseline, Tartan pour gilet, Satins brochés, Cachemires brochés, Châles damassés, kabyles. Médaille d'or en 1827; Rappel en 1834.

2231 *Buffet-Périn* oncle et neveu, à Reims (Marne) : Coating, Satins, Tricot athénien, Drap vert pour tapis.

2232 *Gueuvin*, *Bouchon* et *Compagnie*, à La Ferté-sous-Jouarre (Seine-et-Marne) : Deux Meules à moulins.

2233 *Givelet-Assy* et *H. Rollin*, à Reims (Marne) : Sibériennes, Satins, Cachemire, Châles kabyles.

2234 *Benoist-Malo* et *Compagnie*, à Reims (Marne) : Étoffes pour gilets, Stoffs, Fourrure et Mérinos double, Etoffes pour pantalons, Châles damassés. Médaille d'argent en 1834.

2235 *Riviert-Lefert*, à Reims (Marne) : Étamines à bluteaux.

2236 *Rohart* père et fils, à Reims (Marne) : Couvertures de laine.

2237 *Visneux*, à Aubilly (Marne) : Cric à vis non tournantes.

2238 *Houzeau* et *Velly*, à Reims (Marne) : Noir animal, Sulfate et Sel ammoniaque, Gélatine d'os, Phosphore, Huile d'eaux savonneuses et Savon de potasse et de soude. Médaille d'argent en 1834.

2239 *Blanchet*, à Reims (Marne) : Chasse ou battant mécanique pour tisser.

2240 *Lecler-Allart*, à Reims (Marne) : Flanelles.

2241 *Henriot* fils, à Reims (Marne) : Flanelles, Châles, Molletons. Médailles d'argent en 1827 et 1834.

2242 *Milon-Marquant*, à Beine (Marne) : Mousseline-laine et Laines peignées.

Nᵒˢ   MM.

2243 *Dauphinot-Pérard*, à Isles (Marne) : Mérinos. Médaille de bronze en 1834.

2244 *Lestournière*, à Pithiviers (Loiret) : Herse-rateau avec deux roues et ses divisions mobiles.

2245 *Quenard*, à Courtenay (Loiret) : Charrue perfectionnée.

2246 *Nouel de Buzonnière*, à Orléans (Loiret) : Dynamomètre chronométrique.

2247 *Cardon (Hippolyte)*, à Buges, près Montargis (Loiret) : Rouleaux de papier d'un seul bout et Papier goudronné.

2248 *Boullier*, à Sully-sur-Loire (Loiret) : Phloridine, nouvelle substance médicamenteuse contre les fièvres.

2249 *Léger-Francollin*, à Patay (Loiret) : Couvertures de laine blanches et vertes.

2250 *Potier* (le général comte de), à la Magnanerie de Lancy, près Montargis (Loiret) : Échevette de soie blanche.

2251 *Amelot de Chaillou* (le marquis), à la Magnanerie de Lamivoye (Loiret) : Une Échevette de soie blanche.

2252 *Lockhart*, à Orléans (Loiret) : Sorbetière à manivelle pour faire des glaces en peu de temps.

2253 *Guyon de Boullen* et *Comp.*, à Gien (Loiret) : Assiettes et autres objets en faïence façon anglaise, et Porcelaine opaque.

2254 *Loddé*, à Orléans (Loiret) : Piano perfectionné.

2255 *Fouqueau*, à Orléans (Loiret) : Un Billard avec table de nouvelle invention et des ornements nouveaux.

2256 *Dutheil*, à Orléans (Loiret) : Un Bureau bibliothèque à cylindre à quatre faces, en bois indigène et d'acajou.

2257 *Sautelet* jeune et *Comp.*, à Orléans (Loiret) : Objets en fonte ; une Tête de cheval, un buste d'homme, un Masque de Napoléon et une Statuette (le Temps).

2258 *Bérenger* et *Petit*, à Orléans (Loiret) : Échantillons de limes, râpes, etc. Médaille de bronze en 1834.

2259 *Carlier* et *Comp.*, à Olivet, près Orléans (Loiret) : Bonnets de coton sans couture, Calottes et Tricots.

2260 *Lavenarde-Bailly*, à Orléans (Loiret) : Robinet à gaz à plusieurs tuyaux pour porter le gaz alternativement dans les appartements.

2261 *Michel (Athanase)*, à Orléans (Loiret) : Nouveau fusil.

2262 *Valentin-Feau*, *Béchard* et *Comp.*, à Orléans (Loiret) : Bonnets orientaux.

2263 *Valentin-Feau* et *Béchard*, à Orléans (Loiret) : Tuiles polies sur deux faces et sur une seule face, un Carreau à 6 pans.

2264 *Monmonceau* frères, à Orléans (Loiret) : Échantillons divers de limes, râpes, etc. Médaille d'or en 1823 ; Rappel en 1827 et 1834.

N°⁵   MM.

2265 *Hazard* et *Bienvenu*, à Orléans (Loiret) : Draps de diverses couleurs et dimensions.

2266 *Latte*, à Château-Renard (Loiret) : Un modèle de mécanique appelée de *brayage à courroies mortes*. Citation en 1834.

2267 *Thory*, à Orléans (Loiret) : Formes à sucre, Coquilles et Pots.

2268 *Gilbert (Laurent)*, à Orléans (Loiret) : Formes à sucre, Briques réfractaires, Matras, Filtres, Cornues, Creusets et Piles. Médaille de bronze en 1823 ; Rappel en 1827 et 1834.

2269 *Michel (Jules)*, au Rondon, près Meung (Loiret) : Couvertures en laine verte et Draps de diverses qualités.

2270 *Perrault (Félix)*, à Orléans (Loiret) : Roues de nouvelle invention fabriquées avec le secours d'un cric-corne, un Soc, et une Forme à soc.

2271 *Porcher*, à Orléans (Loiret) : Noir animal de diverses qualités.

2272 *Paillet (Adolphe)*, à Orléans (Loiret) : Formes à sucre, Creusets et Poterie diverse.

2273 *Blanchet* frères et *Kléber*, à Rives (Isère) : Échantillons de papiers. Médaille de bronze en 1834.

2274 *Court (J.-D.)*, à Renage (Isère) : Échantillons de papiers.

2275 *Bréton* frères et *Comp.*, à Pont-de-Claix (Isère) : Échantillons de papiers.

2276 *Berthaud* fils, à Vienne (Isère) : Draps satin noir, cuir-laine, noir anglais, satin fourré.

2277 *Moniguet*, à Vienne (Isère) : Draps cuir-laine, alpagas, castorines.

2278 *Rigat*, à Vienne (Isère) : Draps cuir-laine.

2279 *Gabert* fils aîné et *Genin*, à Vienne (Isère) : Draps cuir-laine. Médaille de bronze en 1834.

2280 *Poix-Coste* et *Dervieux*, à Vienne (Isère) : Draps cuir-laine.

2281 *Grenier* père et fils, à Vienne (Isère) : Draps cuir-laine et Laines peignées et cardées.

2282 *Badin* père et *Lambert*, à Vienne (Isère) : Draps cuir-laine et castorine. Médaille d'argent en 1823 ; Rappel en 1827 et 1834.

2283 *Gabert* fils aîné, à Vienne (Isère) : Draps divers, alpagas. Médaille de bronze en 1834.

2284 *Guillot* aîné, *Chapot (Aug.)* et *Comp.*, à Vienne (Isère) : Draps cuir-laine et double, croisé.

2285 *Bourjat*, à Lacrouche (Isère) : Peaux de veaux et de moutons chamoisées.

2286 *Jouffray* et *Dermet*, à Vienne (Isère) : Cabriolet de scie, Machine appropriée pour les moulins à blé, plus un Appareil de machine.

2287 *Blanchet* frères, à Tullins (Isère) : Échantillons d'acier. Médaille de bronze en 1834.

Nᵒˢ   MM.

2288 *Durand (Charles)*, à Rioupéroux (Isère) : Échantillons de fers faits avec des fontes. Médaille d'argent en 1834.

2289 *Giroud* père, à Allevard (Isère) : Échantillons de fontes. Médaille d'argent en 1834.

2290 *Gourju*, à Rives (Isère) : Échantillons d'acier martelé et Filières. Médaille de bronze en 1834.

2291 *Vial (Auguste)* fils, à Renage (Isère) : Baguettes, Carreaux et Barres d'acier.

2292 *Cournier*, à Crolles (Isère) : Échantillons de soie grège.

2293 *Farconnet (Régis)*, à Saint-Bonnet-de-Chavannes (Isère) : Une Machine pour l'éducation des vers à soie.

2294 *Gueymard (Émile)*, à Grenoble (Isère) : Échantillons de soie.

2295 *Landini (Victor)*, à Grenoble (Isère) : Gélatine, Colle-forte, Noir animal et noir d'imprimeur.

2296 *Sapey (Charles)*, à Vizille (Isère) : Poudre minérale pour la fabrication du papier.

2297 *Allire-Bouhon*, à Chatte (Isère) : Une Machine pour filer la soie.

2298 *Mesny* et *Favard*, à Vienne (Isère) : Savon gélatineux diaphane.

2299 *Chilliard (Célestin)*, à Brezins (Isère) : Un Échantillon de fécule de pommes de terre.

2300 *Blanc (Alphonse)*, à Grenoble (Isère) : Cordes sans bout.

2301 *Durand (Charles)*, à Rioupéroux (Isère) : Tôles et fers laminés.

2302 *Jouvin (Xavier)*, à Grenoble (Isère) : Gants en peau et instruments pour les tailler.

2303 *Perrucat (Charles)*, à Grenoble (Isère) : Gants en peau.

2304 *Mallon (Auguste)*, à Grenoble (Isère) : Gants en peau.

2305 *Primat* fils et *Comp.*, à Grenoble (Isère) : Gants en peau.

2306 *Boffard (Emmanuel)*, à Montferrat (Isère) : Un Rayeur de pré.

2307 *Breton* père et fils, à Pont-de-Clair (Isère) : Un Coupe-chiffons, un Volant en fonte.

2308 *Sapey (Victor)*, à Grenoble (Isère) : Un Buste de Vaucanson en marbre du Valsenestre.

2309 *Frère-Jean (Victor)*, à Pont-l'Évêque, près Vienne (Isère) : Feuilles de Tôles, Fonds de chaudières, Échantillons de fer fin, une Coupe ou Baquet de cuivre rouge. Médaille d'or en 1827 ; Rappel en 1834.

2310 *Charrut (Hippolyte)*, à Grenoble (Isère) : Ciseaux excentriques destinés à la coupe des feuilles du mûrier.

2311 *Bergeon*, à Bordeaux (Gironde) : Essieu perfectionné.

2312 *Capdeville*, à Budos (Gironde) : Huile de colza.

2313 *Aguila*, à Bordeaux (Gironde) : Une Chèvre pour enfoncer et retirer les pieux.

N°   MM.

2314 *Bonneau*, à Bordeaux (Gironde) : Carbonate de potasse (cendre gravelée).

2315 *Festugières*, à Lugos (Gironde) : Chaîne-câble en fil de fer brasé.

2316 *Debergue, Desfrieches* et *Gillotin*, à Lisieux (Calvados) : Rots ou peignes à tisser.

2317 *Larreillet (Dominique)*, à Ischoux (Landes) : Fers en barre.

2318 *Muret-de-Bord*, à Châteauroux (Indre) : Draps cuir-laine. Médaille d'argent en 1823; Rappel en 1827 et 1834.

2319 *Compagnie* (la) *des Forges de Framont*, commune de Grandfontaine (Vosges) : Feuilles de tôle de différentes dimensions et un Tambour en fonte tourné pour filatures. Médaille de bronze en 1834.

2320 *Falatieu* (le baron), à Bains (Vosges) : Feuilles de fer-blanc brillant et Bottes de fil de fer. Médaille d'argent en 1823 ; Rappel en 1834 ; en 1827, Médaille d'or et Rappel en 1834 pour les fils de fer.

2321 *Muel (Gustave)*, à Sionne (Vosges) : Persiennes en fer.

2322 *Marque* frère, à Lahutte, commune d'Hennezel (Vosges) : Limes et Râpes.

2323 *Marquiset (Achille)*, à Éloges (Vosges) : Pointes à la mécanique de différentes dimensions, un Régulateur de vannes et une nouvelle Pompe pour le mouillage des cannettes de tissage.

2324 *Ferry* et *Comp.*, à Épinal (Vosges) : Couverts en palladium, en métal ferré, en métal algérien ferré, et Squelette de couvert.

2325 *Boullangier* fils, à Darney (Vosges) : Couverts en fer battu.

2326 *Paulon* et *Bressoa*, à Darney (Vosges) : Couverts et poche en fer battu.

2327 *Michaut* frères, à Laval (Vosges) : Papiers divers.

2328 *Nivet* aîné et *Comp.*, à Vraichamp, commune de Docelles (Vosges) : Échantillons de papiers.

2329 *Seillière (A.-B.), Provensal* et *Comp.*, à Senones (Voges) : Cotons filés, n. 30 à 330 ; Calicots. Médailles d'argent en 1823 et 1834.

2330 *Cabasse* frères, à Remiremont (Vosges) : Calicots.

2331 *Dupas* frères, à Mirecourt (Vosges) : Échantillons de dentelles.

2332 *Aubry Febvrel*, à Mirecourt (Vosges) : Dentelles variées. Médaille de bronze en 1834.

2333 *Belfoy* fils, à Mirecourt (Vosges) : Dentelles variées.

2334 *Lété*, à Mirecourt (Vosges) : Deux Orgues d'église. Médaille d'argent en 1823.

2335 *Leroux* aîné, à Mirecourt (Vosges) : Flûtes, Clarinettes et un Hautbois.

2336 *Derazey*, à Mirecourt (Vosges) : une Basse, quatre Violons et un Alto.

Nᵒˢ   MM.

2337 *Goudot-Mollot*, à Mirecourt (Vosges) : un Violon, un Alto et une Basse.

2338 *Buthod*, à Mirecourt (Vosges) : une Basse, un Alto et sept Violons.

2339 *Thouvenel*, à Mirecourt (Vosges) : une Vielle à bateau.

2340 *Coffe*, à Mirecourt (Vosges) : Guitares. Médaille de bronze en 1834.

2341 *Anciaume*, à Mirecourt (Vosges) : Guitares.

2342 *Ferry*, à Mirecourt (Vosges) : une Guitare et autres, trois Flûtes et une Clarinette.

2343 *Durand*, à Ronceux (Vosges) : Charrue perfectionnée reproduisant le système de la charrue *Grangé*.

2344 *L'Huilier*, à Remiremont (Vosges) : Pompe à incendie lançant par minute 350 litres d'eau à la hauteur de 100 pieds.

2345 *la Société anonyme des marbres des Vosges*, à Épinal (Vosges) : Colonnes de marbre-Napoléon, Tablettes et Echantillons de marbres divers. Médaille de bronze en 1834.

2346 *Fabrique (la) de produits chimiques*, à Épinal (Vosges) : Acides sulfurique et tartrique; Soude brute et artificielle; Carbonate de soude, Sulfate de soude et de zinc, Chlorure de chaux, Echantillons de manganèse provenant des mines du département.

2347 *Simonin* et *Tocquaine*, à Remiremont (Vosges) : Sulfate de magnésie.

2348 *Maulbon-d'Arbaumont*, à Épinal (Vosges) : Un Diagographe servant à écrire facilement en voyage, soit à pied ou à cheval, soit en voiture, le jour ou la nuit.

2349 *Vétillart* père et fils, au Mans (Sarthe) : Toiles et Fils retors.

2350 *Berger-Deleinte*, à Fresnay (Sarthe) : Toiles.

2351 *Geslin (François)*, à Fresnay (Sarthe) : Toiles.

2352 *Livache (Joseph)*, à Fresnay (Sarthe) : Toiles.

2353 *Goupille (Constant)*, à Fresnay (Sarthe) : Toiles. Médaille de bronze en 1834.

2354 *Souchu (Toussaint)*, à Bouloire (Sarthe) : Toiles de cordier.

2355 *Fourché* et *Salmon*, au Mans (Sarthe) : Couvertures de laine.

2356 *Perrochel (Maximilien de)*, à Saint-Aubin-de-Locquenay, près Fresnay (Sarthe) : Toiles.

2357 *Billon (Jacques)*, à Fresnay (Sarthe) : Toiles.

2358 *Laudeau* frères, à Sablé (Sarthe) : Marbre noir.

2359 *Grison (Paul)*, à René (Sarthe) : Un Fusil simple et deux Serrures.

2360 *Rivemale (Pierre)*, à Sainte-Affrique (Aveyron) : Echantillons de draperie de diverses qualités.

2361 *Muret*, *Solanet* et *Palargié* frères, à Saint-Geniez (Aveyron) : Echantillons de draperie de diverses qualités.

2362 *Daures* fils, à Rhodez (Aveyron) : Chandelles perfectionnées.

5[*]

Nᵒˢ   MM.

2363 *Acquier (François)* et *Comp.*, à Rhodez (Aveyron) : Chandelles perfectionnées.

2364 *Mazars*, à Rhodez (Aveyron) : Chandelle perfectionnée sans odeur de suif.

2365 *Benoît* jeune, à Rhodez (Aveyron) : Couteaux de différents genres.

2366 *Houssin*, à Villefranche (Aveyron) : Échantillons de marbres provenant des carrières récemment découvertes dans les arrondissements de Rhodez, Espalion et Villefranche.

2367 *Compagnie (la) des houillères et fonderies de l'Aveyron*, à Decazeville (Aveyron) : Rails pour chemins de fer, et Coussinets.

2368 *Abat, Morlière et Comp.*, à Pamiers (Ariège) : Aciers divers et Limes. Mention honorable en 1819 ; Médaille d'argent en 1823 ; Rappel en 1827 ; Confirmation en 1834.

2369 *Dastis* et fils, à Lavelanet (Ariège) : Draps divers. Médaille de bronze en 1819 ; Rappel en 1823 ; Médaille d'argent en 1834.

2370 *Debuchy (François)*, à Lille (Nord) : Coutils et Tissus pour pantalons. Médaille de bronze en 1834.

2371 *Malmazet* aîné, à Lille (Nord) : Plaques et Rubans pour carder les déchets de laine les plus grossiers jusqu'au duvet de chèvre, depuis le n. 3 jusqu'au n. 32, et pour carder le coton dans tous les numéros. Médaille d'argent en 1834.

2372 *Harding (Thomas)*, à Tourcoing (Nord) : Peignes en acier fondu pour le peignage de la laine et du lin ; *Gills*, ou petits peignes en acier fondu, servant dans les machines préparatoires de la filature du lin ; Rubans de *cardes à pointes* pour étoupes et laines.

2373 *Dupont (Louis)*, à Landas (Nord) : Fil de lin filé au rouet et employé pour les tissus de batiste et les dentelles.

2374 *Charvet (Henri)*, à Lille (Nord) : Coutils, Fils façonnés en dessins variés.

2375 *Roussel* frères et *Requillard*, à Tourcoing (Nord) : Tapis en laine dits *Moquettes*, de dessins variés. Mention honorable en 1827.

2376 *Yon (Adolphe)*, à Lille (Nord) : Fil de Chine n. 60 à 600, représentant un n. 40 à 200 métriques.

2377 *Vernus*, à Valenciennes (Nord) : Foyer calorifère à courant d'air et à régulateur.

2378 *Laurent-Defrocourt*, à Lille (Nord) : Tulle-laine ; Échevettes de laine-cachemire.

2379 *Villepin (de)*, à Masnières (Nord) : Bouteilles et autres verreries.

2380 *Pluquet (Édouard)*, à Lannoy (Nord) : Courte-pointe en coton piqué. Mention honorable en 1834.

2381 *Vantroyen-Cuvelier et Comp.*, à Lille (Nord) : Cotons filés simples et retors. Médaille d'or en 1834.

2382 *Courmont*, à Wazemmes (Nord) : Cotons filés n. 200 et 250.

2383 *Liénard-Plays*, à Hem (Nord) : Satin ouvragé fil et soie.

Nᵒˢ   MM.

2384 *Desmont*, à Millonfosse (Nord) : Une Charrue perfectionnée. Mention honorable en 1834.

2385 *Defontaine-Cuvelier*, à Tourcoing (Nord) : Coupe de tissus, chaîne et trame en fil de lin variées par couleur et disposition.

2386 *Vasseur*, à Anzin (Nord) : Rail, Barres de fer-tôle à chaudière, Coussinets.

2387 *Carlos-Florin*, à Roubaix (Nord) : Laines filées nᵒˢ 52, 72, 80.

2388 *Degrandel*, à Roubaix (Lille) : Étoffes de laine damassées, Broderies pour calottes.

2389 *Wacrenier-Delvinquier*, à Roubaix (Nord) : Damassé-laine, laine et soie, laine et coton et pur fil. Médaille de bronze en 1834.

2390 *Lecapitaine*, à Lille (Nord) : Un Pendule.

2391 *Pilat*, à Valenciennes (Nord) : Vernis copal et autres.

2392 *Jolly* et *Godard*, à Cambrai et Valenciennes (Nord) : Batistes.

2393 *Lefebvre (Théodore)* et *Comp.*, aux Moulins (Nord) : Céruse, Blanc de plomb en écailles. Médaille d'argent en 1834.

2394 *Leblanc* et *Comp.*, à Prémesques (Nord) : Fils et Tissus de lin.

2395 *Charvez (André)* et *Fevez*, à Loos, près Lille (Nord) : Calicots et Jaconas imprimés, Tissu de laine imprimé.

2396 *Scrive* frères, à Lille (Nord) : Rubans et Plaques pour cardage de laine, coton, étoupes de lin. Médaille de bronze en 1823 ; Médaille d'argent en 1827 ; Médaille d'or en 1834.

2397 *Tierce-Cambrai*, à Lille (Nord) : Cylindres de pression en cuir.

2398 *Delattre (Henri)*, à Roubaix (Nord) : Stoffs et Damassés.

2399 *Debuehy (Désiré)*, à Tourcoing (Nord) : Satins façonnés fil, soie et coton pour pantalons, Tissus fil de lin, Draps d'été, Étoffes jaspées, Coutils. Médaille de bronze en 1827 ; Rappel en 1834.

2400 *Lefebvre-Horrent*, à Roubaix (Nord) : Linge de table damassé et Tissus fil de lin.

2401 *Vantenkiste*, dit *Dorus*, à Valenciennes (Nord) : Amidon.

2402 *Potalier* cousins, à Roubaix (Nord) : Tissus pour gilets et nouveautés, Cachemire d'été.

2403 *Dessaint-Florin* (madame veuve), à Roubaix (Nord) : Échantillons de stoff.

2304 *Ternynck* frères, à Roubaix (Nord) : Étoffes fil et laine, fil de lin, Satin fil.

2405 *Cox (Edmond)* et *Comp.*, à la Louvrière, près Lille (Nord) : Cotons filés fins, simples, écrus, retors et blanchis.

2406 *Delloye, Jourdan* aîné et *Lelièvre*, à Cambrai (Nord) : Toiles de lin et Toiles de coton.

2407 *Prus-Grimonprez*, à Roubaix (Nord) : Damassés-laine, laine et soie, laine et coton, et bordures. Médaille de bronze en 1834.

N^{os}   MM.

2408 *Cordonnier* (madame veuve), à Roubaix (Nord) : Casimirs laine.

2409 *Tribouillet* et *Comp.*, à Saint-Amand et Tourcoing (Nord) : Graisse extraite des eaux provenant du lavage des laines, Tourteau extrait des mêmes eaux, Savon jaune.

2410 *Lejeune* et *Comp.*, à Roubaix (Nord) : Laine filée en couleurs.

2411 *Kuhlmann* frères, à Loos (Nord) : Produits chimiques.

2412 *Dervaux* aîné, à Roubaix (Nord) : Casimirs, Lastings et Lustrines pour apprêt et teinture.

2413 *Delannoy* (*Jules*), à Cambrai (Nord) : Lustrines pour apprêt et teinture.

2414 *Lepoutre-Roussel* (madame veuve), à Roubaix (Nord) : Couvre-lit.

2415 *Bulteau* et *Comp.*, à Roubaix (Nord) : Articles en coton.

2416 *Ribaucourt-Notte*, à Roubaix (Nord) : Casimirs-laine.

2417 *Dazin* fils aîné, à Roubaix (Nord) : Tissus façonnés fil et coton.

2418 *Tesse-Petit*, à Lille (Nord) : Coton filé. Médaille d'argent en 1834.

2419 *Wattinne-Bredart* (madame veuve), à Roubaix (Nord) : Satins-cotons.

2420 *Boca* frères, à Valenciennes (Nord) : Sucre raffiné.

2421 *Screpel-Louage*, à Roubaix (Nord) : Tissus pour gilets.

2422 *Faure*, à Wazemmes (Nord) : Blanc de céruse en poudre et pain de céruse. Mention honorable en 1834.

2423 *Dewavrin* (*Anselme*), à Tourcoing (Nord) : Étoffes fil-coton.

2424 *Roy* (*Blimond*), à Saint-Blimond (Somme) : Serrures à secret.

2425 *Dacheux* (*Jean-Baptiste*), à Boisrault (Somme) : Un Instrument aratoire servant à butter les pommes de terre en extirpant les herbes qui peuvent se trouver entre les ligues.

2426 *Facquet*, à Vergies (Somme) : Laines peignées.

2427 *Tavernier Obry* et *Comp.*, à Prouzel (Somme) : Papiers divers.

2428 *Cailleux* (madame veuve) et *Lannoy*, à Amiens (Somme) : Étoffes diverses, Satin *Lavaubulière*, *Taglioniennes*, Mousselines satinées, Satins damassés, Bombazine.

2429 *Beauger* et *Wier* frères, à Belloy-sur-Somme (Somme) : Tapis, Moquette et autres.

2430 *Bodelet Lacroix*, à Bellevue-Bertangles (Somme) : Briques réfractaires.

2431 *Trasimed Leroux*, à Amiens (Somme) : Café-chicorée.

2432 *Debaussaux*, à Amiens (Somme) : Réfrigérant propre au refroidissement de la bière.

2433 *Leclerc* (*Didier*), à Roisel (Somme) : Tissus de coton avec dessins à la *Jacquart* et autres. Cité en 1834.

2434 *Chamary* (*Auguste-Charlemagne*), à Esmery-Hallon (Somme) : Lampe-réveil.

Nᶜˢ   MM.

2435 *Fevez Desiré* et *Comp.*, à Amiens (Somme) : Étoffes diverses, *Éolien-nes*, Robes brodées, *Taglioniennes*, etc.; Satin-laine, Robes brodées.

2436 *Ponche-Bellet*, à Amiens (Somme) : Étoffes diverses, *Éoliennes*, Ta-bliers, Bombazine.

2437 *Administration* (l') *des Mines de Bouxwiller* (Bas-Rhin) : Aluns, Sulfate de fer, Vitriol, Sel ammoniac, Muriate et Carbonate d'am-moniaque, Prussiate de potasse cristallisé, Phosphate de soude, Rouge d'Angleterre, Noir d'os, Colle d'os, Bleu de Prusse, Bleu mi-néral. Médaille d'argent en 1823 ; Rappels en 1827 et 1834.

2438 *Maire (Charles)*, à l'île du Wacken, banlieue de Strasbourg (Bas-Rhin) : Sel de saturne.

2439 *Lantzenberg (L.)* et *Comp.*, à Strasbourg (Bas-Rhin) : Maroquins divers et Peaux d'âne apprêtées.

2440 *Emmerich* et *Gœrger* fils, à Strasbourg (Bas-Rhin) : Peaux maroqui-nées. Médaille d'argent en 1823 ; Rappel en 1834.

2441 *Reinhardt (J.M.)*, à Strasbourg (Bas-Rhin) : Moulin à cylindre de moyenne grandeur, autre Moulin à cylindre, destiné à être mu à bras, deux petites Meules en pierre.

2442 *Goldenberg (G.)* et *Comp.*, à Zornhoff (Bas-Rhin) : Aciers, Ressorts et Scies, Outils, Armes blanches. M. de Guaita, ancien propriétaire des usines de Zornhoff, a obtenu une Médaille de bronze en 1827, et une Médaille d'argent en 1834.

2443 *Coulaux* aîné et *Comp.*, à Molsheim (Bas-Rhin) : Aciers, Limes et Râpes, Ressorts et Scies, Faulx et Outils, Outils de toute espèce. Médaille d'argent en 1806 et 1819; Médailles d'or en 1823, 1827; Rappel en 1834.

2444 *Heiligenthal* et *Comp.*, à Strasbourg (Bas-Rhin) : Ornements et Sta-tues d'architecture en mastic-pierre.

2445 *Klotz (Antoine)*, à Strasbourg (Bas-Rhin) : Panneaux de parquet.

2446 *Silbermann (G.)*, à Strasbourg (Bas-Rhin) : Deux Presse, connues, l'une sous le nom de presse *Hagar*, et l'autre sous celui de presse *Dingler*; plusieurs pièces d'Impression polychrome se distinguant par la variété des couleurs.

2447 *Rollé (Frédéric)* et *Schwilgué*, à Graffenstaden (Bas-Rhin) : Balan-ces-bascules triangulaires, du calibre de 750 kil., et dont l'une, avec plateau, à l'usage des houillères; Balance à table, dite de ménage; Pompe rotative, dite à *Hotte*, sans piston et à manivelle; Crics et Presse à timbre sec. Médaille de bronze en 1823 ; Médaille d'argent en 1827 et 1834.

2448 *Bourguignon* et *Schmidt*, à Bischwiller (Bas-Rhin) : Draps brun et noir. Mention honorable en 1834, pour fabrication de gants de laine.

2449 *Ruef* et *Bicard*, à Bischwiller (Bas-Rhin) : Drap bleu et drap cuir-laine.

Nᵉˢ   MM.

2450 *Greinier* et *Kuntzer*, à Bischwiller (Bas-Rhin) : Drap cuir-laine, Drap noir et Drap d'été.

2451 *Simon* fils, à Strasbourg (Bas-Rhin) : Dessins au crayon et à la plume. Gravures sur pierre, Carte topographique, Feuilles imprimées en couleur *Chriptogame*, etc., Lithographies tirées en plusieurs couleurs à la fois, Écritures autographiques.

2452 *Drant*, à Haguenau (Bas-Rhin) : Une Sphère elliptique.

2453 *Seib (Adam)*, à Strasbourg (Bas-Rhin) : Tapis cirés, Calicot ciré élastique, Toiles cirées, Percale élastique pour manteaux. Médaille de bronze en 1834.

2454 *Roswag (A.)*, à Schelestadt (Bas-Rhin) : Tissus métalliques, Toiles métalliques à l'usage des papeteries mécaniques, Cylindres égoutteurs destinés au même usage. Médaille d'argent en 1806 ; Rappel en 1819 ; Médaille d'or en 1823 ; Rappels en 1827 et 1834.

2455 *Michy (Denis-Augustin)*, à Montmorency (Seine-et-Oise) : Serrure de sûreté adaptée à une boîte de bois ; la même, en petit, à une tabatière.

2456 *Biétry (Laurent)*, à Vilpreux (Seine-et-Oise) : Tissus fils de cachemire. Mention honorable en 1823 ; Médaille d'argent en 1827, et Médaille d'or en 1834.

2457 *Boulig (Louis François)*, à Rueil (Seine-et-Oise) : Modèle d'un lavoir à foulon roulant.

2458 *Langevin* et *Comp.*, à La Ferté-Alais (Seine-et-Oise) : Échantillons de bourres de soies filées. Médaille d'argent en 1834, à MM. Wats-Wriglay et Comp., précédents propriétaires de l'établissement.

2459 *Piret (Jean-Baptiste)*, à Neauphle-le-Château (Seine-et-Oise) : Charrue légère à un cheval.

2460 *Girard*, à Chevreuse (Seine-et-Oise) : Châles cachemire, façon indienne, au fuseau. Médaille d'argent en 1827 ; Médaille d'or en 1834.

2461 *Tissot (Féréol)*, à Ville-d'Avray (Seine-et-Oise) : Quatre Modèles : 1° suspension de cloches, 2° machine à battre les pieux, 3° machine hydraulique, 4° girouette à mouvement libre.

2462 *Dubois (François)* et *Noiron*, à Versailles (Seine-et-Oise) : Parquets mosaïques.

2463 *Benoit (A.)* et *Comp.*, à Versailles (Seine-et-Oise) : Montres terminées et Montres en fabrication, divers autres produits d'horlogerie. Médaille d'argent en 1834.

2464 *Dumonthier (Joseph-Célestin)*, à Houdan (Seine-et-Oise) : Ciseaux à branches-mailchort, Couteaux-verroux de sûreté.

2465 *Rabourdin (Antoine)*, à Villacoutbay, commune de Velizy (Seine-et-Oise) : Charrue à bascule et à brisure.

2466 *Pfeiffer (Emile)* et *Comp.*, à Versailles (Seine-et-Oise) : Pianos présentant un nouveau moyen de faciliter l'accord.

Nᶜˢ   MM.

2467 *Rigaux*, au Pecq (Seine-et-Oise) : Métier à tricot, dit *Métier français*.

2468 *Vernier*, à Beaumont (Seine-et-Oise) : Machine à tamiser la fécule.

2469 *Cherrier (Prosper-Adolphe-Léon)*, à Bièvre (Seine-et-Oise) : Gravures sur bois.

2470 *Gaigneau* frères, à Essonne (Seine-et-Oise) : Laines filées.

2471 *Lhoste (Henri)*, à Corbeil (Seine-et-Oise) : Veaux cirés.

2472 *Huard* frères, à Versailles (Seine-et-Oise) : Chronomètres, Montres, Ebauches et pièces d'horlogerie. Médaille en bronze en 1834.

2473 *Marchon (Alexis-Aimable)*, à Étampes (Seine-et-Oise) : Machine à épurer les grains, Machine à battre le beurre.

2474 *Poquet*, à Étampes (Seine-et-Oise) : Cordages en chanvre, en fils de fer et en laiton.

2475 *Delbut* et *Comp.*, à Saint-Germain (Seine-et-Oise) : Échantillons de cuirs. Médaille de bronze en 1834.

2476 *Baudry (A.)*, à Athis-Mons (Seine-et-Oise) : Six bottes d'acier.

2477 *Papeterie (la) de la société anonyme d'Echarcon* (Seine-et-Oise) : Papiers de différentes natures et qualités. Médaille d'or en 1834.

2478 *Menet (Henri)* et *Comp.*, à Essonnes (Seine-et-Oise) : Papiers divers.

2479 *Metcalfe (J.-D.)*, à Meulan (Seine-et-Oise) : Cardes pour laine et coton. Médaille de bronze en 1823 ; Médaille d'argent en 1827 et 1834.

2480 *Jacot (A.)*, à Versailles (Seine-et-Oise) : Deux Chronomètres, une Montre et un Nécromètre.

2481 *Parot (J.-A.)*, à Saint-Germain (Seine-et-Oise) : Sécateurs, Grattoirs, Outils de graveurs, etc.

2482 *Ducrocq (C.)*, à Roissy (Seine-et-Oise) : Charrue à double versoir.

2483 *Gueret* et *Hervis*, à Roissy (Seine-et-Oise) : Deux Herses tricycles et une pièce de rechange pour la herse n. 2.

2484 *Lucas*, à Versailles (Seine-et-Oise) : Grelin en laiton fabriqué pour le palais de Versailles, Echelle en aloës sans nœuds, Soudure d'un vieux grelin, Différents nœuds de cordes.

2485 *Dupré (L.)*, au Pecq (Seine-et-Oise) : Pains de céruse. Médaille de bronze en 1827 et 1834.

2486 *Camille Beauvais*, aux Bergeries de Senart (Seine-et-Oise) : Échantillons de soie blanche. Médaille d'argent en 1834.

2487 *Blum (A.)* et *Comp.*, à Épinac (Saône-et-Loire) : Bouteilles de différents calibres.

2488 *Revillon*, à Mâcon (Saône-et-Loire) : Un Pressoir cylindrique à vin.

2489 *Batillat*, à Mâcon (Saône-et-Loire) : Sulfate de chaux pour la fabrication du papier.

2490 *Auroy Millerand*, à Marcigny (Saône-et-Loire) : Linge de table,

N.ˢ   MM.

Nappes dalhia, et autres serviettes à thé et autres, Mouchoirs damassés. Médaille de bronze en 1834.

2491 *Mazille-Perrier*, à Marcigny (Saône-et-Loire) : Nappes et Serviettes damassées.

2492 *Saski*, à Châlons-sur-Saône (Saône-et-Loire) : Un Fourneau économique, modèle en bois.

2493 *Selligue*, à Saint-Léger-du-Bois (Saône-et-Loire) : Schistes bitumineux, Bitume liquide, Matière grasse provenant des schistes, Huile fine pour l'éclairage direct, Bougie provenant de produits bitumineux, Goudron minéral solide et Huile volatille.

2494 *Brosson* frères, à Vichy (Allier) : Bi-carbonate.

2495 *Rousseau (Pierre)*, à Fresnay (Sarthe) : Toiles de lin. Mention honorable en 1834.

2496 *Mullier*, au Mans (Sarthe) : un Coupe-paille, un Coupe-racines.

2497 *Perrochel (Maximilien de)*, à Saint-Aubin-de-Locquenay (Sarthe) : Une Cheminée et une Tablette de marbre indigène.

2498 *Peugeot* frères aînés, à Hérimoncourt (Doubs) : Quincaillerie, Scies et autres objets en acier. Médaille d'argent en 1823 ; Rappel en 1827.

2499 *Dartois* et *Paget*, à Besançon (Doubs) : Trois Pendules encadrées, l'une avec musique ; un Baromètre.

2500 *Plantié* et *Comp.*, à Louhossoa (Basses-Pyrénées) : Pâte simple de kaolia, Pâte composée et Email à porcelaine.

2501 *Lombré* et fils aîné de Nay, à Mirepeix (Basses-Pyrénées) : Une coupe de calicot d'un mètre de largeur, Toile unie en fil de lin.

2502 *Noulibos*, à Pau (Basses-Pyrénées) : Linge de table, Mouchoirs.

2503 *Bégué (Félix)*, à Pau (Basses-Pyrénées) : Linge de table ouvré et damassé. Mention honorable en 1834.

2504 *Talabot (Léon)* et *Comp.*, à Toulouse (Haute-Garonne) : Faux, Limes et Râpes.

2505 *Grossinger*, à Lyon (Rhône). Meules de Guimpier.

2506 *Godemar* et *Meynier*, à Lyon (Rhône) : Velours étoffes de soie façonnées et brochées, Machine à brocher.

2507 *Julin* et *Achard*, à Lyon (Rhône) : Cardes pour le coton, la laine et la soie.

2508 *Ollat* et *Desvernay*, à Lyon (Rhône) : Châles en velours, Écharpes en soie, Foulards, Cravates et autres étoffes de soie. Rappel de Médaille d'or en 1834.

2509 *Girard* et *Accary*, à Lyon (Rhône) : Couvertures en coton.

2510 *Grillet* aîné, à Lyon (Rhône) : Châles brochés et imprimés. Médaille d'argent en 1834, sous la raison *Grillet* et *Trotton*.

2511 *Fournel (Victor)*, à Lyon (Rhône) : Étoffes de soie pour ameublements, Coussin tout monté.

Nos   MM.

2512 *André* jeune, à Perigny (Charente-Inférieure) : Charrues diverses, Extirpateur à cinq socs avec sa herse, Coupe-racines, Flottes de soie et Chapelets de cocons. Médaille de bronze en 1834.

2513 *Salmon* (*Alexandre*), à Tarare (Rhône) : Mousselines unies et brochées.

2514 *Gaveaux*, à Paris, rue Traverse, n. 15 : Tondeuse longitudinale.

2515 *Girard* neveu, à Lyon (Rhône) : Châles et Gilets en velours.

2516 *Leutner et Comp.*, à Tarare (Rhône) : Mousselines unies, brodées et brochées. Médaille d'or en 1819 ; Rappel en 1823, 1827 et 1834.

2517 *Vigezzi-Riva et Dominelly*, à Lyon (Rhône) : Machine pour le moulinage des soies grèges.

2518 *Mathevon et Bouvard*, à Lyon (Rhône) : Étoffes brochées pour ameublement. Médaille d'or en 1834.

2519 *Alexandre*, à Lyon (Rhône) : Soie grège.

2520 *Moras et Dauphin*, à Lyon (Rhône) : Châles brochés.

2521 *Eymard, Drevet et Comp.*, à Lyon (Rhône) : Étoffes façonnées soie, laine et coton.

2522 *Bonnot et Moreau*, à Lyon (Rhône) : Châles brochés.

2523 *Thevenin*, à Lyon (Rhône) : Fers pour fabriquer le velours et la peluche.

2524 *Lambert, Franchet et Comp.*, à Lyon (Rhône) : Étoffes de soie façonnées.

2525 *Ricard et Zacharie*, à Lyon (Rhône) : Velours façonnés.

2526 *Potton, Crozier et Comp.*, à Lyon (Rhône) : Étoffes de soie façonnées. Médaille d'argent en 1834.

2527 *Vidalin*, à Lyon (Rhône) : Étoffes diverses. Médaille d'argent en 1834.

2528 *Boyriven et Gelot*, à Lyon (Rhône) : Châles brochés. Médaille de bronze en 1834.

2529 *Amblet*, à Lyon (Rhône) : Étoffes de soie brochées.

2530 *Villard*, à Lyon (Rhône) : Plantes en métal.

2531 *Servant et Ogier*, à Lyon (Rhône) : Étoffes pour gilets et cravates, Machine à brocher. Médaille d'argent en 1834.

2532 *Maurier et Bernard* (*Antoine*), à Lyon (Rhône) : Velours et Satins.

2533 *Bourcier* (*Jules*) et *Morel*, à Lyon (Rhône) : Métier mécanique pour le filage de la soie.

2534 *Pagès* (*Charles*) et *Comp.*, à Lyon (Rhône) : Châles longs.

2535 *Guimet*, à Lyon (Rhône) : Bleu d'outre-mer factice. Médaille d'or en 1834.

2536 *Chabert*, à Lyon (Rhône) : Peignes métalliques pour la toilette.

Nos   MM.

2537 *Luquin* frères, à Lyon (Rhône) : Châles brochés. Médaille de bronze en 1834.

2538 *Grand* frères, à Lyon (Rhône) : Étoffes pour ameublement et ornements d'église.

2539 *Salles* jeune et *Comp.*, à Lyon (Rhône) : Châles en tulle.

2540 *Burel* frères, à Lyon (Rhône) : Châles, Cravates, Étoffes pour ornements d'église.

2541 *Guinand*, à Lyon (Rhône) : Peignes pour fabriquer les étoffes de soie.

2542 *Grosboz*, à Lyon (Rhône) : Étoffes pour ameublements et ornements d'église.

2543 *Chatelard* et *Perrin*, à Lyon (Rhône) : Peignes pour fabriquer les étoffes de soie. Médaille de bronze en 1834.

2544 *Gabriel* et *Ravaisse*, à Lyon (Rhône) : Étoffes en laine et coton.

2545 *Berna-Sabran*, à Lyon (Rhône) : Châles et Étoffes de soie.

2546 *Jacquand* père et fils, à Lyon (Rhône) : Cirage pour la chaussure.

2547 *Yemeniz*, à Lyon (Rhône) : Étoffes pour ameublements et ornements d'église.

2548 *Didier Petit* et *Compagnie*, à Lyon (Rhône) : Étoffes pour ameublements et ornements d'église. Médaille d'argent en 1834.

2549 *Lallier*, à Lyon (Rhône) : Maillons pour le tissage des étoffes de soie, Coton, etc.

2550 *Lemire*, *Danguin* et *Compagnie*, à Lyon (Rhône) : Étoffes en soie pour ameublements et ornements d'église. Rappel de médaille d'or, en 1833, au nom de *Lemire*.

2551 *Chastel* et *Rivoire*, à Lyon (Rhône) : Étoffes en soie façonnées.

2552 *Damiron*, à Lyon (Rhône) : Châles et Écharpes. Médaille d'argent en 1834.

2553 *Charles* et *Compagnie*, à Lyon (Rhône) : Cravates longues en soie et laine.

2554 *Blanchet*, à Lyon (Rhône) : Machine pour la fabrication des étoffes de soie façonnées.

2555 *Decaën* et *Compagnie*, à Grigny (Rhône) : Porcelaines.

2556 *Decaën* frères et *Compagnie*, à Arboras (Rhône) : Porcelaines opaques. Médaille de bronze en 1834.

2557 *Cinier* et *Fatin*, à Lyon (Rhône) : Châles et Étoffes de soie pour ameublements et ornements. Médaille d'argent en 1834.

2558 *Arnaud*, à Lyon (Rhône) : Mécanique pour la fabrication des étoffes en soie.

2559 *Jarrin* et *Trotton*, à Lyon (Rhône) : Châles.

2560 *Troubat* (*Louis*) et *Compagnie*, à Lyon (Rhône) : Châles indous.

2561 *Vucher*, *Reynier* et *Perrier*, à Lyon (Rhône) : Étoffes de soie, Nouveautés.

N^{os}   MM.

2562 *Fournet*, à Lyon (Rhône) : Mesures en baleine.

2563 *Estragniat* fils aîné, à Tarare (Rhône) : Mousselines unies et brodées.

2564 *Fion (Jules)*, à Tarare (Rhône) : Mousselines brodées.

2565 *Lucy-Sédillot*, à Tarare (Rhône) : Mousselines brodées.

2566 *Golay* père et fils, à Lyon (Rhône) : Bandage herniaire et Appareils propres à redresser les jambes.

2567 *Liénard* et *Compagnie*, à Lyon (Rhône) : Bougies stéariques.

2568 *Arquillière* et *Mourron*, à Lyon (Rhône) : Étoffes de soie unies.

2569 *Bourget* et *Peter*, à Lyon (Rhône) : Orseille. Médaille d'argent en 1827.

2570 *Peter*, à Lyon (Rhône) : Orseille.

2571 *Pramondon (André)*, à Tarare (Rhône) : Mousselines unies et brodées.

2572 *Esprit*, à Lyon (Rhône) : Remisse régulateur à mailles mobiles.

2573 *Savoie*, à Lyon (Rhône) : Velours.

2574 *Gagnière*, à Vaise (Rhône) : Compas de sculpteur.

2575 *Reverchon (Paul)*, à Saint-Genis-Laval (Rhône) : Charrue.

2576 *Boyer* aîné et *Compagnie*, à Lyon (Rhône) : Étoffes chinées.

2577 *Clément* (madame veuve), à Lyon (Rhône) : Boa en soie.

2578 *Plantier*, à Lyon (Rhône) : Châles.

2579 *Ducly-Moras*, à Lyon (Rhône) : Broderies en tous genres.

2580 *Société anonyme des usines d'Imphy*, à Imphy, arrondissement de Nevers (Nièvre) : Feuilles en fer forgé, pudlé ; Plaques et barres de cuivre martelé, cuivre jaune, rouge ; Bronze ; Casseroles avec couvercle et autres ustensiles de cuisine ; Clous fondus et forgés, cuivre allié ; Fer noir clinquant en feuilles ; Fers blancs ; Corps bruts d'enclumes en fer ; Tôles diverses ; Médaille d'or en 1819 ; Rappels en 1823 et 1827 ; nouvelle Médaille d'or en 1834.

2581 *De Raffin (Jean-Baptiste)* et *Comp.*, à Lapique, près Nevers (Nièvre) : Charrues en fer et en bois ; Défonceur en fer ; Chaînes d'agriculture ; Etau tournant ; une Enclume. Médailles d'argent en 1827 et 1834.

2582 *Pot-de-Fer*, à Nevers (Nièvre) : Étau à double jumelle, ordinaire ; Enclume à pied rond ; Bigorne. Mention honorable en 1827 ; Médaille de bronze en 1834.

2583 *Gobelet (Jean-Baptiste)*, à La Charité (Nièvre) : Aciers plats et carrés.

2584 *Courot-Bigé*, à Corbelin (Nièvre) : Aciers ; Plaques de charrues. Médaille de bronze en 1834.

2585 *Paignon* et *Compagnie*, à Bize (Nièvre) : Aciers plats et carrés ; Barreaux en fonte noire de plusieurs qualités. Médaille de bronze en 1823 ; Médaille d'argent en 1834.

N°s   MM.

2586 *Dequenne*, à Raveau (Nièvre) : Acier cémenté. Médaille d'or en 1819 ; Rappels en 1823, 1827 et 1834.

2587 *Paichereau* (madame veuve), à Prémery (Nièvre) : Essieux en fer.

2588 *Soyer*, à Nevers (Nièvre) : Limes.

2589 *Gourjon*, à Nevers (Nièvre) : Limes. Mention honorable en 1827 ; Médaille de bronze en 1834.

2590 *Bouchard*, à Nevers (Nièvre) : Cordages divers.

2591 *Julliard*, à Nevers (Nièvre) : Bas à jour.

2592 *Savaresse*, à Nevers (Nièvre) : Cordes harmoniques. Médaille de bronze en 1827 ; Rappel en 1834.

2593 *Mévolhon d'Auchel*, à Nevers (Nièvre) : Produits chimiques.

2594 *Teste*, à Château-Chinon (Nièvre) : Romaine nouvelle, nécessaires pour la vérification des poids et mesures.

2595 *Martin (Emile)* et *Compagnie*, à la fonderie de Fourchambault (Nièvre) : Plate-forme, Couronne, Plaques de fondation, Galets, Collier, Crapaudine en fonte ; Frettes, Cercles en fer, Rails, Boulons de galets, de rails, de crapaudine et de cercles en fer ; Arbre en fer ; Rondelle en cuivre et autres objets. Médaille d'argent en 1827 ; Médaille d'or en 1834.

2596 *Montaignac* (de), à Nevers (Nièvre) : Trappe cylindrique à betteraves et à pommes de terre ; petit Moulin à fécule ; Vis de presse d'huilerie, et Modèle de Chemin de fer.

2597 *Boigues* frères, *Hochet* et le comte *Jaubert*, à Fourchambault (Nièvre) : Barres de fer, Bottes de fer feuillard et rond ; Cornières pour chaudières et bateaux à vapeur ; bordages pour wagons et machines locomotives ; Fer à T et à vitrages ; Objets de moulage en fonte ; Bustes de Louis-Philippe, de Napoléon et du Christ. Médaille d'or en 1827.

2598 *Quinet*, à Paris, rue Croix-des-Petits-Champs, n. 4 et 14 : Presse lithographique.

2599 *Cardissal*, à Paris, rue Meslay, n. 32 : Machine à remblayer et déblayer, à versement continu.

2600 *Dontail*, à Paris, rue du Verbois, n. 27 : Bourlet mécanique, Roues de voiture de chemins de fer.

2601 *Beaudat*, à Paris, rue de Charonne, n. 23 : Machine à scier l'ivoire et le placage d'épaisseur.

2602 *Saulière*, à Paris, passage Lemoine, rue Saint-Denis, n. 380 : Machine à vapeur.

2603 *Duclos*, à Paris, rue de l'Église, n. 3 et 4 : Machine à vapeur.

2604 *Boillé*, à Paris, rue d'Assas, n. 3 : Mécanique à la Jacquart.

2605 *Lorenzo*, à Paris, rue Madame, n. 16 : Moulin à vent à douze ailes.

2606 *Gauthier*, à Paris, avenue de Villars, n. 2 : Aéro-séchoir portatif.

Nᵒˢ   MM.

2607 *Mongodin*, à Paris, rue des Petites-Écuries, n. 6 : Machines hydrauliques.

2608 *Contamin*, à Paris, rue Montmorency, n. 40 : Mécaniques de tous genres.

2609 *D'Ambreville*, à Paris, rue Fontaine-au-Roi, n. 16 : Pompe.

2610 *Dinocourt*, à Paris, rue du Petit-Pont, n. 25 : Instruments de physique et de chimie en verre.

2611 *Saint-Aubin*, à Paris, rue de Vaugirard, n. 16 : Instruments de géométrie.

2612 *Jacob*, à Paris, rue Jean-Jacques-Rousseau, n. 3 : Horlogerie de précision.

2613 *Berthoud*, à Paris, rue du Faubourg-Saint-Honoré, n. 92 : Chronomètres.

2614 *Sedille*, à Paris, rue du Marché-Neuf, n. 34 : Microscopes et Instruments d'optique.

2615 *Gambry*, à Paris, rue Pierre-Levée, n. 17 : Instruments d'astronomie.

2616 *Delisle*, à Paris, rue de Provence, n. 29 : Nouveau pavage.

2617 *Bruneau*, à Paris, Palais-Royal, galerie de Valois, n. 150 : Horlogerie, Pendules.

2618 *Jocquet*, à Paris, rue Tiquetonne, n. 17 : Horlogerie, Pendules.

2619 *Reymondon* et *Martin*, à Paris, rue Saint-Denis, n. 300 : Mécanique.

2620 *Rozé*, à Paris, rue des Juifs, n. 16 : Horlogerie et Mécanique.

2621 *Tabarié*, à Paris, rue de Chaillot, n. 68 : Appareils pneumatiques.

2622 *Wurtel*, à Paris, galerie Vivienne, n. 38 et 40 : Horlogerie, Pièces à mécanique.

2623 *Vaucher de la Croix*, à Paris, impasse Sainte-Marine, n. 2 : Horlogerie et Instruments de mathématiques.

2624 *Campbell*, à Paris, place de l'Oratoire, n. 4 : Montres marines, Pendules de voyage, etc.

2625 *Ollin*, à Paris, rue Dauphine, n. 40 : Pièces d'anatomie; Phrénologie.

2626 *Gasche*, à Paris, galerie d'Orléans, n. 20 : Montres et Pendules.

2627 *Pascual-Rubio*, à Paris, rue de la Cossonnerie, n. 6 : Chronomètre.

2628 *Neuman (Ernest)*, à Paris, rue de Seine-Saint-Germain, n. 56 : Horlogerie, petites Mécaniques.

2629 *Jandrand*, à Paris, rue de Bretagne, n. 4 : Clés de montres à rochet.

2630 *Denand*, à Paris, rue Charlot, n. 45 : Horlogeries et Bronzes.

2631 *Démard*, à Beau-Grenelle, n. 9 (Seine) : nouveaux Échappements de montres, modèles.

2632 *Mehl*, à Paris, rue d'Anjou-Dauphine, n. 11 : Pianos.

N^{os}   MM.

2633 *Endres*, à Paris, rue de la Pépinière, n. 16 : Instruments de musique.

2634 *Beckers*, à Paris, rue Saint-André-des-Arts, n. 51 : Harpes et Pianos.

2635 *Michel*, à Paris, boulevart Saint-Denis, passage du Bois-de-Boulogne : Pianos.

2636 *Rinaldi*, à Paris, boulevart Saint-Denis, n. 11 : Pianos en tous genres.

2637 *Biersteds*, à Paris, rue Montmartre, n. 127 : Pianos.

2638 *Pfeffel*, à Belleville, rue de Beaune, n. 9 (Seine) : Pianos.

2639 *Gautier*, à Paris, rue de Bretagne, n. 14 (Marais) : Accordéon à cylindre.

2640 *Langrenez*, à Paris, rue Saint-Louis, n. 16 : Pianos.

2641 *Reintjer*, à Paris, rue Saint-Germain-l'Auxerrois, n. 26 : Pianos.

2642 *Allard*, à Paris, rue de Bièvre, n. 31 : Orgues.

2643 *Vuillaume*, à Paris, rue Croix-des-Petits-Champs, n. 46 : Instruments de musique.

2644 *de Lahbaye*, à Paris, rue du Faubourg-Poissonnière, n. 53 : Instruments de musique en cuivre.

2645 *Jullien*, à Paris, rue Verdelet, n. 2 : Flûtes et Clarinettes.

2646 *Cœur*, à Paris, rue de l'Abbaye, n. 4 : Flûte perfectionnée.

2647 *Bobée* et *Lemire*, à Paris, rue du Faubourg-Saint-Martin, n. 106 : Produits chimiques ; Carbonisation.

2648 *Ringaut* frères et *Comp.*, à Paris, rue de l'Hôpital-Saint-Louis, n. 15 : Produits chimiques.

2649 *Boudin*, à Paris, rue Royale, n. 52 : Fabrique de moutarde.

2650 *Vigny*, à Paris, rue Bar-du-Bec, n. 17 : Chocolats.

2651 *Fèvre*, à Paris, rue Saint-Honoré, n. Saint-Honoré, n. 398 : Sirops en poudre ; Poudres gazeuses.

2652 *Lemoyne*, à Paris, rue des Lombards, n. 50 et 52 : Articles de confiseur.

2653 *Forbin-Janson* et *Lecointre*, à Paris, rue de Grenelle-Saint-Germain, n. 122 : Échantillons de sucre de betteraves.

2654 *Demouy-Perint*, à Paris, rue du Faubourg-Saint-Denis, n. 64 : Café indigène, Café-chocolat.

2655 *Collas*, à Paris, rue Dauphine, n. 10 : Sulfate de magnésie.

2656 *Pesquet*, à Paris, rue Sainte-Croix-de-la-Bretonnerie, n. 24 : Rouge à polir.

2657 *Tricotel* et *Chapuis*, à Paris, rue Paradis-Poissonnière, n. 40 : Liquide remplaçant l'huile et l'essence.

2658 *Delondre*, à Nogent (Marne) : Cyanure et Bleu bon teint.

N^{os}   MM.

2659 *Milori*, à Paris, rue de la Poterie-des-Arcis, n. 20 : Couleurs sèches, en pâtes et vernies.

2660 *Ferrand*, à Paris, rue Mongalet, n. 7 : Couleurs fines.

2661 *Colcombe Bourgeois*, à Paris, quai de l'École n. 18 : Couleurs fines.

2662 *Mondher* et *Le Capitaine*, à Paris, rue Jean-Pain-Mollet, n. 24 : Échantillons de couleurs.

2663 *Fontrouge*, à Paris, rue Rousselet-Saint-Germain, n. 14 : Briques nouvelles dites métopes.

2664 *Morel*, à Paris, Ile-Saint-Louis, n. 4 : Faïence.

2665 *Malbec*, à Paris, rue Mademoiselle, n. 4 : Pipes turques.

2666 *Decaen* et *Comp.*, à Paris, rue Saint-Denis, n. 80 : Porcelaine anglaise.

2667 *Marrel*, à Paris, passage Saulnier, n. 6 : Vitreaux de couleurs et blancs.

2668 *Billard*, à Paris, rue Neuve-Ménilmontant, n. 15 : Peinture vitrifiée sur verre.

2669 *Guionnet*, à Paris, rue Amelot, n. 10 : Sculpture.

2670 *Deschamps*, à Paris, rue de Chabrol, n. 17 : Ornements en carton pierre.

2671 *Guillaume*, à Paris, Chemin-des-Dames, n. 7, à la barrière Blanche : Carton pierre, Candelabres.

2672 *Profilet*, à Paris, rue Royale, n. 8 : Découpures en marqueterie, Pendules.

2673 *Berg*, à Paris, rue Saint-Antoine, n. 195 : Ébénisterie.

2674 *Chassang*, à Paris, rue du Cherche-Midi, n. 108 : Parquets, Carrelage à languettes mécaniques.

2675 *Mazeron* et *Comp.*, à Paris, rue Ménilmontant, n. 86 : Machine à vapeur.

2676 *Bercher*, à Paris, rue de Bourgogne, n. 40 : Tapisserie, Fauteuils, etc.

2677 *Bonnemain*, à Paris, rue de Suresne, n. 23 : Fauteuils de voyage.

2678 *Bellangé* fils, à Paris, rue des Marais, faubourg Saint-Germain, n. 33 : Ébénisterie.

2679 *Petit*, à Paris, rue de la Cité, n. 19 : Nécessaires de voyage et toilette de femmes.

2680 *Bègue*, à Paris, rue Montholon, n. 24 : Appareils nouveaux pour renfermer le lait.

2681 *Morisot*, à Paris, rue de l'Égout, n. 16 : Moulures en tout genre pour le bâtiment.

2682 *Geiseler*, à Paris, place Royale, n. 12 : Ébénisterie.

2683 *Malenfant*, à Paris, rue Neuve-Samson, n. 2 : Dessins pour objets en bronze.

N^{os}   MM.

2684 *Chebeaux*, à Paris, rue du Croissant, n. 10 : Dessins pour les manufactures.

2685 *Fay*, à Paris, quai de la Grève, n. 12 : Dessins de tapis, Dentelles, etc., damassés.

2686 *Lacrampe* et *Comp.*, à Paris, rue Damiette, n. 2 : Typographie.

2687 *Duval*, à Paris, rue des Martyrs, n. 23 : Atlas universel des
sciences.

2688 *Quiney*, à Paris, rue du Ponceau. n. 28 : Traité de comptabilité.

2689 *Panckoucke*, à Paris, rue des Poitevins, n. 14 : Livres.

2690 *Busset*, à Paris, rue de la Chaussée-d'Antin, n. 27 *bis* : Impression
de la musique par des caractères mobiles.

2691 *Gauchard*, à Paris, rue de Sèvres, n. 129, faubourg Saint-Germain :
Imprimerie en couleurs.

2692 *Audot*, à Paris, rue du Paon, n. 8 : Librairie.

2693 *Megret*, à Paris, rue Notre-Dame-de-Lorette, n. 29 : Cartes géographiques.

2694 *Letort*, à Paris, rue Croix-des-Petits-Champs, n. 52 : Gravure sur
métaux :

2695 *Mantois* (madame), à Paris, rue du Pot-de-Fer-Saint-Germain, n. 14 :
Figures d'anatomie coloriées.

2696 *Adorni*, à Paris, rue de la Barouillère, n. 6 : Machine tranogra-
phique.

2697 *Lardière*, à Paris, rue Louis-le-Grand, n. 35 : Reliures.

2698 *Morize*, à Paris, rue Transnonain, n. 12 : Modelures en cire et
terre pour bijouterie.

2699 *Desrosiers*, à Paris, faubourg Saint-Martin, n. 18 : Bustes en cire et
autres ouvrages.

2700 *Susse* frères, à Paris, place de la Bourse, n. 7, 8 : Bronzes, Papeteries, Porcelaines, etc.

2701 *Frappier*, à Paris, rue Sainte-Croix-de-la-Bretonnerie, n. 25 : Tableaux, Pendules.

2702 *Thilorier*, à Paris, place Vendôme, n. 31 : Nouvelle lampe hydro-
statique.

2703 *Chatel*, à Paris, rue des Trois-Pavillons, n. 18 : Lampes Carcel,
Lustres.

2704 *Cordier*, à Paris, rue des Gravilliers, n. 10 : Lampes et Bronzes.

2705 *Gotten*, à Paris, place des Victoires, n. 1 : Bronze, Horlogerie,
Lampes mécaniques.

2706 *Laurens*, à Paris, rue des Fossés-Montmartre, n. 12 : Lampes,
Objets d'invention.

2707 *Chabrié*, à Paris, rue de la Monnaie, n. 9 : Lampes et Bronzes.

2708 *Lalande*, à Paris, rue du Roule, n. 10 : Lampes, Lustres
d'église.

N°s   MM.

2709 *Nagelen*, à Paris, rue Pastourelle, n. 32 : Lanternes de voiture.

2710 *Decourt*, passage Choiseul, n. 28 et 30 : Lampes mécaniques.

2711 *Roger*, à Paris, rue de Surennes-Saint-Honoré, n. 25 : Fourneaux, Calorifères.

2712 *Fournier*, à Paris, rue Saint-Laurent, n. 4 : Foyers économiques en fonte.

2713 *Soudan* fils, à Paris, rue de la Verrerie, n. 97 *bis* : Fourneau pour la fabrication du café-chicorée-moka.

2714 *Darche* (madame veuve), à Paris, rue Charlot, n. 4 : Poêles économiques pour blanchisseurs.

2715 *Liré*, à Paris, rue de l'Arbre-Sec, n. 42 : Fourneaux économiques et Appareils culinaires.

2716 *Irroy*, à Paris, rue de Marivaux, n. 3 : Appareils de chauffage, éclairage.

2717 *Clamorgan*, à Paris, rue Vivienne, n. 57 : Éventails.

2718 *Fayard*, à Paris, rue Montholon, n. 18 : Clysobols (Seringue-pompe).

2719 *Boignes*, à Paris, rue Saint-Lazare, n. 85 : Chaudronnerie.

2720 *Reclus* et *Carville*, à Paris, rue des Arcis, n. 2 : Nouvelle Seringue dite Hemeroclyde.

2721 *Feuillatre*, à Paris, rue Croix-des-PetitsChamps, n. 39 : Garde-robes inodores.

2722 *Astorquiza* (*Barthélemy*), à Paris, rue Saint-Pierre-Amelot, n. 18 : Billards.

2723 *Ardisson*, à Belleville (Seine), rue des Couronnes, n. 5 : Billards.

2724 *Laisné*, à Paris, esplanade des Invalides, n. 18 : Modèles de machines.

2725 *Schutzenberger*, à Paris, rue du Nord, n. 8 : Câbles pour la marine, Tuyaux élastiques à ressorts métalliques pour opérations chirurgicales.

2726 *Guérin*, à Paris, rue de l'École-de-Médecine, n. 9 : Préparations pour l'ostéologie et l'anatomie.

2727 *Lachaud*, à Paris, rue Neuve-Saint-Eustache, n. 30 : Habillement de chasse.

2728 *Houssay*, à Neuilly (Seine), rue de Seine, n. 107 : Appareils pour dompter les chevaux.

2729 *Institution royale des Jeunes Aveugles*, à Paris, rue Saint-Victor, n. 68 : Vannerie, Tisseranderie, Tapisserie, etc.

2730 *Bienvenu*, à Paris, rue Taitbout, 5 : Corps mécaniques pour essayer les robes.

2731 *Taupier*, à Paris, rue de Monsigny, n. 6 : Méthode d'écriture.

2732 *Rouget*, à Paris, rue Neuve-Saint-Georges, n. 5 : Appareils de sauvetage dans les incendies.

6

N^{os}   MM.

2733 *Rahon*, à Paris, rue de la Paix, n. 4 : Appareil de sauvetage dans les incendies.

2734 *Ducros*, à Garchizy (Nièvre) : Une Charrue à la Dombasle perfectionnée.

2735 *Bache-Mallet, Dietz et Comp.*, à Clermont-Ferrand (Puy-de-Dôme) : Une Pièce de toile tissée à la mécanique.

2736 *Gorce-Verru*, à Riom (Puy-de-Dôme) : Coupons de coutil provenant des ateliers de la maison centrale de Riom.

2737 *Fleury (Édouard)*, à Brest (Finistère) : Papiers, Toiles et autres Tissus tirés des végétaux rendus incombustibles.

2738 *Souchon (Théodore)*, à Brest (Finistère) : Soufflet de forge, métallique et à vent continu.

2739 *Ollivier (Désiré)*, à Landernau (Finistère) : Pipes bretonnes.

2740 *Le Mazurier (Paul)* : à Brest (Finistère) : Nouveau modèle de lampe.

2741 *Le Gluen-Kerneizon*, à Brest (Finistère) : Grand et petit Sécateur de jardinier, modèle d'avant-train.

2742 *Chevillotte (Alexandre)* : à Brest (Finistère) : Cuirs de veau, cirés, blancs, Tiges noires, cirées et blanches.

2743 *Mayeux (Joseph)*, à Launilis (Finistère) : Sabots vernis.

2744 *Legendre (Victor)*, à Brest (Finistère) : Lampes Carcel perfectionnées, Marteaux de ferblantiers et Cisailles.

2745 *Lairan (Charles)*, à Brest (Finistère) : Modèle de guindeau.

2746 *Michel (Guillaume)*, à Lambezellec (Finistère) : Nouveau modèle de croisée préservant les appartements des eaux pluviales, et modèle de télégraphes à satellites.

2747 *Belhommet (madame veuve) et fils*, à Landernau (Finistère) : Chandelles de deuxième qualité de douze au kilo.

2748 *Trupel (Joseph)*, à Brest (Finistère) : Treuil manœuvré par un levier (nouveau modèle).

2749 *Paugam (René-Auguste)*, à Brest (Finistère) : Échantillon de laine lavée et peignée.

2750 *Guézénec et Morot*, à Brest (Finistère) : Modèle de lit mécanique.

2751 *Hamel (Auguste)*, à Brest (Finistère) : Chapeaux vernis.

2752 *Huau (Louis)*, à Brest (Finistère) : Instruments de chirurgie.

2753 *Kermarec (Léonard-Joseph)*, à Brest (Finistère) : Modèles d'échelle de lançoir, de tonneau, de sceau sans couture pour incendie, modèle de machine à battre la terre pour la poterie. Médaille de bronze en 1823 ; Médailles d'argent en 1827 ; Rappel en 1834.

2754 *Cerf Mayer*, à Brest (Finistère) : Toiles chinées, Tapis de pied imprimé, Toile noire drapée, écarlate, et Tablier pour nourrice. Médaille de bronze en 1834.

N° 6   MM.

2755 *Crouan (Germain)*, à Brest (Finistère) : Planche en cail-cédra, couverte de peinture et vernis.

2756 *Guingant (Jean-Pierre)*, à Brest (Finistère) : Modèle de bateau mécanique.

2757 *Muller*, à Brest (Finistère) : Poudre dite café substantiel.

2758 *Painchant (François)*, à Lambezellec (Finistère) : Ridage à crémaillères à l'usage de la marine.

2759 *Violette (François)*, à Brest (Finistère) : Linéagraphe dont un en cuivre et l'autre en étain.

2760 *Touboulic (Pierre-Marie)*, à Brest (Finistère) : Sillomètre à marche et à récul (nouveau modèle). Mention honorable en 1834.

2761 *Michel* et *Lebreton*, à Quimper (Finistère) : Cuirs divers, jusés, lissés, en croûte, cirés et corroyés.

2762 *Bélignic* et *Lavigne*, à Quimper (Finistère) : Un Valet d'établi à genoux, avec une allonge formant serre-joints.

2763 *Lenormant*, à Loc-Tudy (Finistère) : Machine à laver la pomme de terre pour la confection de la fécule.

2764 *Bernard-Manceaux*, à Quimper (Finistère) : Coffret en marqueterie incrusté d'ivoire, de nacre et de cuivre.

2765 *Daulce*, à Quimper (Finistère) : Vélocipède (nouveau modèle).

2766 *Le Marié*, à Ergué-Gabéric, près de Quimper (Finistère) : Papier de tenture et Papier cloche.

2767 *Béléguic*, à Quimper (Finistère) : Coupe-racine.

2768 *Delahubaudière* jeune, à Quimper (Finistère) : Un Filtre en grès.

2769 *Talabot* et *Comp.*, à Saint-Juery (Tarn) : Faux sans talons, Acier corroyé, Aciers étirés pour taillanderie, coutellerie, lames de papeterie, ressorts de voiture, pour coutellerie fine, rasoirs, etc. Médaille d'or en 1834.

2770 *Pellé*, à Lorient (Morbihan) : Pistolets sans batterie apparente et à sous-garde à répercussion renfermée dans une boite, contenant également un petit maillet en buis, une baguette du même bois et un moule à balles.

2771 *Roullin*, à Pontivy (Morbihan) : Un Cuir de bœuf.

2772 *École (l')* royale d'arts et métiers de Châlons-sur-Marne : Modèles de métier à filer, de défeutreur double, simple, de petite réunion, bobinoir, de machine à vapeur, de presse hydraulique, de pompe aspirante et foulante à jet continu ; six Dessins de machines. Médaille d'argent en 1834.

2773 *Picot*, à Paris, rue Saint-Martin, n. 291 : Teinture et Nettoyage d'étoffes.

2774 *Depaige* (madame), à Paris, cour du Palais-de-Justice, n. 16 : Blanchissage et Teinture de blondes et dentelles.

2775 *Société (la) imbéroléofuge*, à Paris, rue Geoffroy-l'Angevin, n. 7 : Chapellerie.

Nos   MM.

2776 *Société* (la) *de l'apprêt hydrofuge*, à Paris, rue Neuve-Saint-Roch, n. 16 : Apprêt pour rendre les étoffes imperméables.

2777 *Monier*, à Paris, rue Montesquieu, n. 8 : Chapellerie.

2778 *Frick*, à Paris, rue de la Paix, n. 9 : Teinture, Nettoyage et Apprêt.

2779 *Gibus*, à Paris, rue Vivienne, n. 20 : Chapeaux mécaniques.

2780 *Bouillant*, à Paris, rue du Faubourg-Saint-Antoine, n. 325 : Étoffes et Tissus imperméables.

2781 *Malet* (madame), à Paris, rue Saint-Honoré, n. 357 : Cachemires, Dentelles, Blondes.

2782 *Poinsot*, à Paris, rue Sainte-Avoye, n. 57 : Chapeaux de paille et Cabas.

2783 *Victor* (madame), à Paris, rue du Caire, n. 29 : Blanchissage de blondes et dentelles.

2784 *Duchêne*, à Paris, rue Geoffroy-Langevin, n. 7 : Chapellerie.

2785 *Chenard* frères, à Paris, rue Sainte-Avoye, n. 41 : Chapellerie.

2786 *Carrier*, à Paris, passage Pecquet, n. 11 : Chapellerie.

2787 *Monain*, à Paris, rue Saint-Honoré, n. 181 : Coiffure en cheveux.

2788 *Jay*, à Paris, rue de Soly, n. 8 : Chapellerie.

2789 *Huault*, à Paris, rue des Ménestriers, n. 6 : Teinture de chapeaux de feutre.

2790 *Binet*, à Paris, rue des Jeûneurs, n. 3 : Tapisserie à l'Aiguille.

2791 *Lindsay Ormsby*, à Paris, rue Caumartin, n. 29 : Stores pour croisées et voitures.

2792 *Beaudouin*, à Paris, rue de la Cité, n. 8 : Chaussons en tresse.

2793 *Ray* frères, à Paris, rue du Plâtre-Sainte-Avoye, n. 12 : Chapellerie.

2794 *Souchard*, à Paris, sue Castiglione, n. 4 : Perruques à la mécanique.

2795 *Sterlingue* et *Comp.*, à Paris, rue Mouffetard, n. 321 : Corroyerie.

2796 *Zegelaar*, à Paris, rue de la Corderie, n. 1 : Cire à cacheter.

2797 *Béranger*, à Paris, rue Saint-Jacques, n. 22 : Encre indélébile.

2798 *Durand*, à Paris, rue du Petit-Thouars, n. 20 : Gauffrage de papiers.

2799 *Fournier*, à Montmartre, chaussée de Clignancourt, n. 38 (Seine) : Tuyaux mobiles.

2800 *Bavozet* frères, à Paris, rue Saint-Étienne-Bonne-Nouvelle, n. 15 : Pendules en bronze et dorées.

2801 *Willemsens*, à Paris, rue Sainte-Avoye, n. 57 : Bronzes, Dorures.

2802 *Lecocq*, à Paris, rue de Harlay, n. 2, au Marais : Ornements en cuivre estampés.

2803 *Courtois*, à Paris, rue Saint-Lazare, n. 142 : Châssis à tabatière en métal.

Nᵒˢ   MM.

2804 *Vacoulin*, à Paris, rue de l'Université, n. 108 : Rampes en fer.

2805 *Letestu*, à Paris, rue des Vieilles-Audriettes, n. 4 : Serrurerie, Pompes, etc.

2806 *Dulché* et *Piet*, à Paris, rue Saint-Bernard, faubourg Saint-Antoine, n. 21 : Machine-liquéfacteur à battre le blé.

2807 *Leclere*, à Paris, quai Bourbon, n. 15 : Tabatières, Compteurs.

2808 *Purée-Hubert*, à Paris, rue Bourtibourg, n. 12 : Instruments de mathématiques.

2809 *Chavanis*, à Paris, rue des Deux-Portes-Saint-Sauveur, n. 26 : Instruments pour prendre le niveau de la surface sur l'eau.

2810 *Chauvin*, aux Batignoles, rue des Dames, n. 38 : Instruments de géométrie.

2811 *Brunner*, à Paris, rue des Bernardins, n. 34 : Instruments de mathématiques et d'optique.

2812 *Margoz*, à Paris, rue de Ménilmontant, n. 21 : Tours en tous genres.

2813 *Fourneaux*, à Paris, rue du Petit-Reposoir, n. 6 : Orgues, Pianos, Accordéons.

2814 *Blandin*, à Paris, rue de Charenton, n. 179 : Vinaigre de melasse.

2815 *Bignon*, à Paris, rue des Gravilliers, n. 54 : Vernis.

2816 *Etard*, à Paris, rue Pagevin, n. 4 : Emballage et Articles de voyage.

2817 *Drescher*, à Paris, rue du Roi-de-Sicile, n. 25 : Ébénisterie.

2818 *Cremer*, à Paris, rue de l'Entrepôt, au Marais, n. 29 : Marqueterie.

2819 *Jolly*, à Paris, rue du Faubourg-Saint-Antoine, n. 38 : Ébénisterie.

2820 *Règle*, à Paris, rue Saint-Antoine, n. 181 : Ébénisterie.

2821 *Poulin*, à Paris, rue du Faubourg-Saint-Antoine, n. 55 : Ébénisterie.

2822 *Loiseau*, à Paris, rue Beaubourg, n. 53 : Formes pour la chapellerie.

2823 *Glaize*, à Paris, rue de la Fidélité, n. 11 : Chaises roulantes.

2824 *Klein*, à Paris, rue du Faubourg-Saint-Antoine, n. 110 : Ébénisterie.

2825 *Bailly*, à Paris, rue du Faubourg-Saint-Antoine, n. 52 : Ébénisterie.

2826 *Servais*, à Paris, rue des Beaux-Arts, n. 9 : Dorure sur meubles sculptés.

2827 *Bonnet*, à Paris, rue Plumet, n. 4 *bis* : Tableaux chronologiques.

2828 *Remiot*, à Paris, rue de l'Arbre-Sec, n. 6 : Encadrement et nettoyage de gravure.

2829 *Lessore*, à Paris, boulevart Pigale, n. 8 : Lithographie en couleur.

Nᵒˢ   MM.

2830 *Schenetz*, à Paris, rue Git-le-Cœur, n. 5 : Gravure sur pierre lithographique.

2831 *Prugneaux*, à Paris, rue du Faubourg-Saint-Martin, n. 136 : Chevalet mécanique.

2832 *Carpentier*, à Paris, rue Saint-Maur, n. 70 : Cheval modèle.

2833 *Thibierge*, à Paris, rue Vide-Gousset, n. 4 : Perruques.

2834 *Clerville*, à Paris, rue Montorgueil, n. 84 : Perruques.

2835 *Fichot*, à Paris, passage de l'Opéra, n. 1 : Perruques.

2836 *Richard*, à Paris, galerie de Valois, n. 179 : Perruques.

2837 *Lemonnier*, à Paris, rue du Coq-Saint-Honoré, n. 13 : Dessin en cheveux.

2838 *Bailly*, à Paris, rue du Petit-Carreau, n. 35 : Chapellerie.

2839 *Rolland*, à Paris, rue Caumartin, n. 34 : Perruques.

2840 *Croquart*, à Paris, rue Montmartre, 132 : Perruques.

2841 *Normandin*, à Paris, rue Neuve-des-Petits-Champs, n. 5 : Perruques.

2842 *Lefoye*, à Paris, rue Notre-Dame-de-Recouvrance, n. 20 : Ouvrages en cheveux.

2843 *Regner*, à Paris, passage Véro-Dodat, n. 6 : Perruques.

2844 *Cocquelet*, à Paris, rue Saucède, n. 13 : Articles en cheveux.

2845 *De Bémy*, à Paris, rue du Faubourg-du-Temple, n. 79 : Écrans.

2846 *Josselin*, à Paris, rue du Ponceau, n. 2 : Corsets mécaniques.

2847 *Zalin* (madame), à Paris, rue Choiseul, n. 3 : Corsets.

2848 *Barreau*, à Paris, passage de l'Opéra, galerie de l'Horloge, n. 8 : Serre-coulisse pour gilets et pantalons.

2849 *Thorel* (madame), à Paris, rue Neuve-Saint-Roch, n. 21 : Corsets.

2850 *Flamet*, à Paris, rue des Arcis, n. 23 et 25 : Bretelles, Jarretières, etc.

2851 *Poisson*, à Paris, quai Malaquais, n. 9 : Corsets sans épaulettes.

2852 *Demarne*, à Paris, rue Croix-des-Petits-Champs, n. 39 : Cols cravates.

2853 *Bocgueville*, à Paris, rue Neuve-des-Petits-Champs, n. 69 : Corsets.

2854 *Haffener* (madame), à Paris, rue du Faubourg-Saint-Honoré, n. 5 : Corsets.

2855 *Brune* aîné, à Paris, rue de Richelieu, n. 35 : Cols-cravates.

2856 *Madis*, à Paris, cloître Saint-Benoît, n. 2 : Corsets.

2857 *Lecouvey*, à Paris, rue Grenétat, n. 41 : Biberons à pompe.

2858 *Pousse*, à Paris, rue Montmartre, n. 171 : Corsets.

2859 *Puechjean* (madame), à Paris, rue de Grenelle-Saint-Honoré, n. 29 : Corsets.

860 *Huret*, à Paris, passage Saucède, n. 29 : Cols et Cravates.

N°s   MM.

2861 *Frotté*, à Paris, rue du Faubourg-Montmartre, n. 4 : Cols et Cravates.

2862 *Longueville*, à Paris, rue Vivienne, n. 49 : Chemises perfectionnées.

2863 *Thorel*, à Paris, rue du Faubourg-Montmartre, n. 8 : Chemises.

2864 *Leroy* (madame), à Paris, place Vendôme, n. 25 : Corsets.

2865 *Pierret* et *Lami-Housset*, à Paris, rue de Richelieu, n. 95 : Chemises pour hommes.

2866 *Pichard* (madame), à Paris, rue Laffitte, n. 25 : Corsets.

2867 *Villermot*, à Paris, rue Grange-Batelière, n. 1 : Cols et Cravates.

2868 *Farrow* (madame), rue du 29 Juillet, n. 1 : Corsets.

2869 *Berté*, à Paris, rue Saint-Honoré, n. 294 : Corsets.

2870 *Renaudot*, à Paris, rue de Grenelle-Saint-Germain, n. 24 : Plomberie, Fontainerie.

2871 *Boulet* et *Gresser*, à Paris, rue des Trois-Bornes, n. 26 : Garde-robes inodores.

2872 *Descayrac*, à Paris, rue de Malte, n. 10 : Billards.

2873 *Poulet*, à Paris, passage de l'Ancre, n. 12 : Bandages pour hommes.

2874 *Hattutc*, à Paris, rue des Petits-Pères, n. 5 : Dents minérales.

2875 *Verdier*, à Paris, rue Neuve-des-Petits-Champs, n. 6 : Instruments de chirurgie.

2876 *Bergeron*, à Paris, passage du Grand-Cerf, n. 44 : Appareils orthopédiques.

2877 *Désirabode*, à Paris, Palais-Royal, n. 154 : Dents artificielles.

2878 *Delmont*, à Paris, rue de Bussy, n. 17 : Dents artificielles.

2879 *Couville*, à Paris, rue des Arcis, n. 2 : Instruments de chirurgie en gomme élastique.

2880 *Benoist*, à Paris, rue de Sèvres, n. 3 : Dents artificielles.

2881 *Wickham*, à Paris, rue Saint-Honoré, n. 275 : Bandages herniaires.

2882 *Lafond*, à Paris, rue Vivienne, n. 23 : Bandages herniaires.

2883 *Manin* fils, à Paris, rue Mauconseil, n. 4 : Bandages à pelotes en caoutchouc.

2884 *Barbou*, à Paris, rue Montmartre, n. 58 : Serrurerie, Indicateur remplaçant les sonnettes.

2885 *Bertèche Bonjean* jeune et *Chesnon*, à Sédan (Ardennes) : Draps divers, Casimirs, Satins, Piqués.

2886 *Labrosse* et *Comp.*, à Sédan (Ardennes) : Draps, Vigogne vert russe.

2887 *Testard* et *Métayer*, à Clairvaux (Aube) : Calicots écrus, Coutils fougère, russe ; Cretonne pour doublures, Serviettes écrues, œil de perdrix.

2888 *Dupreuil*, à Pouy (Aube) : Échantillons de laine lavée provenant de ses troupeaux. Médaille d'argent en 1834.

Nᵒˢ   MM.

2889 *Pinguet*, à Frainel (Aube) : Fleurs sculptées, France allégorique, Nécessaires.

2890 *Godet-Huchard*, à Troyes (Aube) : Plaques à coton, 35 pouces, n. 24 ; à laine double chaînette, bouté en ligne *dito*, à différents numéros ; Ruban pour coton et pour laine de plusieurs longueurs.

2891 *Gennevois (Jean-Baptiste)*, à Troyes (Aube) : Bas d'enfants en laine et en coton, Chaussettes d'hommes en coton, Gants de femme fil d'É- cosse, fabriqués sur le métier ; Mitaines à côtes, Bas de femmes en coton écru et fin.

2892 *Pitancier* et *Martin*, à Troyes (Aube) : Pantalons unis, bourre de cachemire, à côtes, pluche double en tricot, bas de jambes à étriers, Robe guillochée ; Manches, Pantalons de femmes, Cale- çons de bain, Brassières à côtes, Maillots, Camisoles à côtes, unies, bourre cachemire piquée, Caleçons de femmes bourre cachemire, Manches à côtes unies pour femmes, Gilets à boutons d'os pour chasseurs, Jupons à côtes, en tulle piqué, Bas de femmes blancs fins, fils d'Écosse à jours, au poinçon, écrus, moulinés, de diverses couleurs, Bas d'hommes gris, bleu barbeau, écrus, bleu foncé, Gants de femmes coupés.

2893 *Dupont-Chrétiennot*, à Troyes (Aube) : Finette écrue à poils, Coutil rayé bleu, croisé rayé cachoux, uni, à carreaux, bleu mouliné, à grandes raies, mouliné.

2894 *Massin*, à Vaudepart, commune de Villeloup (Aube) : Échantil- lons de laine provenant de ses troupeaux.

2895 *Beleurgey*, à Troyes (Aube) : Bride-licou de guerre ou de chasse, à têtière unique et universelle ; Fusil de chasse dit *Beleurgey*, Pou- drière dite sans frottements, un Sac à Plomb, deux Traîneaux à glace, un Étau parallèle et de précision et forerie adaptive, Lu- nette dite universelle, un Tour en l'air, Mandrins de tour, Robi- net hermétique incrochetable, Schakos de forme nouvelle, Vo- lutrace.

2896 *Benoit*, à Troyes (Aube) : Pressoir à vin et petit Pressoir pour les pharmaciens. Médaille de bronze en 1834, sous la raison sociale François Jeune et Benoit.

2897 *Feugé-Fessard*, à Troyes (Aube) : Couvertures et Couvre-pieds pi- qués, à rosaces et autres.

2898 *Frézon* jeune, à Paris, rue Saint-Victor, n. 65, 67 : Teinture en tous genres.

2899 *Faure* fils aîné, à Paris, rue des Orfèvres, n. 2 : Filature, Teinture sur laines filées.

2900 *Hankin*, à Paris, rue de Buffaut, n. 2 : Stores et Écrans.

2901 *Boucher* et *Dauvers*, à Paris, rue Sainte-Avoie, n. 32 : Chapellerie.

2902 *Flanneau*, à Paris, rue de Beaune, n. 7 : Cuirs et Rasoirs.

2903 *Griffon* (madame), à Paris, rue Neuve-de-Chabrol, n. 7 : Dégrais- sage des étoffes de soie.

N^{os}   MM.

2904 *Daiguebelle*, à Paris, rue Notre-Dame-des-Champs, n. 55 : Cuirs en tous genres.

2905 *Lioche*, à Paris, rue Meslay, n. 4 : Portefeuille de poche.

2906 *Hébert*, à Paris, rue Saint-Louis, n. 9, au Marais : Bottes et Souliers.

2907 *Deschamps*, à Paris, galerie d'Orléans, Palais-Royal, n. 14 : Bottes et Souliers.

2908 *Modot*, à Paris, passage Choiseul, n. 33 : Bottes et Souliers.

2909 *Wiss*, à Paris, rue Montorgueil, n. 11 : Chaussures pour dames.

2910 *Bridard*, à Paris, rue Neuve-Saint-Marc, n. 7 : Chaussures hygiéniques.

2911 *Varigar*, à Paris, rue des Saints-Pères, n. 65 : Chaussure corioclave.

2912 *Siber*, à Paris, rue du Mail, n. 32 : Chapeaux de paille.

2913 *Aubert*, à Paris, rue du Faubourg-Saint-Antoine, n. 145 : Sabots.

2914 *Francou*, à Paris, rue de Grenelle-Saint-Honoré, n. 38 : Bottes.

2915 *Jacquet* et *Comp.*, à Paris, rue de Charonne, n. 88 : Souliers à la mécanique.

2916 *Jurisch* et *Comp.*, à Paris, rue de Surène, n. 23 : Semelles chevillées mobiles.

2917 *Guéroult*, à Paris, passage des Vignes, n. 10 : Moellons et Briques.

2918 *Duval*, à Issy, hameau du Brave-Homme, n. 1 : Pierres artificielles.

2919 *Aulnette* et *Comp.*, à Paris, quai Jemmapes, n. 182 : Brai et Mastic bitumineux.

2920 *Debray* et *Comp.*, à Paris, rue du Faubourg-Saint-Denis, n. 93 : Goudron minéral.

2921 *Verreaux*, à Paris, rue Jean-Robert, n. 26 : Toitures en zinc.

2922 *Bordon*, à Paris, rue Coquenard, n. 44 : Appareil pour les vitraux.

2923 *Coquet*, à Paris, rue Cadet, n. 18 : Cuvette dite *Vase-filtre*.

2924 *Aurès*, à Paris, rue Mauconseil, n. 20 : Bijouterie en perles fines.

2925 *Aubril*, à Paris, Palais-Royal, n. 139 : Rasoirs et Cuirs.

2926 *Renard*, à Paris, rue Neuve-des-Petits-Champs, n. 19 : Coutellerie.

2927 *Lanne*, à Paris, rue du Temple, n. 42 : Rasoirs et Cuirs.

2928 *Auger*, à Paris, quai de la Mégisserie, n. 72 : Serrurerie.

2929 *Chapon*, à Paris, quai de la Gare-d'Ivry, n. 6 : Haute serrurerie.

2930 *Bainée*, à Paris, rue des Boulangers-Saint-Victor, n. 22 : Lits en fer et Cisailles.

2931 *Dutartre*, à Paris, avenue de Saxe, n. 24 : Machines typographiques.

2932 *Rouffet*, à Paris, rue de Perpignan, n. 8 : Tours, Meules, Étaux.

6*

Nᵒˢ   MM.

2933 *Gierlini*, à Paris, rue Saint-Thomas-du-Louvre, n. 36 : Métier pour le tissage des soies.

2934 *Bernard* et *Bonne*, à la Chapelle-Saint-Denis, rue de la Goulle-d'Or, n. 43 : Machines nouvelles pour diviser et tailler les écrous.

2935 *Piot*, à Paris, rue de Choiseul, n. 1 : Châssis en fer dit *à simple ornière*.

2936 *Neville* et *Nash*, à Paris, rue Laffitte, n. 15 : Nouveau système de pont.

2937 *Blondeau*, à Paris, rue de la Paix, n. 19 : Montres, Chronomètres, etc.

2938 *Lemarquant*, à Paris, rue du Faubourg-Saint-Denis, n. 65 : Horlogerie.

2939 *Junot*, à Paris, rue Ménilmontant, n. 94 : Balances à bascule.

2940 *Delaborne*, à Paris, rue Saint-Honoré, n. 272 : Instruments d'optique.

2941 *Lory* père, à Paris, rue Boucherat, n. 34 : Horlogerie.

2942 *L'homond*, à Montmartre, rue du Chemin-Neuf, n. 7 : Moteur pour voitures.

2943 *Blanchetière*, à Paris, rue du Hasard, n. 1 : Compas métrique.

2944 *Cournot*, à Paris, rue de Vaugirard, n. 96 : Machines électriques.

2945 *Fressoz* et *Comp.*, à Paris, rue du Sentier, n. 18 : Pianos.

2946 *Antoine*, à Paris, rue de Bellièvre, n. 4 : Dessiccation des bois.

2947 *Cartier* fils et *Grieu*, à Paris, rue du Chaume, n. 17 : Produits chimiques.

2948 *Albert*, à Paris, rue Neuve-Saint-Laurent, n. 8 : Produits chimiques.

2949 *Monpelas*, à Paris, rue Saint-Martin, n. 129 : Parfumerie.

2950 *Violet*, à Paris, rue Saint-Denis, n. 185 : Parfumerie.

2951 *Oger*, à Paris, rue Culture-Sainte-Catherine, n. 17 : Parfumerie.

2952 *Vignerie*, à Paris, rue Saint-Denis, n. 243 : Parfumerie.

2953 *Renaud* et *Comp.*, à Paris, rue Bourg-l'Abbé, n. 41 : Parfumerie.

2954 *Prevost*, à Paris, rue de Richelieu, n. 51 : Parfumerie.

2955 *Gellée* frères, à Paris, rue des Vieux-Augustins, n. 25 : Parfumerie.

2956 *Salivet*, à Paris, rue de Sèvres, n. 2 : Eau de Cologne.

2957 *Legrand*, à Paris, rue Saint-Martin, n. 230 : Parfumerie.

2958 *Dubois*, à Paris, rue des Lombards, n. 21 : Eau de Cologne.

2959 *Blondeaux*, à Paris, rue Bourg-l'Abbé, n. 10 : Savonnerie fine.

2960 *Lagoutte*, à Paris, rue Bourg-l'Abbé, n. 20 : Parfumerie.

2961 *Raybaud*, à Paris, rue Saint-Denis, n. 125 : Parfumerie, Amidon, Moutarde.

2962 *Martin*, à Paris, rue des Vieux-Augustins, n. 37 : Parfumerie.

N°s   MM.

2963 *Prieur*, à Paris, faubourg du Temple, n. 109 : Conserves alimentaires.

2964 *Montfort*, à Paris, rue de l'Université, n. 108 : Cirages.

2965 *Pigeault*, à Paris, rue des Vieux-Augustins, n. 53 : Cirage di *Hélichrone*.

2966 *Jouve*, à Paris, rue Neuve-Samson, n. 8 : Rouge végétal.

2967 *Vellard*, à Paris, rue Saint-Denis, n. 390 : Vernis.

2968 *Contamine*, à Paris, rue des Billettes, n. 13 : Couleurs diverses.

2969 *Meynadier*, à Mont-Rouge, Grande-Rue, n. 32 : Oxyde de cuivre.

2970 *Lebordais*, à Paris, rue de Charenton, n. 96 : Vernis.

2971 *Debourges*, à Paris, rue de Fleurus, n. 10 : Vernis.

2972 *Lesage*, à Paris, rue Montmartre, n. 32 : Cirage.

2973 *Thierry*, à Paris, rue Maison-Neuve, n. 17 : Modèles d'architecture.

2974 *Royer*, à Paris, rue Saint-Antoine, n. 23 : Ébénisterie.

2975 *Werner*, à Paris, rue de Grenelle-Saint-Germain, n. 108 : Ébénisterie.

2976 *Dumont*, à Paris, rue de Harlay au Marais, n. 6 : Ébénisterie.

2977 *Gallet*, à Paris, rue de la Grande-Truanderie, n. 5 : Tabletterie.

2978 *Boinville*, à Paris, rue de Bièvre, n. 38 : Ustensiles pour l'imprimerie.

2979 *Conpan*, à Paris, rue de Choiseul, n. 6 : Peintures en armoiries.

2980 *Kamuller*, à Paris, rue des Deux-Écus, n. 5 : Impressions en couleurs.

2981 *Vallet*, à Paris, rue Hauteville, n. 6 : Impressions translucides.

2982 *Paris*, à Paris, passage Choiseul, n. 25 : Perruques.

2983 *Mailly*, à Paris, rue Saint-Martin, n. 149 : Perruques.

2984 *Courcelle*, à Paris, rue Beaubourg, n. 44 : Lustres.

2985 *Maxant*, à Paris, rue de la Roquette, n. 68 : Appareils contre la fumée.

2986 *Chabrerat*, à Paris, rue de la Tour-du-Temple, n. 18 *bis* : Appareils contre la fumée.

2987 *Mauger*, à Grenelle, rue de la Vierge : Fourneaux économiques.

2988 *Croisat*, à Paris, rue de l'Odéon, n. 33 : Brosserie.

2989 *Marot*, à Paris, rue Saint-Denis, n. 331 : Parapluies et ombrelles.

2990 *Hamelaerts*, à Paris, rue Saint-Sauveur, n. 24 : Parapluies et Ombrelles.

2991 *Barral*, à Paris, galerie Vivienne, n. 11 : Parapluies et Ombrelles.

2992 *Grenier*, à Paris, faubourg Saint-Martin, n. 13 : Parapluies et Ombrelles.

2993 *Loth* fils, à Paris, rue Saint-Honoré, n. 95 : Parapluies et Ombrelles.

Nᵒˢ   MM.

2994 *Robouam*, à Paris, place des Victoires, n. 7 : Parapluies et Ombrelles.

2995 *Prins*, à Paris, rue du Bac, n. 13 : Parapluies et Ombrelles.

2996 *Leviel* (madame), à Paris, boulevard Poissonnière, n. 20 : Corsets.

2997 *Duhamel*, à Paris, rue Bourg-l'Abbé, n. 30 : Bretelles, Jarretières.

2998 *Lesoeuf de Petigny*, à Paris, rue Neuve-des-Petits-Champs, n. 13 : Cols en satin et autres.

2999 *Lamotte*, à Paris, rue Saint-Denis, n. 303 : Bretelles, Cols, Cravates.

3000 *Guinier*, à Paris, rue Saint-Philippe, n. 2 : Garde-robes.

3001 *Dupré*, à Paris, rue de Trévise, n. 12 : Ceintures périodiques.

3002 *Moncourt* et *Comperot*, à Paris, rue du Temple, n. 109 : Machines orthopédiques.

3003 *Borsary* et *Comp.*, à Paris, rue Vivienne, n. 57 : Bandages herniaires.

3004 *Delaunay*, à Paris, rue Feydeau, n. 13 : Corsets et ceintures galvaniques.

3005 *Didier*, à Paris, place du Palais-Royal, n. 225 : Dents minérales.

3006 *Gillet*, à Paris, Cour des Fontaines, n. 4 : Mesure à l'usage des tailleurs.

3007 *Beker*, à Paris, rue de Grenelle-Saint-Honoré, n. 39 : Procédé pour rendre les tissus imperméables.

3008 *Ell*, à Paris, rue Saint-Honoré, n. 252 : Chaussures imperméables.

3009 *Drouileau*, à Paris, rue de Chartres, n. 7 et 9 : Guêtres en tous genres.

3010 *Paumier*, à Paris, rue du Four-Saint-Germain, n. 82 : Bottes sans clous ni coutures.

3011 *Clex*, à Paris, rue Vivienne, n. 4 : Botterie.

3012 *Fargue*, à Paris, rue Jean-Jacques-Rousseau, n. 6 : Botterie.

3013 *Guillaume*, à Paris, rue Montorgueil, n. 14 : Sabots bottines pour femmes.

3014 *Seynave*, à Paris, rue Mandar, n. 10 : Chaussures pour dames.

3015 *Morisseau*, à Paris, rue des Fontaines, n. 19 · Sabots.

3016 *Roux*, à Paris, rue du Roule, n. 4 : Chaussures pour dames.

3017 *Barié*, à Paris, rue Saint-Germain-l'Auxerrois, n. 44 : Bottes et souliers.

3018 *Fochetti*, à Paris, rue Saint-Honoré, n. 357 : Bottes.

3019 *Raulin*, à Paris, rue Grange-aux-Belles, n. 3, impasse Sainte-Opportune : Ressorts à air comprimé pour voitures.

3020 *Louvel* et *Comp.*, à Paris, rue Quincampoix, n. 30 : Sabots perfectionnés.

3021 *Dassouville*, à Paris, rue de la Calandre, n. 26 : Sabots perfectionnés.

| N^{os} | MM. |

Nos   MM.

3022 *Mathias*, à Paris, rue Saint-Honoré, n. 108 : Papeterie.

3023 *Delport*, à Paris, rue Guérin-Boisseau, n. 24 : Papier doré et argenté.

3024 *Primard*, à Paris, rue du Faubourg-Saint-Denis, n. 125 : Émail appliqué sur tous métaux.

3025 *Gangnebien*, à Paris, rue du Temple, n. 117 : Coffre-fort (nouveau procédé).

3026 *Du Souich* et *Lorin*, à Paris, Petite rue du Bac, n. 20 : Sucre et sirop de betteraves.

3027 *Villeroi*, à Paris, rue Mazarine, passage Dauphine, escalier G : Presses lithographiques.

3028 *Kulbach*, à Paris, rue du Faubourg-Saint-Honoré, n. 39 : Machine à mesurer les espaces.

3029 *Menoud*, à Paris, rue Saint-Denis, n. 148 : Horlogerie.

3030 *Gabet*, à Paris, rue du Pot-de-Fer, n. 12 : Horlogerie.

3031 *Normand*, à Paris, rue du Bac, n. 37 : Horlogerie.

3032 *Marie* et *Charpentier*, à Paris, route de Neuilly, n. 100 : Dessiccation des bois.

3033 *Faguer*, à Paris, rue Richelieu, n. 93 : Savons de toilette et autres.

3034 *Pitay*, à Paris, route d'Allemagne, n. 110, barrière de Pantin : Produits de la Savonnerie de la Petite-Villette.

3035 *Messier* et *Amavel*, rue Saint-Martin, n. 103 : Parfumerie et Savons.

3036 *Bourbonne* (madame), à Paris, rue de la Verrerie, n. 95 : Parfumerie et Savons.

3037 *Demarson*, à Paris, rue Saint-Martin, n. 15 : Parfumerie et Savons.

3038 *Cougny* et *Comp.*, à Paris, rue de la Roquette, n. 57 : Cirages imperméables.

3039 *Dubellet* et *Comp.*, à Paris, rue Fontaine-Saint-Georges, n. 9 : Brillant vernis pour meubles.

3040 *Le Cavalier*, madame veuve *Langlois*, à Paris, rue du Faubourg-Saint-Martin, n. 180 : Porcelaines.

3041 *Ardisson*, à Paris, rue des Couronnes, à Belleville, n. 3 : Ébénisterie, Moulures, Chapiteaux.

3042 *Benard*, à Paris, rue des Marais-du-Temple, n. 2 : Cheminées à tournebroches aéroliques et perpétuels.

3043 *Jouani*, à Paris, place Vendôme, n. 2 : Parapluies et Ombrelles.

3044 *Achard*, à Paris, cour de la Trinité, n. 40 : Montures de parapluies.

3045 *Faullain de Banville*, à Paris, rue du Four-Saint-Honoré, n. 33 : Parapluie à canne brisée.

3046 *Dumoulin* (madame), à Paris, rue du 29 Juillet, n. 5 : Corsets.

3047 *Collet* (madame), à Paris, passage du Caire, n. 13 : Corsets.

3048 *Bellamy*, à Paris, rue Saint-Denis, n. 271 : Tissus et Bretelles.

N°ˢ	MM.

3049 *Gagelin* et *Opigez*, à Paris, rue de Richelieu, n. 93 : Étoffes nouvelles pour robes.

3050 *Martinant de Preneuf*, à Paris, rue des Moineaux, n. 7 : Thermodromes, Appareils pour bains.

3051 *Guy*, à Paris, rue de la Harpe, n. 45 : Objets d'histoire naturelle.

3052 *Delas*, à Paris, rue Neuve-Vivienne, n. 49 : Somatomètre, nouveau procédé de précision pour les mesures à prendre pour les tailleurs et tailleuses.

3053 *Coquillard*, serrurier, à Châlons (Marne) : Machines à boucher les bouteilles.

3054 *Carrière* et *Reidon*, à Saint-André-de-Valborgne (Gard) : Flottes de soie grége, notées 1 à 2.

3055 *Teissier Ducros*, à Valleraugue (Gard) : Échantillons soie grége, portant les n.ˢ 3 à 13, fixés sur plaque de carton. Médaille d'or en 1834.

3056 *Chambon (Louis)*, à Alais (Gard) : Échantillons soie grége et ouvrée.

3057 *Bruguière* et *Boucoiran*, à Nimes (Gard) : Échantillons soie grége, ouvrée, Cordonnets et Fantaisie. Médaille de bronze en 1834.

3058 *Rouvière* frères, à Nimes (Gard) : Échantillons soie ouvrée diverse.

3059 *Cabrit (Théodore)*, à Saint-André-de-Valborgne (Gard) : Échantillons laine peignée.

3060 *Aubanel Delpon (Achille)*, à Sommières et Crespian (Gard) : Échantillons de laine peignée.

3061 *Arnaud (Isaac)* cadet, à Nimes (Gard) : Échantillons de laine peignée.

3062 *Mirial (Scipion)*, à Anduze (Gard) : Échantillons de fantaisie peignée.

3063 *Cazes*, au Vigan (Gard) : Articles de bas de coton.

3064 *Agniel*, *Lafont* et *Comp.*, à Uzès (Gard) : Bas et Chaussettes en soie et bourre de soie.

3065 *Benoit (Auguste)*, à Saint Jean du Gard (Gard) : Échantillons bas de soie et fil à jour. Médaille de bronze en 1834, sous la raison Benoit père et fils.

3066 *Roussel* frères, à Anduze (Gard) : Échantillons de bas de soie et fil d'Écosse.

3067 *Cambon (Antoine)* cadet, à Sumènes (Gard) : Échantillons de bas et robes tricot.

3068 *Cabane (Alexandre)*, à Nimes (Gard) : Échantillons de bas, gants et mitons divers.

3069 *Gamalié* fils, à Vauvert, près Nimes (Gard) : Échantillons de gants et mitons filets.

3070 *Joyeux (Émile)* et *Comp.*, à Nimes (Gard) : Échantillons de gants et mitons divers. Mention honorable en 1834.

N^{os}　　MM.

3071 *Fregefon (J.-P.)*, à Nîmes (Gard) : Échantillons de gants et mitons divers.

3072 *Joyeux* fils aîné, à Nîmes (Gard) : Échantillons de bas, gants et mitons divers.

3073 *Beaud (François-Hippolyte)* aîné, à Nîmes (Gard) : Échantillons de bas, gants et mitons divers.

3074 *Rouyière, Cabane* et *Comp.*, à Nîmes (Gard) : Échantillons de gants et tricots. Médaille d'or en 1834.

3075 *Colomb (Pierre)*, à Nîmes (Gard) : Tissus pour bretelles. Mention honorable en 1834.

3076 *Guerin* et *Pailler*, à Nîmes (Gard) : Échantillons de lacets, cordons, etc.

3077 *Conte (Antoine)*, à Nîmes (Gard) : Châles thibet broché, tartan, grenadine, Fichus, Gants et Mitons. Médaille de bronze en 1834.

3078 *Puget (Antoine)*, à Nîmes (Gard) : Coupes Florence et Marcelines.

3079 *Constant (François)*, à Nîmes (Gard) : Châles divers.

3080 *Bouet (Jean)* et *Ribes* fils, à Nîmes (Gard) : Châles divers. Médaille de bronze en 1834.

3081 *Colondre (Jean)* et *Prade*, à Nîmes (Gard) : Échantillons de châles divers.

3082 *Sabran* frères, à Nîmes (Gard) : Articles châles divers. Rappel de Médaille d'or en 1834, sous la raison sociale Sabran père et fils et Raynaud.

3083 *Curnier (Pierre)* et *Comp.*, à Nîmes (Gard) : Châles, Coupes d'étoffes, Échantillons de fichus divers. Rappel de Médaille d'or en 1834.

3084 *Barnouin* et *Bureau*, à Nîmes (Gard) : Échantillons de châles brochés divers. Médaille d'argent en 1834.

3085 *Hauvert* fils, *Ducros* et *Saussine*, à Nîmes (Gard) : Châles imprimés et brochés divers. Médaille d'or en 1834, sous la raison sociale Durand, Bouchet et Hauvert.

3086 *Bousquet Dupont*, à Nîmes (Gard) : Échantillons en pièces, Fichus et Foulards. Rappel de Médaille de bronze en 1834.

3087 *Baragnon (Maxime)* et *Comp.*, à Nîmes (Gard) : Foulards, Sautoirs, Fichus divers.

3088 *Gaidan* frères, à Nîmes (Gard) : Foulards. Mention honorable en 1834.

3089 *Combié-Rossel*, à Nîmes (Gard) : Écharpes et Étoffes diverses. Médaille de bronze en 1834.

3090 *Maison centrale*, à Nîmes (Gard) : Échantillons de fantaisie et Laine peignée et étoffe bourrette. Mention honorable en 1834.

3091 *Coumert, Carretton* et *Chardounaud*, Nîmes (Gard) : Châles imprimés divers. Médaille de bronze en 1834.

Nᵒˢ   MM.

3092 *Mirabeau* et *Comp.*, à Nîmes (Gard) : Châles divers.

3093 *Redarès* (*Victor* et *Antoine*) frères, à Nîmes (Gard) : Échantillons de tapis, Tapis entier.

3094 *Guin* et *Comp.*, à Nîmes (Gard) : Bas de soie.

3095 *Roux* frères, à Nîmes (Gard) : Châles divers. Médaille d'argent en 1834.

3096 *Jourdan* fils et *Comp.*, à Nîmes (Gard) : Foulards divers.

3097 *Daudet* jeune et *Chabaud*, à Nîmes (Gard) : Foulards et cravates. Mention honorable en 1834.

3098 *Dhombres* (*Michel*), à Nîmes (Gard) : Châles imprimés divers, et Échantillons de coton rouge Andrinople.

3099 *Chaballier* et *Ponçon*, à Nîmes (Gard) : Échantillons de gants et mitons.

3100 *Pagès* fils et *Comp.*, à Nîmes (Gard) : Échantillons de soie ouvrée diverse. Mention honorable en 1834.

3101 *Flaissier* frères, à Nîmes (Gard) : Échantillons de tapis portière.

3102 *Germain* (*Pierre*), au Vigan (Gard) : Échantillons de bas et bonnets divers.

3103 *Lecun* et *Comp.*, à Nîmes (Gard) : Tapis et Tapisserie.

3104 *Daudet* aîné et *Comp.*, à Nîmes (Gard) : Foulards et fichus divers.

3105 *Soulas* aîné et *Comp.*, à Marguerites, près Nîmes (Gard) : Tapis et Tapisserie.

3106 *Geminard* (*Philippe*), à Saint-Jean-du-Gard (Gard) : Une paire de Sabots-souliers.

3107 *Drouillard*, *Benoist* et *Comp.*, aux Forges d'Alais (Gard) : Échantillons de fer laminé et fonte diverse.

3108 *Lacaze*, à Nîmes (Gard) : Un Instrument aratoire, Griffon à 5 socs.

3109 *Pelet* (*Auguste*), à Nîmes (Gard) : Plan relief des monuments antiques du Midi.

3110 *Kremer*, à Uzès (Gard) : Plan d'un nouveau procédé de chauffage pour filature de soie.

3111 *Meynard* (*Cadet*), à Nîmes (Gard) : Échantillons de bonneterie.

3112 *Colliau* et *Comp.*, à Toute-Voye, commune de Gouvieux (Oise) : Échantillons de clous d'épingles, de fil de fer et de tissus métalliques. Médaille d'argent en 1827 ; Rappel en 1834.

3113 *Duvoir* (*Léon*), à Melun (Seine-et-Marne) : Cuvier lessive monté sur trois petites roues.

3114 *Budy*, à Montereau (Seine-et-Marne) : Composition métallique pour étamage.

3115 *Thomassin*, à Provins (Seine-et-Marne) : Cuirs forts entiers.

3116 *Gilquin* fils, à La Ferté-sous-Jouarre (Seine-et-Marne) : Meules à moulin.

3117 *Delatouche*, aux Marais, commune de Jouy-sur-Morin (Seine-et-Marne) : Papiers divers. Médaille d'or en 1834.

Nos   MM.

3118 *Vernier*, à Melun (Seine-et-Marne) : Briques-modèle.

3119 *Dubourg*, à la maison centrale de détention de Melun (Seine-et-Marne) : Nécessaires en ébénisterie, Boîtes, Caves à liqueurs, Pupitres, etc.

3120 *Lebeuf* (*Louis*), à Montereau (Seine-et-Marne) : Articles de porcelaine opaque. Médaille d'or en 1834.

3121 *Ganneron*, à Bussy-Saint-Georges (Seine-et-Marne) : Laines. Médaille d'argent en 1827 et 1834.

3122 *Jacob-Petit*, à Fontainebleau (Seine-et-Marne) : Porcelaine.

3123 *Loriot*, à Meaux (Seine-et-Marne) : Machine à battre les céréales.

3124 *Noël* (*Jules*), à Meaux (Seine-et-Marne) : Toiles de coton.

3125 *Leroy* (*Raphaël*), à Meaux (Seine-et-Marne) : Charrue mécanique.

3126 *Lefaucheux* (*Casimir*), au Pont-de-Gennes (Sarthe) : Nouveau système d'enrayage pour les voitures.

3127 *Miguel*, à Amboise (Indre-et-Loire) : Aiguilles.

3128 *Collineau* (*René*), à Tours (Indre-et-Loire) : Canevas et articles de tapisserie, tels que Bourses, Écrans, Cordonnets de soie, or et argent, Toile à bluter en fil, Store moustiquaire tissé en diverses couleurs.

3129 *Hareng*, à Bléré (Indre-et-Loire) : Charrue-semoir.

3130 *Bellanger Picard*, à Caudebec-lès-Elbeuf (Seine-Inférieure) : Verrous et boutons.

3131 *Dupré*, à Forge-les-Eaux (Seine-Inférieure) : Sulfate de fer.

3132 *Gallet*, à Ingouville, près le Havre (Seine-Inférieure) : Noir animalisé et poudre désinfectante.

3133 *Cailly*, à Saint-Nicolas d'Alhiermont (Seine-Inférieure) : Pièces d'horlogerie.

3134 *Douillon*, à Saint-Nicolas-d'Alhiermont (Seine-Inférieure) : Mouvements à tableaux et pour régulateurs, etc.

3135 *Boromé de Lépine*, à Saint-Nicolas-d'Alhiermont (Seine-Inférieure) : Mouvements d'horlogerie, régulateurs, etc.

3136 *Pouyer Hellouin*, à Saint-Wandrille (Seine-Inférieure) : Cotons filés. Médaille d'argent en 1834.

3137 *Lefort*, à Grand-Couronne (Seine-Inférieure) : Tulles-filet, et Tulles en bande.

3138 *Braquehais*, à Bolbec (Seine-Inférieure) : Souliers imperméables.

3139 *Delacretas*, à Grasville-l'Heure (Seine-Inférieure) : Produits chimiques.

3140 *Piquot-Deschamps*, à Rouen (Seine-Inférieure) : Coton Louisiane, Chaîne Mull Jenny, n° 30; Déchet de coton continu, n° 18.

3141 *Vaussard* fils, à Bondeville (Seine-Inférieure) : Coton trame fusée pour tissure, n° 36, chaîne *dito*, n° 28, Calicot mécanique.

3142 *Levasseur*, à Rouen (Seine-Inférieure) : Niveau d'eau.

3143 *Cuvelier*, à Blangy (Seine-Inférieure) : Briques, Savon jaune à base de résine.

N^{os}   MM.

3144 *Maron* et *Damoiseau*, à Rouen (Seine-Inférieure) : Couvertures en coton brochées, de piqué double, etc., de laine, de coton lisse.

3145 *Lalizel* jeune, à Déville (Seine-Inférieure) : Pelotes] en coton pour mèches, bougies et autres.

3146 *Grenet* fils, à Rouen (Seine-Inférieure) : Colle forte, Gélatine. Médaille de bronze en 1827 ; Médaille d'argent en 1834.

3147 *Auber* (*Louis*), à Rouen (Seine-Inférieure) : Étoffes de fantaisie. Médaille d'or en 1834.

3148 *Lemoine*, à Rouen (Seine-Inférieure) : Condensateur à triple effet et Chauffeur alimentaire.

3149 *Perrot*, à Rouen (Seine-Inférieure) : Machines à imprimer.

3150 *Lagogué*, à Maromme (Seine-Inférieure) : Batteur-étaleur pour filature de coton.

3151 *Hall*, *Pow* et *Scott*, à Rouen (Seine-Inférieure) : Machine à fouler les étoffes laines.

3152 *Fauquier-Lemaître*, à Bolbec (Seine-Inférieure) : Cotons filés. Médaille d'or en 1834.

3153 *Manoury-Lami*, à Bolbec (Seine-Inférieure) : Indiennes.

3154 *Boimare* et *Gomont*, à Bolbec (Seine-Inférieure) : Indiennes.

3155 *Vautier*, à Rouen (Seine-Inférieure) : Rouenneries dites Parapluies.

3156 *Lemaignan*, à Bolbec (Seine-Inférieure) : Indiennes.

3157 *Lemonnier*, à Yvetot (Seine-Inférieure) : Mouchoirs.

3158 *Mabire*, à Bolbec (Seine-Inférieure) : Mouchoirs.

3159 *Moutier-Huet*, à Bolbec (Seine-Inférieure) : Mouchoirs.

3160 *Duforestel-Lefebvre*, à Rouen (Seine-Inférieure) : Mouchoirs et Calicots.

3161 *Poulard* frères, à Luneray (Seine-Inférieure) : Guingamps.

3162 *Hazard* frères, à Rouen (Seine-Inférieure) : Mousselines de laine et Indiennes.

3163 *Néron* jeune, à Rouen (Seine-Inférieure) : Mouchoirs imprimés. Médaille d'argent en 1823 ; Rappels en 1827 et 1834.

3164 *Girard* et *Comp.*, à Déville (Seine-Inférieure) : Indiennes.

3165 *Viquesnel*, à Rouen (Seine-Inférieure) : Coton et soie brochés, Mouchoirs fil et coton et tout fil.

3166 *Musset*, à Rouen (Seine-Inférieure) : Serrures de sûreté et autres, Cadenas, etc.

3167 *Mainot*, à Rouen (Seine-Inférieure) : Rots en acier et en cuivre. Mention honorable en 1834.

3168 *Gonfreville* aîné, à Déville (Seine-Inférieure) : Échantillons de cotons teints. Médaille d'argent en 1819 ; Médaille d'or en 1823 ; Mention honorable en 1834.

3169 *Papavoine* et *Châtel*, à Rouen (Seine-Inférieure) : Machine à fabriquer les plaques de cardes.

3170 *Legrand*, à Saint-Nicolas-d'Alhiermont (Seine-Inférieure) : Serrures en fer poli et autres.

Nᵒˢ   MM.

3171 *Lalizel* aîné, à Barentin (Seine-Inférieure) : Cotons filés.

3172 *Lachanterie*, à Rouen (Seine-Inférieure) : Siége antiscodotique ou inodore.

3173 *Uruty*, à Rouen (Seine inférieure) : Bois de teinture.

3174 *Derouvroy-d'Aubigny*, à Rouen (Seine-Inférieure) : Lisses de coton pour lames.

3175 *Manné*, à Bois-d'Ennebourg (Seine-Inférieure) : Papirographie.

3176 *Périaux (Nicolas)*, à Rouen (Seine-Inférieure) : Articles de librairie.

3177 *Crépet* aîné, à Rouen (Seine-Inférieure) : Cotons filés.

3178 *Kœchlin (J. et A.)*, à Darnetal (Seine-Inférieure) : Indiennes.

3179 *Miroude*, à Rouen (Seine-Inférieure) : Plaques et Rubans de cardes. Mention honorable en 1834.

3180 *Louette-Lefebvre*, à Saint-Saëns (Seine-Inférieure) : Cuir entier Buenos-Ayres.

3181 *Muller Drouard et Comp.*, à Gueures (Seine-Inférieure) : Papeterie. Médaille de bronze en 1834.

3182 *Capron* fils aîné, à Rouen (Seine-Inférieure) : Bretelles.

3183 *Houdeville*, à Ouville-la-Rivière (Seine-Inférieure) : Toisons de mérinos, Médailles de bronze en 1823 et 1834.

3184 *Vermont et Comp.*, à Rouen (Seine-Inférieure) : Toile pour l'exportation.

3185 *Stackler*, à Rouen (Seine-Inférieure) : Indiennes et extrait de garance. Mention honorable en 1834,

3186 *Bénoist*, à Rouen (Seine-Inférieure) : Métier à tordre, enfiler et couper les mèches de chandelles.

3187 *Remond-Baudouin*, à Rouen (Seine-Inférieure) : Bois de teinture triturés.

3188 *Poliard*, à Rouen (Seine-Inférieure) : Un Modéle de ressort pour les paralytiques, un Obélisque en buis. Mention honorable en 1834.

3189 *Sautreuil* fils, à Fécamp (Seine-Inférieure) : Assortiments de bois de menuiserie façonnés à la mécanique.

3190 *Caignard*, à Rouen (Seine-Inférieure) : Toiles dites rouenneries. Médaille de bronze en 1834.

3191 *Pimont* aîné, à Rouen (Seine-Inférieure) : Indiennes et mouchoirs imprimés. Mention honorable en 1823; Médaille de bronze en 1827; Médaille d'argent en 1834.

3192 *Pimont* jeune, à Rouen (Seine-Inférieure) : Cravates, Foulards de soie, Mousseline-laine, Meuble-laine, Tapis et Draps imprimés. Médaille de bronze en 1827, et Médaille d'argent en 1834.

3193 *Kettinger*, à Rouen (Seine-Inférieure) : Indiennes.

3194 *Rondeaux Pouchet*, à Rouen (Seine-Inférieure) : Indiennes.

3195 *Fumière*, à Rouen (Seine-Inférieure) : Plaques et rubans de cardes.

3196 *Courtois*, à Forges (Seine-Inférieure) : Assortiment de pipes.

3197 *Bataille*, à Déville (Seine-Inférieure) : Cravates.

N^{os}   MM.

3198 *Agneray*, à Rouen (Seine-Inférieure) : Une Machine à former les cercles en fer.

3199 *Grandin* (*Victor*), à Elbeuf (Seine-Inférieure) : Draps et Nouveautés. Médaille d'or en 1834.

3200 *Guillebert*, à Paris, quai Voltaire, n. 21 *bis* : Cadres de dessins gravés.

3201 *Chefdrue* et *Chauvreulx*, à Elbeuf (Seine-Inférieure) : Draps et Nouveautés. Médaille de bronze en 1823 ; Médaille d'argent en 1823 ; Médaille d'or en 1834.

3202 *Durécu* (*Armand*) et *Comp.*, à Elbeuf (Seine-Inférieure) : Draps et Nouveautés.

3203 *Delarue* (*Alphonse*), à Elbeuf (Seine-Inférieure) : Draps.

3204 *Flavigny* (*Charles-Robert*), à Elbeuf (Seine-Inférieure) : Draps et Nouveautés. Médaille d'or en 1827 ; Rappel en 1834.

3205 *Gariel* (*Charles*), à Elbeuf (Seine-Inférieure) : Draps et Nouveautés.

3206 *Delarue* (*Augustin*) frères, à Elbeuf (Seine-Inférieure) : Draps et Nouveautés. Médaille d'argent en 1834.

3207 *Garrigou* : Aciers et Fers de la Fabrique métallurgique de dite usine de Saint-Antoine-sur-Ariége (Ariége).

3208 *Beer* (*Morel*), à Elbeuf (Seine-Inférieure) : Draps et Nouveautés. Mention honorable en 1834.

3209 *Barbier* aîné, à Elbeuf (Seine-Inférieure) : Draps.

3210 *Couprie*, *Michel* et *Comp.*, à Elbeuf (Seine-Inférieure) : Draps.

3211 *Marcand* (*Auguste*), à Dijon (Côte-d'Or) : Chanvre et Fil écru, blanchis par procédés chimiques, et Lessivage du linge par la vapeur, Étoupes provenant du chanvre peigné, Corde fabriquée avec les mêmes étoupes.

3212 *Dumor Masson*, à Elbeuf (Seine-Inférieure) : Draps.

3213 *Defrémicourt* (*Irène*), à Elbeuf (Seine-Inférieure) : Draps.

3214 *Barbier* (*Victor*), à Elbeuf (Seine-Inférieure) : Draps et Nouveautés. Médaille de bronze en 1834.

3215 *Javal* (*Brutus*), à Elbeuf (Seine-Inférieure) : Draps et Nouveautée. Médaille de bronze en 1834.

3216 *Lemonnier Chenevières* à Elbeuf (Seine-Inférieure) : Draps et Nouveautés.

3217 *Loddé*, à Paris, rue Sainte-Avoye, n. 40 : Plumeaux économiques.

3218 *Chenevières* (*Théodore*), à Elbeuf (Seine-Inférieure) : Nouveautés. Médaille d'argent en 1834.

3219 *Aroux* (*Félix*), à Elbeuf (Seine-Inférieure) : Draps et Nouveautés. Médaille d'argent en 1834.

2220 *Lefrotter-Daugecourt* (mademoiselle), à Rennes (Ille-et-Vilaine) : Broderie en paille et en or sur tulle, sur velours et sur soie unie, Broderie en paille et en argent sur soie moirée, Broderie en or et en paille sur crêpe.

Nᵒˢ MM.

3221 *Charvet (Pierre)*, à Elbeuf (Seine-Inférieure) : Draps et Nouveautés. Médaille d'argent en 1834.

3222 *Lemaire*, Paris, rue du Petit-Careau, n. 1 : Lampes dites merveilleuses, à brûler des parfums.

3223 *Goudchaux Picard* fils, à Elbeuf (Seine-Inférieure) : Draps. Médaille de bronze en 1834.

3224 *Desfrèches* et fils, à Elbeuf (Seine-Inférieure) : Draps. Médaille d'argent en 1823 ; Rappels en 1827 et 1834.

3225 *Fouré (Charles)* et *Comp.*, à Elbeuf (Seine-Inférieure) : Draps et Nouveautés. Médaille d'argent en 1827 ; Rappel en 1834.

3226 *Poncet*, à Belleville, rue de Paris, n. 96 : Lits en fer.

3227 *Flavigny* fils aîné et *Robert (Louis)*, à Elbeuf (Seine-Inférieure) : Draps et Nouveautés. Médaille d'argent en 1827 ; Rappel en 1834.

3228 *Berrier* et *Brisson*, à Elbeuf (Seine-Inférieure) : Draps.

3229 *Fontolive* père, à Paris, rue de l'Hôtel-de-Ville, n.   : Chaînes en cuivre et en fer.

3230 *Rastier* fils, à Elbeuf (Seine-Inférieure) : Draps et Nouveautés.

3231 *Capplet*, à Elbeuf (Seine-Inférieure) : Dessin et plan d'un Appareil propre à utiliser les vieux bains de cuve d'indigo.

3232 *Nillus*, au Hâvre (Seine-Inférieure) : Moulin à broyer la canne à sucre ; Outils pour l'agriculture et la marine.

3233 *Mazeline* frères et *Dorey*, au Havre (Seine-Inférieure) : Appareil mobile pour l'embarquement et le debarquement des lourds fardeaux.

3234 *Vimort-Maux*, à Perpignan (Pyrénées-Orientales) : Échantillons d'ouates.

3235 *Frasez (François)*, à Roubaix (Nord) : Étoffes en coton, Stoffs.

3236 *Dathis (Léon)*, à Roubaix (Nord) : Coutil, Étoffes en fil.

3237 *Balay* frères, à Saint-Étienne (Loire) : Rubans divers.

3238 *Chaize*, à Saint-Étienne (Loire) : Rubans façonnés.

3239 *Faure* frères, à Saint-Étienne (Loire) : Rubans façonnés. Médaille de bronze en 1834.

3240 *Jamet* et *Comp.*, à Saint-Étienne (Loire) : Rubans-satin uni.

3241 *Martin* et *Comp.*, à Sainte-Étienne (Loire) : Rubans façonnés et Cordons.

3242 *Mesnager* frères, à Saint-Étienne (Loire) : Rubans divers.

3243 *Robichon* et *Comp.*, à Saint-Étienne (Loire) : Rubans façonnés. Médaille de bronze en 1834.

3244 *Prud'hon* et *Comp.*, à Saint-Étienne (Loire) : Rubans épinglés.

3245 *Tézenas-Calay*, à Saint-Étienne (Loire) : Rubans demi-beaux. Mention honorable en 1834.

3246 *Vignat-Chevet*, à Saint-Étienne (Loire) : Rubans façonnés en tout genre. Médaille d'argent en 1834.

3247 *Renodier*, à Saint-Étienne (Loire) : Rubans ordinaires.

Nᵒˢ   MM.

3248 *Dugas*, à Saint-Chamond (Loire) : Rubans façonnés. Médaille d'or en 1806.

3249 *Souchon*, à Saint-Chamond (Loire) : Rubans façonnés.

3250 *Grangier* frères, à Saint-Chamond (Loire) : Rubans façonnés.

3251 *Servanton* à Saint-Chamond (Loire) : Satins unis.

3252 *David (J.-B.)*, à Saint-Étienne (Loire) : Rubans-velours de toutes couleurs.

3253 *Durand*, à Saint-Just (Loire) : Tissus imprimés, Soie, Coton et Laine.

3254 *Richard* frères, à Saint-Chamond (Loire) : Collection complète de lacets, en soie, coton et caoutchouc.

3255 *Micolon et Couchoud*, à Saint-Étienne (Loire) : Tissus pour bretelles.

3256 *Bechetoile*, au Bourg-Argentat (Loire) : Collection de papiers.

3257 *Aury*, à Saint-Étienne (Loire) : Fusils et Pistolets.

3258 *Berthon* frères *et Bourlier*, à Saint-Étienne (Loire) : Fusils et Pistolets.

3259 *Bourgaud*, à Saint-Étienne (Loire) : Fusils et Pistolets.

3260 *Cessier*, à Saint-Étienne (Loire) : Fusils et Pistolets. Mention honorable en 1834.

3261 *Bourgaud* neveu, à Saint-Étienne (Loire) : Fusils.

3262 *Honorat et Bessey*, à Saint-Étienne (Loire) : Fusils.

3263 *Gabion* aîné, à Latour (Loire) : Une Platine.

3264 *Mercoiret*, à Saint-Étienne (Loire) : Une Balance. Médaille de bronze en 1834.

3265 *Courza*, à Saint-Étienne (Loire) : Fleurets et Boutons à vis.

3266 *Renaudier*, à Saint-Étienne (Loire) : Couteaux. Mention honorable en 1834.

3267 *Determoy et Lamouroux*, à Saint-Étienne (Loire) : Couteaux dits Eustache.

3268 *Mourguet et Robin*, à Saint-Étienne (Loire) : Incrustation sur noyer en cuivre.

3269 *Pichon et Comp.*, à Saint-Étienne (Loire) : Tranchets fabriqués avec l'acier de la Loire.

3270 *Meunier-Journoud et Comp.*, à Rives-de-Gier (Loire) : Limes en acier fondu de la Loire.

3271 *Jackson* frères, à Saint-Paul-en-Jarret (Loire) : Acier en barre, en cotte et en feuille. Médaille d'or en 1827 ; Rappel en 1834.

3272 *Debrie et Frichon*, à Valbenoiste (Loire) : Acier en barre, en cotte et en feuille. Médaille de bronze en 1834.

3273 *Aubry*, à Saint-Étienne (Loire) : Un Étau complet.

3274 *Malespine*, à Saint-Étienne (Loire) : Enclumes, Étaux, Bigorne, Soufflets et Peaux de Soufflets. Médaille de bronze en 1834.

3275 *Chauffriat*, à Saint-Étienne (Loire) : Enclume à la lime et au marteau.

3276 *Muller et Comp.*, à Rives-de-Gier (Loire) : Collection complète de

N°ˢ   MM.

cylindres ronds, ovales, Verres de bouteilles, noir, mixte ou clair, Verres à vitres, Dames-Jeannes.

3277 *Piaud* et *Comp.*, à Rives-de-Gier (Loire) : Cirage français.

3278 *Salomon*, à Outrefurens (Loire) : Charbon aggloméré.

3279 *Terrasson* et *Pleney*, à Montaud (Loire) : Machine à mouler les briques.

3280 *Fouquet* aîné, à Paris, rue des Fossés-Montmartre, n. 13 : Châles indoux, Cachemires.

3281 *Brunaut*, à Paris, quai de Passy, n. 20 : Cordages en chanvre et en coton.

3282 *Tubino* (madame), à Paris, rue Saint-Honoré, n. 113 : Tableau en broderie.

3283 *Crousse*, à Peris, rue Dauphine, n. 39 : Chapellerie imperméable.

3284 *Alan-Migout*, à Paris, avenue des Champs-Élysées, n. 64 : Chapellerie (castor).

3285 *Paisant*, à Paris, grande galerie des Panoramas, n. 22 : Chapellerie extra-fine.

3286 *Baudrant*, à Paris, rue Saint-Honoré, n. 263 : Chaussure pour dames.

3287 *Etiévant*, à Paris, rue de Richelieu, n. 100 : Bottes et Souliers.

3288 *Dufort*, à Paris, rue de Grenelle-Saint-Honoré, n. 19 : Bottes à tirage mobile.

3289 *Devaux*, à Paris, galerie des variétés, n. 15 : Socques et Claques.

3290 *Bevalet*, à Paris, rue de la Sonnerie, n. 8 : Chaussures.

3291 *Grell*, à Paris, rue de l'École-de-Médecine, n. 32 : Chaussures.

3292 *Baudoux*, à Paris, rue Vivienne, n. 23 : Cuirs et Maroquins.

3293 *Simon*, à Paris, rue Bourtibourg, n. 17 : Plumes à écrire.

3294 *Saget*, à Paris, rue des Noyers, n. 45 : Papiers de fantaisie.

3295 *Lasieur*, à Paris, rue de la Vierge, n. 11, au Gros-Caillou : Marbrerie.

3296 *Michel-Valin* et *Ubaudi*, à Paris, rue des Marais-du-Temple, n. 12 : Bronze.

3297 *Mauny* (le comte de), à Paris, rue de l'Université, n. 96 : Moulin à vent (nouveau système).

3298 *Leroux-Dufré*, à Paris, rue Fontaine-au-roi, n. 17 : Machine pour le raffinage du sucre.

3299 *Joly*, à Paris, place Beauvais, n. 92 : Horlogerie.

3300 *Mauvielle*, à Paris, rue Sainte-Anne, n. 8 : Bluterie.

3301 *Peron*, à Paris, rue Sédillot, n. 5 : Système planétaire.

3302 *Larderelle* (le comte de), à Grenelle (Seine) : Acide borique.

3303 *Brouhieri*, à Paris, rue Louis-le-Grand, n. 23 : Extrait de bois de teinture.

Nᶜˢ   MM.

3304 *Wienkel-Vohlaber*, à Paris, rue des Fossés-Montmartre, n. 61 : Modèles de fenêtres et de persiennes.

3305 *Polonceau* père, à Paris, rue Castiglione, n. 8 : Nouveau système de toiture.

3306 *Polonceau* fils, à Paris, rue Godot-de-Mauroy, n. 27 : Modèles de charpente.

3307 *Huzard* (madame veuve), à Paris, rue de l'Éperon, n. 7 : Imprimerie et Librairie.

3308 *Laury*, à Paris, rue Tronchet, n. 15 : Cheminée et Calorifère.

3309 *Devaucouleurs* et fils, à Paris, rue des Blancs-Manteaux, n. 30 Cannes et Coulants de parapluie.

3310 *Pacque*, à Paris, quai Saint-Michel, n. 25 : Biberon et bout de sein

3311 *Renard*, à Paris, rue Neuve-Saint-Laurent, n. 18 : Tabatières e Pommes de cannes.

3312 *Lavigne* (madame), à Passy (Seine), Grande-Rue, n. 37 : Corsets

3313 *Tholomié*, à Paris, rue Royale-Saint-Antoine, n. 10 : Corsets.

3314 *Mayer*, à Paris, passage Choiseul, n. 32 : Chemises, nouveau système.

3315 *Gilbert*, à Paris, rue des Saints-Pères, n. 12 : Corsets.

3316 *Brullé*, à Paris, rue Neuve-des-Petits-Champs, n. 65 : Corsets orthopédiques.

3317 *Dupuy* (*Joseph*), à Paris, boulevart Bonne-Nouvelle, n. 31 : Assortiment de porcelaines.

3318 *Edwards Loos*, à Paris, rue Jean-Goujon, n. 9 : Modèle de digesteur instantané.

3319 *Debourges* et *Brouhé*, à Paris, rue Saint-Dominique-Saint-Germain, n. 115 : Article pour les jus de betteraves, Dessins de modèle de presse lithographique.

3320 *Gourdin*, à Mayet (Sarthe) : 1° Modèle de pressoir ; 2° Horloge à quarts doubles et à force constante.

3321 *Dubois* et *Comp.*, à Louviers (Eure) : Filature cardée, Échantillons de fil ; Médaille d'argent en 1834.

3322 *Jourdain* (*Frédéric*) et fils, à Louviers (Eure) : Draps, Étoffes de laines et nouveautés; Médaille d'or en 1819; Rappels en 1823 et 1827.

3323 *Dannet* frère et *Comp.*, à Louviers (Eure) : Draps et Nouveautés. Médaille d'argent en 1819; Médaille d'or en 1823, et Rappels en 1827 et 1834.

3324 *Odiot*, à Louviers (Eure) : Draps et Nouveautés. Mention honorable en 1834.

3325 *Hache-Bourgeois*, à Louviers (Eure) : Cardes en feuilles. Médaille d'or en 1834.

3326 *Godard* et *Decrépo*, à Louviers (Eure) : Draps de poils, dits *Draps de castor*.

N^os	MM.

3327 *Macel* (*Louis*), à Louviers (Eure) : Draps.

3328 *Poitevin* fils , à Louviers (Eure) : Draps. Médaille d'argent en 1834.

3329 *Ribouleau* fils, à Louviers (Eure) : Draps et Nouveautés. Confirmation de Médaille d'or en 1834.

3330 *Dupont* aîné et *Charvet*, aux Andelys (Eure) : Étoffes diverses.

3331 *Bosquier*, à Thiberville (Eure) : Rubans.

3332 *Bellème*, à Évreux (Eure) : Coutil fil et coton et tout fil. Médaille de bronze en 1834.

3333 *Plummer*, à Pont-Audemer (Eure) : Cuirs vernis. Médaille d'argent en 1834.

3334 *Aubé* frères, à Beaumont (Eure) : Tissus en laine cardée. Médaille d'or en 1823 ; Rappels en 1827 et 1834.

3335 *Chennevière* (*Delphin*), à Louviers (Eure) : Draps et Nouveautés. Médaille d'argent en 1827 , sous le nom de Chennevière frères , et Rappel en 1834, sous le nom Chennevière de Louviers.

3336 *Fonderies* (les) *de Romilly* (Eure) : Cuivres laminés et autres produits de l'établissement. Médaille d'or en 1834.

3337 *Beudin*, à Gisors (Eure) : Prie-Dieu sculpté.

3338 *Muhlberger* (*Gaspard*), à Wissembourg (Bas-Rhin) : Feuilles de fer-blanc perforées de différents numéros qui sont soudées ensemble , Bancs en zinc , en laiton , en cuivre rouge , Stores en zinc peints.

3339 *Lafforgue* (mademoiselle *Louise*), à Bagnières (Hautes-Pyrénées) : Châle laine, tricot à l'aiguille, fond noir, à jour, bordure à guirlande de fleurs avec double encadrement blanc et divers ornements aux coins; Couvre-pied laine, tricot à jour, à l'aiguille , double encadrement, petite guirlande sur fond noir, bordure à bouquets de tulipes sur fond blanc avec ornements divers.

3340 *Revel* aîné, à Loge-Fougereuse (Vendée) : Échantillons de laine filée.

3341 *Bazile* et *Comp.* (Seine-inférieure) : Indiennes.

3342 *Delabarre* (Seine-Inférieure) : Moulins à poivre en zinc et en cuivre.

3343 *Leveillé* , à Rouen (Seine-Inférieure) : Échantillons de teinture , Grand teint pour toutes les nuances désirées de la garance et de l'indigo.

3344 *Pennequin*, à Paris, rue de Lesdiguières, n. 3 : Bureau-secrétaire en palissandre avec sculpture.

3345 *Villeneuve*, à Paris, rue du Faubourg-Poissonnière, n. 35 : Veaux corroyés par des moyens chimiques.

3346 *Renaudière* (*Jean-François-Eugène*), à Saint-Symphorien-de-Lay (Loire) : Mousseline brodé et bordure.

Nᵒˢ   MM.

3347 *Schneider frères et comp.*, au Creusot (Saône-et-Loire) : Diverses qualités de Houille, provenant des houillières du Creusot. — Minerais.—Fontes.—Fer en barre;—Fer d'angle pour chaudières, pour bateaux , pour toitures en tôle ; — Rails pour chemins de fer ; — Feuilles de tôle ; — Fonds de chaudières et Cylindres ; — Une machine à vapeur ; — Une machine locomotive à 6 roues.

3348 *Lecreux (Victor)*, à Amiens (Somme) : Mousseline laine brochés, façon cachemire broché, éoliennes, toile-laine, escot.

ÉTAT GÉNÉRAL

DES

EXPOSANTS

DRESSÉ PAR ORDRE ALPHABÉTIQUE.

A

MM.	Numéros.	MM.	Numéros.
Abat, Morlière et compagnie.	2368	Alexandre.	816
Achard et compagnie.	1506	Allix.	976
Acier.	1334	Amblet.	2529
Abbey.	1125	Amelot de Chaillou (le marquis).	2251
Achard.	3044	Amiard.	110
Ackerman-Laurence (Jean-Baptiste).	1971	Amiel.	1926
Acquiert (François) et comp.	2363	Amoros.	599
Adlez.	393	Anciaume.	2341
Administration (l') des Mines de Bouxwiller.	2437	André Kœchin et compagnie.	1705
Adorni.	2696	André.	2063
Advier.	1369	André jeune.	2512
Agard.	169	Andriot.	1087
Agneray.	3198	Andriveau-Goujon.	961
Agniel, Lafont et compagnie.	3064	Angé.	931
Agnila.	2313	Angot-Levrard.	2124
Aimé (mademoiselle).	81	Angot-Garnier.	2125
Alan-Migout.	3284	Angrand.	697
Albert.	2948	Aniel.	1306
Albrecht.	510	Anne, dit Saint-Michel.	2129
Albrecht.	913	Année.	474
Allevy.	336	Antierboche.	1989
Alexandre.	1430	Antoine.	2946
Alexandre.	2519	Ardant frères.	2058
Allain et compagnie.	830	Ardisson.	3041
Allard.	2642	Ardisson.	2723
Allez.	1226	Ariel-Truffet.	2062
Allier.	1616	Armand-Clerc.	807
Allire-Bourbon.	2297	Armand-Clerc.	770
Allix.	1190	Armbruster.	224
		Armengaud frères.	956
		Arnaud.	2558

MM.	Numéros.	MM.	Numéros.
Arnaud (Isaac) cadet.	3061	Aubry Febvrel.	2332
Arnould.	12	Aucoc.	580
Arnheiter.	784	Audibert Vaucher.	1842
Aroux (Félix).	3219	Audin.	1044
Arquillière et Mourron.	2568	Audot.	2692
Arrier-Perricat.	1116	Augan.	74
Ascher et Prévost.	656	Augé.	1882
Aubanel (Laurent).	1697	Auger.	2928
Astorquiza (Barthélemy).	2722	Auger.	1401
Aubanel Delpon (Achille).	3060	Auger (veuve).	1137
Aubé frères.	3334	Aulnette et compagnie.	2919
Auber (Louis).	3147	Auloy Millerand.	2490
Aubergé.	2190	Aurès.	2924
Aubert.	2013	Aury.	3257
Aubin.	489	Auvray frères.	2131
Aubril.	2925	Auzou.	1504
Aubrun et Herr.	912	Averty.	1005
Aubrun et Hierr.	509	Ayraud.	1621
Aubry.	3273	Azur et Blamploix.	593

B

MM.	Numéros.	MM.	Numéros.
Baadé.	504	Barillé.	1930
Bache-Mallet, Dietz et comp.	2735	Barlet.	680
Bachelot.	19	Barnouin et Bureau.	3084
Bacot.	18	Baron.	359
Badin père et Lambert.	2282	Baron (Joseph).	1788
Badon.	703	Barral.	2991
Baillet.	2118	Barral frères.	1771
Bailly.	2838	Barre.	1478
Bailly.	2825	Barré.	168
Bainée.	2930	Barré-Russin.	1756
Balaine.	182	Barreau.	2848
Balan.	1355	Barreau.	991
Balay frères.	3237	Barreaux et Dehennault.	563
Balin, Desvignes et comp.	812	Bataille.	3197
Banes Louvet et compagnie.	92	Barthélemy.	1518
Baragnon (Maxime) et comp.	3087	Barthélemy.	1393
Barbaroux de Mégy.	1913	Barthez (Sylvestre).	2135
Barbat.	2224	Basin.	1591
Barbeau.	573	Bassot.	1045
Barbé et comp.	1638	Bastié (Joseph) et Dona (François).	1965
Barbedienne.	132	Bataille.	1407
Barbereau.	746	Batillat.	2489
Barbier.	490	Battandier	684
Barbier.	998	Batelot (madame veuve) jeune.	1724
Barbier aîné.	3200	Baube.	422
Barbier (Victor).	3204	Baucheron-Hirmet.	1019
Barbot et Fournier.	2134	Bauchery.	181
Barbou.	2884	Baudoux.	3292
Bardel et Noiret jeune.	1	Baudouin frères.	65
Barié.	3017		

MM.	Numéros.	MM.	Numéros.
Baudouin.	1237	Benard.	4042
Baudouin.	149	Benard et comp.	708
Baudot.	291	Bénard et comp.	1943
Baudrant.	3286	Benini (Rock).	1678
Baudry.	499	Benoist.	1050
Baudry.	2476	Benoist.	3186
Baudy.	1075	Benoist.	2880
Bauerkeller et compagnie.	134	Benoist-Malo et comp.	2234
Baumgartner (Daniel) et comp.	1650	Benoit (A.) et comp.	2463
Bavozet frères.	2800	Benoit.	2896
Bazile (Maurice).	1676	Benoit (Auguste).	3065
Bazile et comp.	3341	Benoit jeune.	2365
Bealay.	2185	Béranger.	2797
Beaud (François-Hippolyte) aîné.	3073	Bercher.	2676
Beaudat.	2601	Berce.	96
Beaudoin.	2792	Bérenger et Petit.	2258
Beauger et Wier frères.	1429	Berg.	2673
Beauvais.	2183	Bergeon.	2311
Beauvais.	64	Berger-Deleinte.	2350
Beauvallet.	415	Bergerat et Letellier.	1282
Béchard.	1209	Bergeron.	2876
Bechetoile.	3256	Bergeron et Couput.	1281
Beckers.	2634	Bergis et comp.	1810
Bécoulet (veuve) et Vaissier.	1786	Bergue et Sproa fils.	841
Becquet.	217	Beringer.	621
Bediaux.	141	Berna-Sabran.	2545
Beer (Morel).	3208	Bernard.	463
Béfort père et fils jeune.	1175	Bernard.	911
Bégognant.	309	Bernard.	1014
Begue.	39	Bernard.	1171
Béguc.	2680	Bernard.	1202
Bégué (Félix).	2503	Bernard.	1840
Behr.	467	Bernard et Bonne.	2934
Beker.	3007	Bernard-Monceaux.	2764
Beleurgey.	2895	Bernardel.	384
Belfoy fils.	2333	Bernauda.	188
Belhommet (madame veuve).	2747	Bernet.	557
Bélignie et Lavigne.	2762	Berneuil.	1151
Bélignie.	2767	Bernex et compagnie.	1905
Bell père et fils.	375	Bernhardot.	852
Bellamy.	3048	Bernheim Labouriau et comp.	97
Bellamy frères.	1941	Bernoville frères.	1985
Bellangé.	478	Berolla.	321
Bellangé fils.	2678	Berrier et Brisson.	3228
Bellangé Picard.	3130	Bert.	637
Bellanger père et Nourisson.	2073	Berté.	2869
Bellat (Michel-Médard).	1634	Bertèche Bonjean jeune et Chesnon.	2885
Bellet.	924	Bertaud fils.	2276
Bellème.	3332	Berthe.	1948
Bellissent,	1130	Berthelot (Nicole).	604
Belz-Sicard.	1631	Berthet aîné.	1804
Bemy (de).	77		

MM.	Numéros.	MM.	Numéros.
Berthon frères et Bourlier.	3258	Blondeau.	2937
Berthot (madame Caroline).	1669	Blondeaux.	2959
Berthoud.	2613	Blandin.	2814
Bertrand.	738	Blatin.	1326
Bertrand et Feydeau.	2107	Blech-Fries et comp.	1859
Berthel et Peret.	1460	Blève.	1387
Bertrand et Vidil.	660	Blondeau.	1473
Berville.	436	Blondin frères et compagnie.	72
Berville (Jules).	899	Blouet.	1223
Beslay.	1099	Blouet et compagnie.	2229
Besseyre.	418	Blum (A.) et compagnie.	2487
Best et Loir.	521	Bobée et Lemire	2647
Beudin.	3337	Bobilier (Célestin).	1784
Beurteaux.	1177	Bobilier (Jean-Claude).	1790
Bevalet.	3290	Boboeuf.	1187
Bex (madame).	1055	Boca frères.	2420
Beziat.	1133	Bocgueville.	2853
Biais.	662	Bochet.	679
Biard.	1509	Bocringer frères.	324
Bibolet.	969	Bodelet.	2227
Bidon et Arrault.	1056	Bodelet-Lacroix.	2430
Bienbar.	797	Bodeur.	315
Bienvenu.	2730	Boeuf et Garaudy.	1912
Biersteds.	2637	Boffard (Emmanuel).	2306
Biet.	1107	Bohin (F.).	1901
Biétry (Laurent).	2456	Boignes.	2719
Bignon.	1077	Boigues frères, Hochet et le comte	
Bignon.	2815	Jaubert.	2597
Bigot.	1167	Boileau.	1147
Bigot et compagnie.	2065	Boillé.	2604
Billant.	344	Boilvin (Marie) et neveu.	1713
Billard.	1193	Boimare et Gomont.	3154
Billard.	2668	Boinville	2978
Billard.	2604	Boisselot et fils.	1904
Billard.	2174	Boisset et Gaillard.	1134
Billiet.	641	Boitin.	771
Billon (Jacques).	2357	Bompard (Nicolas) et comp.	1726
Binet.	2790	Don.	1235
Binet.	892	Bonamy de Conninck et comp.	2109
Bineteau.	1316	Bonhomme.	543
Bing.	835	Bonjour.	71
Bizières.	1625	Bonnard.	1597
Blaise (Armand).	2205	Bonneau.	2314
Blaise.	1854	Bonnemain.	2677
Blanc (Alphonse).	2300	Bonnet.	2827
Blanchard.	218	Bonnet.	1566
Blanchet.	2239	Bonnet (Joseph).	1603
Blanchet frères et Kléber.	2273	Bonnet.	331
Blanchet frères.	2287	Bonnié.	936
Blanchet.	2554	Bonnot et Moreau.	2522
Blanchetière.	2943	Bonnot.	127
Blanchin.	303	Bonraisin-Tillault et compagnie.	2113

MM.	Numéros.	MM.	Numéros.
Bontems-Lormier et compagnie.	439	Bourg.	1006
Bonvallet et compagnie.	1350	Bourgaud.	3259
Bonvoisin.	909	Bourgaud neveu.	3261
Boquet et compagnie.	119	Bourgeois Duchez.	1635
Boquillon.	1423	Bourget et Peter.	2569
Bordeaux.	179	Bourgogne.	607
Bordon.	2922	Bourguignon et Schmidt.	2448
Bordon.	569	Bourguignon.	1366
Borner.	932	Bourjat.	2285
Boromé de Lépine.	3135	Bourlier père et fils.	1795
Borsary et compagnie.	3003	Bournet.	2189
Bort.	1383	Bourré.	1886
Bosq frères.	1909	Bousquet Dupont.	3086
Bosquier.	3331	Boussard.	2100
Bostmambrun (Philippe) oncle et neveu.	1744	Boussard.	2104
Bottier.	1372	Bousseroux.	568
Boucarut.	710	Boutet et Gresser.	2874
Bouchard.	2590	Bouthey, Valengin et Rith.	1802
Boucher.	939	Boutineau.	1210
Boucher et compagnie.	647	Boulté.	222
Boucher et Dauvers.	2901	Bouvet.	1302
Bouchet et compagnie.	1541	Bouvet et Gambière.	538
Boudard.	1357	Bouyon.	1751
Boudet aîné.	2040	Boyer.	2038
Boudet-Drelon.	1748	Boyer aîné et compagnie.	2576
Boudier.	1446	Boyriven et Gelot.	2528
Boudin.	2649	Brand et compagnie.	1279
Boudon.	994	Braquehais.	3138
Bouénhonet.	22	Braux d'Anglure (de).	735
Bouet (Jean) et Ribes fils.	3089	Breguet neveu et compagnie.	1426
Bouhardet.	600	Bresquignan.	769
Bouillard.	1365	Bresson aîné.	31
Bouillant.	2780	Bresson.	154
Boulanger-Lapierre, dit Petit.	1253	Bresson.	1664
Boulaud.	2049	Breton (madame).	1001
Boullenois.	1213	Breton.	143
Boullier.	2248	Breton.	339
Boullier et comp.	1845	Breton frères et compagnie.	2275
Boulig (Louis François).	2457	Breton père et fils.	2307
Boulland.	232	Breuzin.	1494
Boullanger fils.	2325	Brevière.	526
Boullard.	2202	Brewer fils.	1376
Bour.	1721	Breysse (Xavier).	1617
Bourbonne (madame).	3036	Bricard et Gauthier.	249
Bourbouze.	1419	Bridon.	2110
Bourcier (Jules) et Morel.	2533	Bridard.	2910
Bourdeaux.	2141	Briet.	333
Bourdin.	329	Briet.	2181
Bourdon.	299	Brisbart-Gobert.	328
Bourdon (Charles).	1951	Brison fils.	1923
Bourg.	598	Brisset.	1410
		Brisset.	1414

MM.	Numéros.	MM.	Numéros.
Brisset-Azambre et compagnie.	438	Buffel.	1666
Brissot-Thivars.	1025	Buffet.	396
Brocchi.	285	Buffet fils.	398
Brod.	1275	Buffet-Périn oncle et neveu.	2231
Brocot.	312	Bufour.	2212
Brosson frères.	2494	Buignier.	524
Brouhieri.	3363	Buisson.	1915
Brouillet.	1057	Buisson.	2215
Bruguière et Boucoiran.	3057	Bulteau et compagnie.	2415
Brullé.	3316	Bunten.	823
Brullé Regnault.	523	Buran et compagnie.	888
Brunaut.	3281	Bural frères.	608
Brune aîné.	2855	Burel frères.	2540
Bruneau.	2617	Burgun, Wallet, Berger et com-	
Brunet.	1208	pagnie.	2025
Brunet de Lagrange.	629	Baron.	828
Brunner.	2811	Busnel.	476
Bruyer.	1538	Busset.	675
Bucaille.	1434	Busset.	2690
Bucher.	653	Busson.	368
Budy.	3114	Buthod.	2338

C

MM.	Numéros.	MM.	Numéros.
Cabane (Alexandre).	3068	Campbell.	2624
Cabanes et Marine-Heil.	1500	Camus fils et Croutelle.	2228
Cabany Saint-Maurice.	1361	Camus.	107
Cabasse frères.	2330	Camus.	1397
Cabeu.	560	Camus.	1555
Caboche, Garneray et comp.	955	Camus.	1574
Cabrit (Théodore).	3059	Capdeville.	2312
Cadou Taillefer.	1899	Capplet.	3231
Cafler.	702	Capron fils aîné.	3182
Cahier.	1981	Carreau.	553
Cahouet.	1228	Carette.	1160
Gaignard.	3190	Cardon (Hippolyte).	2247
Caille.	2182	Carle.	967
Cailleux (madame veuve).	2428	Carle (Philippe).	1910
Caillez.	2226	Carlier et compagnie.	2259
Cailly.	3133	Carlos-Florin.	2387
Calla fils.	724	Caron.	617
Calla fils.	805	Caron, Marlo et compagnie.	1512
Callaud.	314	Caron Langlois fils.	2167
Callaud (E).	1822	Caron-Lefèvre.	2164
Callaud cousins.	1832	Carpentier.	1059
Callaud Bellisle (G.).	1831	Carpentier.	2832
Callaud Bellisle Sazerac et comp.	1827	Carré.	69
Cambon (Antoine) cadet.	3067	Carré et Barraude.	428
Cambray.	783	Carrier.	2786
Cambray.	1487	Carrière et Reidon.	3054
Camille Beauvais.	2486	Cartier fils et Grieu.	2947
Camion frères.	1851	Cartier Armengàud aîné.	1094

MM.	Numéros.	MM.	Numéros.
Cartulat Simon.	700	Charoy.	579
Casalis.	1106	Charpaux (madame), née Gérard.	78
Castagnos.	925	Charpentier (mademoiselle).	2219
Castera.	1413	Charpentier.	774
Catez.	1888	Charrier-Barbette frères.	1812
Cattaert.	551	Charrière.	1501
Cauvard	1498	Charrière.	1502
Cavaillé-Coll père et fils.	1052	Charrut (Hippolyte).	2310
Cazal.	584	Chartron père et fils.	1773
Cazes.	3063	Charvet.	3221
Celis.	200	Charvet (Henri).	2374
Cellieur-Rigaux.	1850	Charvez (André) et Fevez.	2395
Cerbelaud.	1325	Chassang.	2674
Cerf Mayer.	2754	Chasseron (baron de).	43
Cessier.	3260	Chastel et Rivoire.	2551
Chabalier et Ponçon.	3099	Chatain.	1289
Chabert.	2536	Chatel.	2703
Chabrerat.	2986	Chatelard et Perrin.	2543
Chabrié.	2707	Châtenet.	1820
Chabrières.	1777	Chaudron, Junot et compagnie.	1135
Chadriat.	849	Chauffriat.	3275
Chagot.	632	Chaulin.	696
Chagot frères.	79	Chaumont.	1558
Chaine-Briclot (Victor).	1766	Chaumont.	1458
Chaize.	3238	Chaussenot.	989
Chalet.	1364	Chaussenot.	813
Chalet.	1542	Chaussenot jeune.	883
Challuau-Duméreau.	1732	Chauveau et compagnie.	2066
Chamary (Auguste-Charlemagne).	2434	Chauvin.	2810
Chambard.	1139	Chauvin.	1814
Chambaud.	1169	Chavanis.	2809
Chambellan et Duché.	8	Chavant.	133
Chambon (Louis).	3056	Chavepeyre.	263
Chameroy.	1551	Chavigny (de) de Blot.	886
Chamouton.	228	Chayaux frères.	1860
Champigneulle jeune.	2028	Chebeaux.	2684
Champion.	67	Chefdruc et Chauvreux.	3201
Champion.	1466	Cheguillaume et compagnie.	1624
Chanosset et compagnie.	2223	Cheilliot.	388
Chanot.	387	Chemelat.	1239
Chapelle.	907	Chemin.	767
Chapelle.	804	Chennevière (Delphin).	3335
Chapelle.	1143	Chenard frères.	2785
Chapelle.	791	Chennevière (Théodore).	3218
Chapon.	2929	Cherot et compagnie.	2111
Chapotot.	1149	Cherrier (Prosper-Adolphe-Léon).	2469
Chappée.	755	Chesse.	1313
Charbonnier.	343	Chevais.	82
Chardin.	1515	Chevalier.	586
Charles-Bernard.	1867	Chevallier.	1079
Charles et compagnie.	2553	Chevalier.	345
Charlfat.	649	Chevalier.	347

MM.	Numéros.	MM.	Numéros.
Chevallier Asselineau.	1684	Collardeau-Duhaume.	1427
Chevalier-Curt.	574	Collas.	2655
Chevillotte (Alexandre).	2742	Collas et Barbedienne.	479
Chevreuse et Bouvert.	2021	Colleau.	1520
Chilliard (Célestin).	2299	Collet (madame).	3747
Chinard fils et compagnie.	1034	Colletta.	1148
Chochina.	1138	Colleville.	2120
Chomeau.	408	Colliau et compagnie.	3142
Chomeau.	796	Collier (madame veuve).	1592
Chomeau.	271	Collier.	1589
Chouillou fils.	84	Collière.	581
Chouilloux (Pierre-Vincent).	1761	Collin.	731
Choumer.	465	Collineau (René).	2128
Chrétien.	1829	Collot.	1291
Chrétien.	277	Collot fils.	1839
Christmann.	651	Colomb (Pierre).	3075
Christofle.	192	Colondre (Jean) et Prade.	3081
Christofle.	190	Colonia.	786
Cicéri.	146	Colnet (de).	1983
Cinier et Falin.	2557	Colson.	1752
Clachet.	1492	Colville.	419
Clair.	269	Combes.	272
Clair.	862	Combié-Rossel.	3089
Clamorgan.	2717	Compagnie (la) des Verreries et des manufactures de glaces de Saint-Quirin.	1863
Clancau.	166		
Clancau.	135		
Clara-Marqueron.	352	Compagnie (la) pour l'exploitation des marbres des Pyrénées	142
Class.	448		
Claudet.	1096		
Claudin.	1010	Compagnie (la) des ardoisières de Rimogne et de Saint-Louis-sur-Meuse.	1853
Clavel (madame).	80		
Clément (madame veuve).	2577		
Clément.	528	Compagnie (la) des forges de Framont.	2319
Clérambault (Charles).	1903		
Clerville.	2834	Compagnie (la) des houillères et fonderies de l'Aveyron.	2367
Clex.	3011		
Clicquot.	212	Compagnie (la) des verreries de Saint-Louis.	2017
Clouet.	674		
Clucameau.	850	Compan.	3975
Clugny (le marquis de).	2157	Companyo.	1879
Coade	297	Constant (François).	3079
Cochery (madame veuve).	540	Constantin et fils.	280
Cocheteux (Florentin).	642	Contamin.	2608
Cocquelet.	2844	Contamine.	736
Cocu.	1524	Contamine.	2998
Coessin.	1488	Conte (Antoine).	3077
Cœur.	2646	Conte (Numa).	1879
Coffe	2340	Coquet.	2923
Coignet.	1368	Coquillard.	3053
Colas (Antoine).	2012	Corbière aîné.	1885
Colcombe Bourgeois.	2661	Corderant.	458
Côle-John.	2207	Cordier.	2704

MM.	Numéros.	MM.	Numéros.
Cordonnier (madame veuve).	2408	Courtois.	905
Corlieu.	1058	Courtois.	1579
Cormouls (Ferdinand).	1958	Courtois.	2803
Cornu.	833	Courtois.	3196
Cornud et compagnie.	1770	Courtois neveu.	397
Cornudet.	1386	Courtois.	901
Corrège.	785	Courza.	3265
Corriol.	1333	Cousinet.	2117
Cosnier (Prosper).	1973	Couteaux père et fils.	1041
Cosnuau.	240	Couville.	2879
Cosson.	602	Cox (Edmond) et compagnie.	2403
Cote.	367	Cremer.	2818
Couder.	1314	Crémière et Briand.	2068
Coudère et Soucaret fils.	1809	Crépel aîné.	3177
Coudert.	2053	Cresson d'Orval.	1008
Cougny et compagnie.	3038	Crétenant	717
Coulaux aîné et compagnie.	2443	Croco et compagnie.	13
Coullier.	809	Croisat.	2988
Coulon.	482	Croquart.	2840
Coumert, Carretton et Chardou-		Crouan (Germain).	2755
naud.	3091	Crousse.	3283
Couprie, Michel et compagnie.	3210	Crouste.	1073
Courcelle.	2984	Croutsch.	210
Courcier (madame veuve).	999	Cruchet.	1305
Courmont.	2382	Cruel-Trempé et Félix Bernheim.	900
Cournier.	2292	Cruel-Trempé et Bernheim.	435
Cournot.	260	Cuiller.	631
Cournot.	2944	Cunin-Gridaine père et fils.	1861
Courol-Bigé.	2584	Curner.	532
Court (J.-D.).	2274	Curnier (Pierre) et compagnie.	3083
Courtel (François).	1694	Curt.	1495
Courtier.	970	Cuvelier.	3143

D

MM.	Numéros.	MM.	Numéros.
Dacheux (Jean-Baptiste).	2425	Darche et Granjon.	380
Dafrique.	1067	Dardier.	1526
Dagneau.	1318	Dartois et Paget.	2499
Daiguebelle.	2904	Dassouville.	3025
Daiguebelle.	1170	Dastis et fils.	2369
Daldringen et Mathey.	1047	Dathis (Léon).	3236
Dalican.	106	Daubigny.	894
Dally.	2050	Daublaine, Callinet et comp.	869
Damainville.	2156	Daudé.	765
D'ambreville.	2609	Daudet aîné et comp.	3104
Dambrun frères.	2002	Daudet jeune et Chabaud.	3097
Dameron.	113	Daudeville et comp.	2000
Damiron.	2552	Daudrieu.	129
Danger.	848	Daulce.	2765
Dannet frères et comp.	3323	Dauphin.	1976
Darbo.	1000	Dauphinot Pérard.	2243
Darche (madame veuve).	2714	Daures fils.	2362

MM.	Numéros.	MM.	Numéros.
Daurey de Sainte-Foix.	1950	Delage frères.	1828
Daurignac.	775	Delage-Montignac.	13
David.	1030	Delahubaudière jeune.	2768
David.	1464	Delamarche.	311
David (J.-B.).	3252	Delamare.	1068
David Kœnig.	1649	Delamarre.	1569
Davion.	1164	Delamarre.	196
Davin, Defresne.	2001	Delannoy (Jules).	2413
Davril.	1340	Delaplanche.	1245
Daydé-Gary.	1629	Delarbre-Aigoin.	2137
Dazin fils aîné.	2417	Delarue frères.	3206
Debain.	1122	Delarue (Alphonse).	3203
Debar aîné.	1968	Delarue et Gautier.	254
Debatiste.	795	Delarue.	953
Debaussaux.	2432	Delas.	3052
De Beine.	1145	De la Teysonnière et Royer.	1677
De Bémy.	2845	Delatouche.	3117
De Bémy.	546	Delatour.	628
Debergue, Desfrieches et Gillotin.	2316	Delattre (Henri).	2398
Debeyme.	1529	Delaunay-Vildieu, Couturier et comp.	2119
Debourges.	2971	Delaunay.	3004
Debourges et Brouhé.	3319	Delaunay et comp.	2069
Debras.	645	Delaveleye.	1679
Debray et comp.	2920	Delbut et comp.	2475
Debrie et Frichon.	3272	Delebourse.	1199
De Bruyer.	1701	Deletain.	2007
Debuchy (François).	2370	Deleuil.	334
Debuchy (Désiré).	2399	Delicourt et comp.	698
Decaën et compagnie.	2555	Deligny.	995
Decaen et comp.	2666	Delisle.	2616
Decaen frères et comp.	2556	Delloye, Jourdan aîné et Lelièvre.	2406
De Chauvigny de Blot.	412	Delmont.	2878
Decourt.	2710	Delondre.	2658
Defontaine-Cuvelier.	2385	Delnef.	1438
Defrémicourt (Irène).	3213	Delport.	3023
Deglesne.	104	Delporte.	758
Degouzée et compagnie.	213	Delvigne.	1505
Degrand.	405	Demarne.	2852
Degrand (madame).	771	Demarson.	3037
Degrand.	881	De Manneville.	1947
Degrange.	582	Démard.	2631
Degrandel.	2388	Demay.	1080
Depais.	1543	Demi-Doineau.	1348
Dejean (Cyprien).	2151	Demouy-Perint.	2654
Dejernon.	403	Denaud.	2630
Delabarre.	3342	Deneirouse et comp.	3
De Labbaye.	2644	Deniere.	715
Delaborne.	2940	Denille et Lagarde.	644
Delacour.	963	Denizot.	2013
Delacretas.	3139	Denom père.	114
De la Crétaz.	889	Depaige (madame).	2774
Delaforge.	245		

MM.	Numéros.	MM.	Numéros.
Depierre.	1144	Dezobry.	406
Deplaye.	103	D'Huart de Nothomb.	2019
Depouilly.	668	Dhombres (Michel).	3098
Dequenne.	2586	Dida.	206
De Raffin (Jean-Baptiste) et compagnie.	2581	Didier.	3005
		Didier Petit et compagnie.	2548
Derazey.	2336	Didot père.	1718
Derolan et Drouchin.	236	Dier.	634
Derosselle.	219	Dieu.	1172
Derouvroy-d'Aubigny.	3174	Dieu.	507
De Roy.	1460	Dieutegard.	93
Derriey.	539	Dietz.	304
Derrion.	1022,	Digeon et comp.	1613
Deruquehens.	825	Dillon aîné.	1764
Dervaux aîné.	2412	Dinocourt.	2610
Desbassyns de Richemont.	1229	Dioudonnat.	296
Desbordes.	327	Disery-Talmours.	446
Desbouillons et Jouon.	1917	Divrande.	2127
Descayrac.	2872	Dobler et fils.	1837
Deschamps.	2907	Doderet.	650
Deschamps.	2670	Doé.	153
Deschamps.	535	Dolfus-Mieg et comp.	1648
Desclous.	1027	Domey.	374
Desfossé frères.	444	Dommanget et Hubault.	54
Desfrèches fils.	3214	Dontail.	2600
Deshayes.	845	Dordet.	203
Désirabode.	2877	Doré.	1083
Desmonts.	2384	Dorgebray.	2079
Desmyaux.	1200	Dorin.	434
Dezobry.	406	D'Orléans.	847
Desormes.	256	Dormoy-Rohan.	244
Desrone et Cail.	874	Douilton.	3134
Desrone et Cail.	808	Douillot.	1767
Desouches Fayard.	259	Doumaux frères.	1745
Despreaux.	1036	Dournay et compagnie.	707
Desrosiers.	2699	Drains.	544
Desrosiers (Pierre-Antoine).	2015	Drains.	917
Dessaint-Florin (madame veuve).	2403	Drant.	2452
Détape.	1811	Draps.	657
Determoy et Lamouroux.	3267	Drescher.	2817
Deupès.	1180	Driand et Marchal.	1711
Devaucouleurs et fils.	3309	Drelon et Engelvin.	1747
Devaux.	3289	Dreuille.	58
Deville.	685	Drouet.	1618
Devillez frères.	1870	Drouet aîné.	15
Deville-Chabrol.	122	Drouileau.	3009
De Villeneuve et Tochi.	1907	Drouillard, Benoist et comp	3107
Devisme.	1012	Drouin.	1081
Deviolaine.	1994	Droz (veuve).	128
Dewavrin (Anselme).	2423	Drugeon.	547
Dewild et Buffet.	1893	Dubain.	683
Dewild et Buffet.	2016	Dubain.	558

MM.	Numéros.	MM.	Numéros.
Dubellet et compagnie.	3039	Dupont (Auguste).	1873
Dubochet.	965	Dupont aîné et Charvet.	3330
Dubois.	2958	Dupont (Louis).	2373
Dubois.	1301	Dupont-Chretiennot.	2893
Dubois.	1921	Dupont et Lecomte.	2154
Dubois (François) et Noiron.	2462	Dupont (Louis-Guislain).	1997
Dubois et compagnie.	3321	Dupont (Sophie) et compagnie.	1778
Dubosq frères.	704	Dupont.	943
Dubouché.	2048	Duprat.	2054
Dubouloy.	673	Dupré.	718
Dubourg.	3119	Dupré.	3131
Dubreuil.	1548	Dupré.	3001
Dubuc,	834	Dupré (L.).	2485
Dubus-Bonnel et compagnie.	2	Dupreuil.	2888
Ducastel	675	Dupuis et Reumont jeune.	1032
Duchemin.	1425	Dupuy (Joseph).	3317
Duchêne.	2784	Durand.	1664
Duclaux.	636	Durand.	90
Duclos.	2603	Durand.	595
Ducly-Moras.	2579	Durand.	89
Du ommun.	588	Durand.	187
Ducoudré.	1286	Durand.	2343
Ducrocq (C.).	2482	Durand.	1934
Ducros.	2734	Durand (Charles).	2288
Dufau et compagnie.	1218	Durand.	2798
Dufeu.	1024	Durand.	3253
Duforestel-Lefebvre.	3160	Durand Caille.	1623
Dufort.	3288	Durand fils.	1158
Dugas.	3248	Durand (Charles).	2301
Duglade-Richard.	713	Durandeau aîné , Lacombe et compagnie.	1824
Dugué frères.	1914	Durécu (Armand) et comp.	3202
Duhamel.	2997	Durieux.	136
Duhoux.	1328	Durousseau de la Gombe (mad.)	1422
Dulché et Piet.	2306	Du Souich et Lorin.	3026
Dumaine.	1609	Dutartre.	2931
Dumas.	2045	Dutel.	920
Dumbrowski.	555	Dutertre.	1038
Dumérin.	2008	Dutfoy.	427
Du Mesnil.	1667	Dutheil.	2256
Dumont.	2976	Dutreix.	2059
Dumonthier (Joseph-Célestin).	2464	Dutremblay.	441
Dumor Masson.	3212	Dutrou.	42
Dumoulin (madame).	3046	Duval.	1233
Dumoutier.	348	Duval.	2687
Dunand.	1021	Duval.	2918
Dunand.	1437	Duverger.	952
Dunet.	1220	Duvernoy.	383
Dupas frères.	2331	Duvoir.	1194
Dupont.	1181	Duvoir (Léon).	3113
Dupont.	1188	Dutzschhald.	1468
Dupont.	687		

E.

MM.	Numéros.	MM.	Numéros.
Eck.	273	Entrepreneur (l') des services de la Maison centrale de détention de Beaulieu.	1956
Eck.	274	Erard.	377
Ecole (l') royale des arts et métiers.	1978	Ernst.	350
Ecole (l') royale d'arts et métiers de Châlons-sur-Marne.	2772	Eslanger,	363
Edwards Loos.	3318	Espériquette (Joseph).	1884
Eggly Roux et compagnie.	37	Esprit.	2572
Eglot.	1417	Estivant frères.	1866
Ehremberg.	267	Estivan-Donau.	1852
Ehrhart.	866	Estivaut fils aîné.	1848
Elie.	842	Estragniat fils aîné.	2563
Elkington.	752	Etard.	2816
Ell.	3008	Etiévant.	3287
Emmerich et Gœrger fils.	2440	Evans.	1503
Emy.	799	Everat.	1141
Endres.	2633	Evrad Latron.	1992
Enfer.	1408	Evrat.	246
Engelmann.	533	Evrat.	962
Engelmann père et fils.	1653	Eymard, Drevet et comp.	2521
Enslen.	1236	Eymieu (Pascal).	1774

F

MM.	Numéros.	MM.	Numéros.
Fabel.	1003	Fauquier-Lemaître.	3152
Fabel frères.	585	Faure de Montigny.	671
Fabrique (la) royale de Saint-Gobain.	1991	Faure.	971
Fabrique (la) de produits chimiques à Épinal.	2346	Faure.	2422
		Faure (Ernest).	1772
Facquet.	2426	Faure fils aîné.	2899
Faguer.	3033	Faure frères.	3239
Fages (Jean-Louis).	1626	Fauré (François) et Rivière (Guillaume).	1963
Falatieu (le baron).	2320	Faurie fils.	1496
Falcon (Théodore).	1817	Faurie.	1497
Fanfernot et Dulac.	1049	Fauve.	1154
Fanon.	487	Favrel.	155
Faus-Zvoll.	1449	Fay.	2685
Farconnet (Régis).	2293	Fayard.	2718
Farcot.	788	Feldtrappe.	870
Farel (Paulin).	2148	Félix.	227
Fargue.	3012	Fenoux.	583
Farrow (madame).	2866	Féragus.	498
Fasbender.	1374	Feray et comp.	646
Fasola.	640	Ferrand.	2660
Fastier.	401	Ferrer jeune.	1875
Faulcon.	292	Fergusson et Bornèque.	1652
Faullain de Banville.	3045	Ferlier.	1525
Fauler frères.	682	Féron.	473
Faullin de Banville.	1576	Ferry et comp.	977

MM.	Numéros.	MM.	Numéros.
Ferry.	2342	Forgeron.	1406
Ferry et comp.	2324	Forges de Ronchamp.	1700
Fesneau Pestibeau.	1685	Fortier.	7
Fessard.	545	Foubert.	1240
Fessin.	948	Fougy.	1792
Festugières.	2315	Fouque, Arnoux et comp.	2103
Festugières frères.	1874	Fouqueau.	2255
Feugé-Fessard.	2897	Fouquet aîné.	3280
Feuillatre.	2721	Fouquet.	2216
Fevez Destré et comp.	2435	Fourché et Salmon.	2355
Fèvre.	2651	Fourneaux.	2813
Feyeux.	407	Fournel (Victor).	2511
Fichet.	1341	Fournet-Brochaye.	1936
Fichet.	2193	Fournet.	2562
Fichet.	248	Fourneyron.	283
Fichot.	2835	Fournier.	1682
Fichtenberg.	130	Fournier-Lamotte père et fils.	1944
Fierobe.	1462	Fournier.	2712
Fiévet.	1988	Fournier.	2799
Figuier.	2149	Fourré et compagnie.	3225
Fimbel.	115	Foye Davenne.	1211
Fion (Jules).	2564	Foye.	1749
Firmenich.	2027	Fraisse (François).	1877
Firmin Didot frères.	916	Franchot.	1596
Fischer père et fils.	471	François et Arnal.	1443
Flachat.	793	Frank.	1271
Flaissier frères.	3101	Francou.	2914
Flanneau.	2902	Frappier.	2701
Flavigny (Charles-Robert).	3204	Frasez (François).	3235
Flavigny fils aîné et Robert (L.).	3227	Frèche.	1259
Fleuret (madame veuve).	1585	Fregefon (J.-P.).	3071
Fleury (Édouard).	2737	Frère-Jean (Victor).	2309
Florange.	502	Frestel.	2116
Flamet.	2850	Fressoz et compagnie.	2945
Fochetti.	3018	Frey fils.	1103
Foin.	2194	Frézon jeune.	2898
Follet.	706	Frick.	2778
Fonderies (les) de Romilly.	3336	Fries et Callias.	2077
Fonrouge.	437	Frimot et Combes.	264
Fontaine.	1088	Froid.	231
Fontaine.	1304	Froment-Meurice.	743
Fontaine.	1307	Fromentault (Hippolyte).	1730
Fontana.	968	Fromont.	1287
Fontenelle.	2173	Frotté.	2861
Fontoline.	1554	Fugère.	163
Fontolive père.	3229	Fumière.	3195
Fontrouge.	2663	Furcy-Marlette.	1580
Forbin-Janson et Lecointre.	2653	Fusz.	112

G

MM.	Numéros.	MM.	Numéros.
Gabert fils aîné.	2283	Garrison oncle et neveu.	1808
Gabert fils aîné et Genin.	2279	Garson	1178
Gabion aîné.	3263	Gasche.	2620
Gabet.	3030	Gascoin.	1577
Gabriel et Ravaisse.	2544	Gast.	1932
Gadain.	879	Gastine-Renette.	615
Gadaut.	868	Gatbois.	1309
Gagelin et Opigez.	3049	Gateau et Déon.	2199
Gagin.	669	Gattelier.	1317
Gagnaux.	552	Galigny (de) et compagnie.	75
Gagnière.	2574	Gauchard.	2691
Gagnon et Culhat.	21	Gauchez et fils.	1026
Gaidan Frères.	3088	Gaudichon.	1243
Gaigneau frères.	2470	Gauss (J.-M.).	1658
Gaigneaux frères et comp.	1031	Gaussant-Saivre.	1389
Gailard et Thirion.	1412	Gaussen aîné et compagnie.	23
Gaillard frères.	1375	Gautheron.	727
Gaillet et compagnie.	1755	Gauthier.	2606
Galais.	1920	Gauthier.	105
Galle.	234	Gauthier.	2639
Galibert et Sarraut.	66	Gauthier.	1444
Gallafent.	1095	Gautier et Emery.	262
Gallet.	2977	Gausson aîné et compagnie.	23
Gallet.	3132	Gavard.	310
Gallo et Bigot.	1293	Gaveaux.	2514
Gallois.	1227	Gavrel.	895
Galy Cazalat.	268	Gayrard et Lagrèze.	2203
Gamalié fils.	3069	Gaiseler.	2682
Gambry.	2615	Gellée frères.	2955
Gandais.	739	Geminard (Philippe).	3106
Gandillot frères et Roy.	735	Genevois.	26
Gandillot et compagnie.	160	Gennevois (Jean-Baptiste).	2891
Gannal.	611	Gentillot.	1292
Gannebien.	3025	Geoffroy.	29
Ganneron.	3121	Geoffroy Ferret.	2162
Gapaillard (Louis).	1689	George.	326
Gapaillard (Jean).	1688	George.	811
Gapaillard (Joseph).	1687	George (L.).	2020
Gardissal.	2599	Gérard.	56
Gariel (Félix).	3205	Gérard et Mielot aîné.	2060
Garin.	1174	Gérard Pinsonnier.	1063
Garnier.	307	Gérardin.	1833
Garnache.	1789	Gérin fils.	1769
Garnache-Barthod frères, Clément et Juvénal.	1799	Germain (Aug.)	2026
		Germain (Pierre).	3102
Garnache (Lucien).	1798	Géruzet (Aimé).	1601
Garnot.	2184	Gervais.	1931
Garraut.	492	Gervais.	1090
Garrigou.	3207	Gervaise.	3132

MM.	Numéros.	MM.	Numéros.
Geslin.	242	Godillot.	87
Geslin (François).	2351	Godin aîné.	1580
Gevelot.	1197	Gœbel.	493
Gibaut.	353	Gohier Desfontaines.	1482
Gibus.	2779	Goinard aîné.	1929
Gierlini.	2933	Golay père et fils.	2566
Gihaut.	536	Goldenberg (G.) et compagnie.	2442
Gilbert.	3315	Gombault.	1222
Gilbert (Laurent).	2268	Gombert.	35
Gilbert Michuy.	233	Gombert père et fils.	1345
Gillard frères.	2021	Gondelier.	749
Gillet.	760	Gonfreville aîné.	3168
Gillet.	3006	Gonin.	1043
Gillet (Pierre-Alexandre).	2168	Gorce-Verru.	2736
Gillot.	1578	Gorez.	469
Gilquin fils.	3116	Gosse de Billy et compagnie.	470
Gineston.	199	Gotten.	2705
Girard.	522	Gottfried-Peters.	1510
Girard.	2460	Goudchaux Picard frères.	1715
Girard et comp.	3164	Goudel et compagnie.	485
Girard neveu.	2515	Goudot-Mollot.	2337
Girard et Accary.	2509	Gouet.	960
Girard-Bobilier et comp.	1807	Gouet.	1110
Girardin.	773	Goulbier.	818
Girardot.	2034	Goupille (Constant).	2353
Giraud.	364	Gourdin.	3320
Giraud (Etienne).	2145	Gouré.	1533
Giraudou.	1260	Gourjon.	2589
Girault.	1546	Gourju.	2290
G'rgois.	1453	Gouvrion.	908
Giroult père.	2289	Gouyon.	523
Giroux.	1295	Gouzé jeune.	24
Giroux et comp.	978	Goyon.	399
Gisclard fils.	1969	Graenocker.	940
Givelet-Assy et Rollin (H.).	2233	Grand frères.	2538
Glaize.	2823	Grand-Homme.	1584
Gloriod (François-Joseph).	1787	Grandeury frères.	1712
Gobelet (Jean Baptiste).	2583	Grandin (Victor).	3199
Gobert.	431	Granger.	201
Gobert.	1474	Granger.	1490
Godard.	1436	Grangier frères.	3250
Godard et compagnie.	1708	Grangoir.	237
Godard et Decrépo.	3326	Granié frères.	2101
Goddet et Alkin.	627	Gratien.	1919
Goddet et Alkin.	1017	Graux.	1986
Godeau.	1399	Gravelleau.	94
Godefroy.	1039	Gravier Delvalle.	1215
Godefroy.	1522	Gréer.	194
Godfroy aîné.	873	Grégoire.	41
Godchaux Picard.	3223	Greiling.	1196
Godemar et Meynier.	2506	Greinier et Kuntzer.	3450
Godet-Huchard.	2890	Grell.	3291

MM.	Numéros.	MM.	Numéros.
Grenet fils.	3146	Guéroult.	2917
Grenier.	566	Gueutal.	1801
Grenier.	1246	Guevin, Bouchon et compagnie.	2232
Grenier.	2992	Gueymard (Émile).	2294
Grenier père et fils.	2281	Guézénec et Morot.	2750
Griffon (madame).	2903	Guibal (Jean-Pierre-Julien).	1970
Griffon.	1894	Guibout et Christofle.	83
Grignon.	1559	Guichard.	2105
Grillet aîné.	2510	Guichard.	1182
Grimes.	2147	Guichard.	392
Griolet.	27	Guidon.	1118
Grison.	988	Guillaume.	3013
Grison (Paul).	2359	Guillard.	1023
Grivard.	1491	Guillat.	2052
Grivel fils.	1731	Guillaume.	2671
Grohé.	942	Guillebert.	3200
Grondard.	205	Guillemin frères.	692
Gronnier.	1093	Guillemot.	95
Grosboz.	2542	Guillet.	1127
Grosjean fils.	2087	Guillois.	1219
Gros-Odier, Roman et compagnie.	2093	Guillot aîné, Chapot (Aug.) et compagnie.	2284
Grossinger.	2505	Guillou-Zentler.	1734
Groult.	413	Guimet.	2535
Groult.	885	Guimezames (Bonaventure).	1876
Gruaz.	1102	Guin et compagnie.	3094
Grus.	351	Guinand.	1391
Guasco-Jobard.	1668	Guinand.	2541
Guénard.	1821	Guinaud (Madame veuve).	1803
Guenin.	1415	Guingant (Jean-Pierre).	2756
Guerber.	365	Guinier.	3000
Guérin.	116	Guion-des-Moulins.	2130
Guérin.	505	Guionnet.	2669
Guérin.	477	Guiot.	1020
Guérin.	1261	Guitton.	429
Guérin.	2726	Guny frères.	226
Guérin jeune.	1521	Guy.	3051
Guérin et Pailler.	3076	Guyon.	1847
Guérineau fils.	1729	Guyon de Boullen et comp.	2253
Gueret et Hervis.	2483		

H

MM.	Numéros.	MM.	Numéros.
Hache-Bourgeois.	3325	Hallé	1146
Hachette.	1192	Hallot et compagnie.	742
Haffener (madame).	2854	Hamard.	164
Haffeur.	2032	Hamel (Auguste).	2751
Haize.	298	Hamelaerts.	2990
Halary.	1452	Hamelin.	648
Halot et de Varaigne.	905	Hankin.	2900
Hall, Pow et Scott.	3151	Hanriot, directeur de l'école d'horlogerie de Dijon.	1683
Hallberg.	202		
Hallé.	461	Hardelet.	747

MM.	Numéros.	MM.	Numéros.
Hardouin.	921	Hintermayer.	355
Harding (Thomas).	2372	Hiolle.	1028
Hardy fils et Bienvenu.	2067	Hoeier.	1157
Hareng.	3129	Hofer frères.	2094
Hartmann (Jacques).	2090	Hofer (Josué).	2078
Hartmann et fils.	2091	Hofer (Henri).	1647
Hasslaner et L. Fiolet.	1849	Holstein et compagnie.	858
Hattute.	2874	Honorat et Bessey.	3262
Hatzenbuler.	354	Honoré.	450
Haumont.	311	Horrer (Martin) et Rozat.	1719
Haumont.	914	Houbloup.	1189
Haussmann, Jordan-Hirn et com-		Houdaille.	195
pagnie.	2075	Houdeville.	3183
Hauterive et Sœurs.	63	Houdin.	839
Hauvert fils, Ducros et Saussine.	3085	Houel et compagnie.	1311
Havard.	596	Houel (veuve).	896
Hayet.	678	Houlès père et fils.	1959
Hazard frères.	3162	Houllier-Blanchard.	622
Hazard et Bienvenu.	2265	Houssay.	2728
Hébert.	2906	Houssin.	2366
Hébert et compagnie.	30	Houyau (Victor).	1979
Heiligenthal et compagnie.	2444	Houzeau et Velly.	2238
Heitschlin (P.) et Gilardoni frères.	1656	Huau (Louis).	2752
Helbromer.	55	Huard fils.	2070
Heller (Christian).	1610	Huard frères.	2472
Henckel.	62	Huault.	2789
Hennecart.	48	Hubert et Gérard.	221
Henriot frères, sœur et comp.	2230	Hubsch.	1367
Henriot fils.	2241	Hue.	1900
Henry.	251	Huek.	1266
Henry aîné et fils.	59	Huet.	289
Henry fils aîné.	1614	Huet-Gaffin.	591
Hérard-Devillers.	1308	Huette.	1269
Herbin.	121	Hugonnet.	803
Herbinot.	1084	Huguenin et Ducommun.	1702
Herigoyen.	2057	Hugues.	2195
Hermann (J.).	1657	Hulot.	890
Hermann.	266	Huntzinger.	1420
Hérouard frères.	2209	Huret.	238
Hertz.	1274	Huret.	2860
Héruville.	798	Hurez.	572
Herzog (A.).	1660	Husbrocq.	150
Hesse (madame veuve).	2033	Hussenet.	1264
Hesselbein.	361	Husson.	2188
Heugue.	1152	Husson et ses sept filles.	1710
Heulte.	101	Hutin.	214
Hildebrand.	1276	Huzard (madame veuve).	3307
Hindenlang fils aîné.	1514		

I

MM.	Numéros.	MM.	Numéros.
Imbert.	1207	Institution royale des Jeunes Aveugles.	2729
Imbs (Xavier).	1208	Irroy.	2716
Isoard.	385		

J

MM.	Numéros.	MM.	Numéros.
Jackson frères.	3271	Jeunel.	990
Jacob.	2612	Jeunesse.	701
Jacob et compagnie.	111	Joanne frères.	554
Jacob-Desmalter.	503	Jocquet.	2618
Jacob-Petit.	452	Jofroy.	1124
Jacob-Petit.	3122	Johnston (D.).	2198
Jacod-Jalloustre.	746	Joliet.	28
Jacot (A.).	480	Joliet.	930
Jacotier.	1176	Jolliats.	800
Jacquand père et fils.	2546	Jolly.	1457
Jacquemart-Lagard.	1859	Jolly et Godard.	2392
Jacquemin.	984	Jolly et Godard.	2178
Jacquet et compagnie.	915	Jolly.	2819
Jacquinet et Graux.	564	Joly.	3299
Jacquot (Xavier).	1806	Joly fils aîné.	1925
Jahn.	872	Jonard et Maguin.	1750
Jamet et compagnie.	3240	Jonval.	496
Jametel.	1588	Josselin.	2846
Jaminet-Cornet.	144	Jossy.	230
Jandrand.	2029	Jouani.	3043
Janet et compagnie.	2191	Johannaud.	762
Jannet.	414	Joubert-Bonnaire et compagnie.	1974
Jannin Béatrix.	1844	Jouffray et Dermet.	2286
Jausse.	745	Jouin.	459
Janvier.	814	Jourdain.	928
Janvier et Eck.	815	Jourdain (Frédéric) et fils.	3322
Japuis (Adrien) et Japuis (Jean-Baptiste).	2176	Jourdan fils et compagnie.	3096
Japuis (Jean-Marie) aîné.	2177	Jourdan et Morin.	4
Japy frères.	1644	Jourde.	2051
Jardin (Ch.).	1999	Journet.	792
Jarrin.	1493	Journeux jeune.	1330
Jarrin et Trotton.	2559	Jouve.	2066
Jau (François) et Sepet (Madeleine).	1764	Jouvin (Xavier).	2302
Jaulin-Duseutre.	2064	Joyeux (Émile) et compagnie.	3070
Jauson-Maurupt.	2411	Joyeux fils aîné.	3072
Javal.	1552	Jubé.	616
Javal (Brutus).	3215	Judas (Remi).	265
Jay.	788	Juhel-Desmares.	1935
Jeanne.	156	Juhel-Pondegrenne.	1955
Jeannin.	1007	Julin et Achard.	2507
Jecker.	722	Julliard.	2591
Jeancel.	562	Jullien (madame veuve).	1339
		Jullien.	2645
		Julienne Moureau.	457

MM.	Numéros.	MM.	Numéros.
Junot.	17	Jurisch et compagnie.	2916
Junot.	2939		

K

MM.	Numéros.	MM.	Numéros.
Kaeppelin.	534	Koch.	1162
Kamuller.	2980	Kœchlin (J. et A.).	3178
Kaulck.	281	Kœchlin.	1891
Kayser et compagnie.	1639	Kœchlin, Dolfus et compagnie.	2086
Keller.	863	Kœchin-Ziegler.	2082
Kermarec (Léonard-Joseph).	2753	Koehler.	973
Kestner père et fils.	2089	Kœning.	2172
Kettinger.	3193	Koska.	356
Kiener frères.	1655	Krafft.	1265
Klein.	2824	Kremer.	3110
Klein.	501	Kress (Charles).	2096
Klein.	425	Krestz (Chrétien) aîné.	1015
Klein fils.	229	Kriegelstein et Plantade.	373
Klemm.	1258	Kruines.	313
Klemm et Torasse.	1105	Kugel (Jacob).	1709
Klinglin (le baron de).	1707	Kuhlmann frères.	2411
Klotz (Antoine).	2445	Kulbach.	3028

L

MM.	Numéros.	MM.	Numéros.
Labbaye.	1129	Lagrange.	494
Labbé.	1593	Lagrange.	1097
Labbé.	1813	Lahausse.	1483
Labrosse et compagnie.	2886	Lahérard.	1892
Labrosset-Béchet (F.).	1855	Laignel.	1418
Lacarrière.	464	Lainé.	1051
Lacaste.	951	Lainé (Jean).	614
Lacaze.	3108	Lairan (Charles).	2745
Lachanterie.	3172	Lair-Lamotte.	1924
Lachapelle et Levarlet.	2221	Laisné.	2724
Lachaud.	2727	Lalande.	2708
Lacome.	1360	Lalizel aîné.	3171
Lacompard (Laurent) et comp.	1699	Lalizel jeune.	3145
Lacoste (Alexis).	1881	Lallier.	2549
Lacôte.	390	Lambert Blanchard.	11
Lacoux.	688	Lambert, Franchet et comp.	2524
Lacrampe et compagnie.	2686	Lamotte.	2999
Lacroix frères et Gaury.	1826	Lamy.	590
Lacroix frères et Gaury.	691	Lamy et Levent.	986
Ladreyt.	1612	Lamotte.	594
Lafforgue.	3339	Landini (Victor).	2295
Lafond.	2882	Lanet et Sornay.	1270
Lafond-Vaisse.	1957	Lanet de Limencey.	515
Lagassé (André) et Molinier (Jacques).	1960	Lange-Desmoulin.	433
		Langevin.	744
Lagogué.	3150	Langevin.	581
Lagoutte.	2960	Langevin et compagnie.	2458

MM.	Numéros.	MM.	Numéros.
Langlassé.	768	Laurent (Weber) (madame veuve) et compagnie.	1641
Langlois et Chenal.	1440	Lauret frères.	2138
Langlois.	676	Laury.	3308
Langlumé.	1469	Laux.	483
Langrenez.	2640	Lauzin fils.	1530
Languereau.	410	Lavenarde-Bailly.	2260
Landmann (S.) et compagnie.	1637	Lavigne (madame).	3312
Lanne.	2927	Lavoipierre.	1594
Lansot.	2121	Lavrit et Larsonnier.	1042
Larderelle (le comte de).	3302	Lazar, Aron.	2029
Lasieur.	3295	Lebel.	794
Lansot (Charles) (madame veuve).	2122	Lebel.	972
Lantzenberg (L.) et compagnie.	2439	Lebel.	979
La papeterie de la Société anonyme d'Écharcon.	2477	Le Bedel.	1248
Lanet de Limencey.	1480	Lebesnier et compagnie.	1928
Lannier.	652	Lebel.	1398
Lapeyre et compagnie.	699	Lebeuf (Louis).	3120
Laporte aîné.	2047	Lebeuf.	1447
Laporte frères.	2039	Lebihan.	836
Laporte.	1072	Leblanc (madame veuve).	964
La Prévotte.	1126	Leblanc.	358
Larauza.	225	Leblanc.	1183
Lardière.	2697	Leblanc et compagnie.	2394
Lardin frères.	1836	Lebordais.	2970
Larguèze aîné.	2143	Lebouteillier.	514
Larivière.	323	Lebreton.	2175
Laroche (madame).	996	Lebrun.	338
Larroque.	382	Lebrun.	748
Larmoyer.	1283	Lebrun.	1484
Laroche.	1272	Lecapitaine.	2390
Laroche.	576	Le Cavalier (madame veuve).	3040
Laroche, Duchez, Lejeune et compagnie.	1825	Lecerf.	1324
Larreillet (Dominique).	2517	Lechevalier.	349
Lassalle.	570	Lechevalier.	639
Lascola et compagnie.	1342	Leclaire.	1299
La Société anonyme des marbres des Vosges.	2345	Lecler-Allart.	2240
		Leclerc.	2807
La Société des mines et fonderie de la Vieille-Montagne.	12	Leclerc.	385
		Leclerc (Didier).	2433
Latte.	2266	Lecocq.	2802
Latune et compagnie.	1779	Lecoq.	117
Laudéau frères.	2358	Lecoq-Guibé.	1896
Laure (madame).	1516	Lecomte aîné.	1598
Laure et compagnie.	659	Lecomte.	530
Laurens.	2706	Lecomte.	843
Laurent.	2152	Lecouvey.	2857
Laurent.	241	Lecouvey.	716
Laurent.	394	Lecrosnier.	1140
Laurent.	1082	Lecrosnier.	1109
Laurent et de Berny.	966	Lecun et compagnie.	3103
Laurent-Defrocourt.	2378	Leda.	290
		Ledansour et Delaruelle.	421

MM.	Numéros.
Ledard.	663
Ledoux.	1217
Ledure.	176
Lefaucheux (Casimir).	3126
Lefaure.	625
Lefébure (E.).	2085
Lefebure.	247
Lefebvre.	876
Lefebvre.	1131
Lefebvre.	1273
Lefebvre (Théodore) et comp.	2393
Lefebvre-Horrent.	2400
Lefloch (Louis).	1695
Lefort.	3137
Lefoye.	2842
Lefranc frères.	151
Lefrotter-Daugecourt (Mlle).	3220
Legand.	513
Legendre.	1539
Legendre (Victor).	2744
Léger.	947
Léger-Francollin.	2249
Legey.	827
Le Gluen-Kerneizon.	2741
Legrand.	2957
Legrand.	3170
Legrand.	520
Legrand - Lemor, Lecreux et compagnie.	9
Legrand.	916
Legras.	2126
Leguennec (Jacques-Alexis).	1696
Leguillette et Tessier.	1244
Lehec.	1977
L'homond.	2942
Lejeune.	776
Lejeune et compagnie.	2410
Lelicur.	1556
Lelieure de Laubépin.	689
Lelogé.	592
Lelong.	751
Le Lyon.	1013
Lemaignan.	8156
Lemaire.	633
Lemaire.	2170
Lemaire.	3222
Lemaître.	1163
Lemarchand.	500
Lemarchaud.	1156
Lemare (madame veuve).	207
Lemarquant.	2938
Le Marié.	2766

MM.	Numéros.
Le Mazurier (Paul).	2740
Lemercier.	1535
Lemercier, Bénard et comp.	1173
Lemire, Danguin et comp.	2550
Lemoine.	1428
Lemoine.	3148
Lemoine-Gondon.	1946
Lemoine (Victor).	2155
Lemoitre.	779
Lemonnier	2837
Lemonnier Chenevière.	3216
Lemonnier.	3157
Lemoyne.	2652
Lenain.	763
Lenglet.	186
Lenormand.	60
Lenormant.	2763
Lenseigne.	790
Lenseigne.	1421
Léon.	1280
Léonard.	1583
Léonard (J.-P.).	2636
Lepage.	618
Lepaute (Henri).	1321
Leparquois.	2123
Lepart et Jouenne.	1536
Le Paul.	252
Lepaute jeune.	1257
Lepaute (Henri).	1252
Leperdriel.	417
Leperdriel.	891
Leplant.	1887
Lépinois.	1868
Lepoutre-Roussel (mad. veuve).	2414
Lequart.	1450
Lerebours.	308
Leroux (P.-J.).	2153
Leroux Dufré.	3298
Leroux (Darcet).	1663
Leroux aîné.	2335
Leroy (madame).	2864
Leroy.	306
Leroy.	826
Leroy.	2208
Leroy.	1586
Leroy (Raphaël).	3125
Leroy-Picart.	1862
Leroy.	1206
Les administrateurs de la manufacture des glaces de Saint-Gobain.	454
Lesage.	2972

MM.	Numéros.	MM.	Numéros.
Lesage.	720	Lioud (François) et comp.	1607
Lesénéchal.	1922	Liré.	2715
Lesgent-Oriac.	223	Lisbonne et Crémieux.	705
Lesguillier.	884	Lioche.	2905
Lesire Gruger.	1203	Livache (Joseph).	2353
Lesouef de Petigny.	2998	Lizé (madame).	655
Lesourd-Delisle (Antoine).	1972	Llanta (Saturnin).	1818
Lespinasse.	287	Lockhart.	2252
Lessore.	2829	Loddé.	2254
Lestournière.	2244	Loddé.	3217
Lété.	2334	Loeulliet.	517
Letestu.	2805	Loiseau.	2822
Letort.	2694	Loiseau.	837
Leutner et compagnie.	2516	Lolagnier.	1528
Levard.	1940	Lombard.	918
Levasseur.	3142	Lombardot.	949
Levasseur.	772	Lombré et fils aîné de Nay.	2501
Leveillé.	3343	Longchamps, Macle et comp.	893
Levesque.	1104	Longeau aîné.	1830
Leviel (madame).	2996	Longueville.	2862
Levraud.	2108	Lorenzo.	2605
Lhabitant, Guynet et compagnie.	47	Loriot.	3123
Lhoste (Henri).	2471	Lossel.	1409
Lhotel.	1351	Loth.	777
L'Huilier.	2344	Loth fils.	2993
L'Huinte.	933	Lory père.	2941
Liancourt (le duc de).	2158	Louanet (Prosper).	2011
Liebach-Hartmann et comp.	1636	Louette-Lefebvre.	3180
Liegard.	108	Loumaillier et Froidot.	38
Liegaut.	376	Lourel et compagnie.	3020
Liénard-Plays.	2383	Louvois (le marquis de).	275
Liénard et compagnie.	2567	Lucas frères.	2218
Limage-Pinçon.	16	Lucas.	2484
Limonaire frère.	851	Lucas Richardière.	1092
Linas (de).	2192	Lucy-Sédillot.	2565
Lindsay Ormsby.	2791	Ludger-Guéléot.	2206
Link.	853	Luquin frères.	2537
Lion et Laboulaye frère.	959	Lusson.	1185
Lioud (François) et comp.	1606	Luynes (le duc de).	1382

M

MM.	Numéros.	MM.	Numéros.
Mabire.	3158	Maison centrale.	3090
Mader et fils aîné.	131	Maiard et Barré.	2165
Madis.	2856	Malbec.	2665
Mailly.	2983	Malenfant.	2683
Mainfroy.	1161	Malespine.	3274
Mainot.	3167	Malet (madame).	2781
Maire (Charles).	2438	Mallat.	840
Maitre.	1476	Malmazet aîné.	2371
Maitre (Joseph).	1681	Manceau.	288

MM.	Numéros.	MM.	Numéros.
Manceaux.	1336	Martenot et compagnie.	1179
Mangal.	559	Martin.	2962
Manin fils.	2883	Martin et compagnie.	3241
Manne.	3175	Martin.	456
Manœuvrier aîné.	2046	Martin.	821
Manoury (Arsène).	1945	Martin (veuve).	61
Manoury-Lamy.	3153	Martin Ferry et compagnie.	1338
Mantois (madame).	2695	Martin.	980
Manuel et Dry.	6	Martin.	2210
Marcand (Auguste).	3211	Martin (Emile) et compagnie.	2595
Marembert.	1011	Martinant de Preneuf.	3650
Maratuch.	997	Maruéjouls (Frédéric).	2102
Maratuer.	578	Marx-Picard et fils.	2201
Maraval (Isidore).	1961	Marx-Picard et fils.	1723
Marcel (Louis).	3327	Mary.	2169
Marchal et Gugnon.	2035	Masquelez.	2200
Marchal, Berger et compagnie.	2024	Massin.	2894
Marchand.	340	Massing frères.	2031
Marchand.	174	Masson.	1463
Marchèse.	589	Masson.	1205
Marchon (Alexis-Aimable).	2473	Masson frères.	442
Marcot Thiriet et comp.	1725	Massue.	1499
Maréchal.	750	Mathevon et Bouvard.	2518
Mareschal, représentant la compagnie française du filtrage.	1507	Mathias.	3022
		Mathieu.	1370
		Matton (Auguste).	2304
Margaine et Dubois.	447	Maufras (Mlle).	1937
Margoz.	2812	Mauger.	2987
Margras.	820	Maurier et Bernard (Antoine).	2532
Marie Hottot.	45	Maurin.	1296
Marie et Charpentier.	3032	Maulbon-d'Arbaumont.	2348
Marin.	941	Maume (Guillaume).	1633
Marin.	927	Mauny (le comte de).	3297
Marinet.	455	Mauvielle.	3300
Marion.	1359	Maxant.	2985
Mario Bourguignon.	198	May.	1049
Marius-Paret.	1857	Mayer.	3314
Marix.	381	Mayer.	1346
Marix.	1277	Mayeras.	2055
Marloye.	484	Mayet-Vallon.	1394
Marmier.	1053	Mayeux (Joseph).	2743
Maroa et Damoiseau.	3144	Mazars.	2364
Marot.	2989	Mazeline frères et Dorey.	3233
Marque frère.	2322	Mazeron et compagnie.	2675
Marquizet.	638	Mazille-Perrier.	2491
Marquiset (Achille).	2323	Mazure de Aguirre.	1216
Marrel.	550	Mégard.	2161
Marrel.	1571	Megret.	2693
Marrel.	981	Mehl.	2632
Marrel.	2667	Mellecat.	610
Marret.	1570	Mellier.	1527
Marsat.	1823	Melzessard.	780
Marsaud.	180	Menet (Henri).	2478

MM.	Numéros.	MM.	Numéros.
Menier.	409	Michels-Maire.	2023
Mennot-Leroy.	1996	Michel-Valin et Ubaudi.	3296
Menoud.	3029	Michel et Valin.	2043
Mention et Wagner.	1065	Michel et Valin.	1298
Menuel.	1441	Michelez.	10
Menut.	1590	Michy (Denis-Augustin).	2455
Menzel et compagnie.	165	Micolon et Couchoud.	3255
Mérat et Thavenot.	2186	Micoud.	1534
Mercier.	2136	Migeon et fils.	1646
Mercier (madame).	1508	Mignard Billinge.	253
Mercier, représentant les proprié-		Miguel.	3127
taires des mines de Faymoreau.	1620	Milius frères et comp.	1553
Mercier.	369	Miller Thiry.	1717
Mercier.	1150	Millet (madame).	1728
Mercier.	1262	Millet et Jacquin-Millet.	571
Merkel.	556	Millet et Robinet.	1727
Merland (L.) jeune.	2114	Milly (de).	404
Mermet.	855	Millon-Marquant.	2242
Mermet.	1843	Milori.	2659
Mero (Joseph) et Curault.	1735	Minter et Lorimier.	472
Mercoiret.	3264	Mirabeau et comp.	3092
Merville.	185	Mirial (Scipion).	3062
Mesmin aîné.	1869	Miroude.	3179
Mesnager frères.	3242	Modo.	2905
Mesny et Favard.	2298	Mohler.	782
Messier et Amavel.	3035	Mohler frères.	1643
Metcalfe (J.-D.).	2479	Mohr.	1327
Meugniot.	1674	Molerat et comp.	1461
Meunier.	335	Monain.	2787
Meunier (Pierre).	1692	Moncourt et Comperot.	3002
Meunier père et fils.	1691	Mondher et Le Capitaine.	2662
Meunier fils (Jean).	1693	Mongin.	211
Meunier (Jean).	1690	Monginet.	1315
Meunier-Journoud et comp.	3270	Mongodin.	2607
Meuret.	1987	Monier.	2777
Mévolhon d'Auchel.	2593	Moniguel.	2277
Meyer frères et compagnie.	1409	Monmonceau.	2264
Meyer (J.-J.) et compagnie.	2037	Monniot.	235
Meynadier.	1207	Monpelas.	2949
Meynadier.	2969	Montagnac Fabreguettes.	1224
Meynard père et fils.	1155	Montaignac (de).	2596
Meynard (Cadet).	3111	Montal (Claude).	360
Meynial.	565	Montels.	624
Michalowski et Stimpinski.	2056	Montfort.	2964
Michaut frères.	2327	Montgolfier.	1604
Michel.	430	Montgolfier.	693
Michel.	2635	Montier.	2163
Michel (Athanase).	2261	Montrelay.	711
Michel (Guillaume).	2746	Moraud.	76
Michel (Georges).	2142	Moras et Dauphin.	2520
Michel (Jules).	2269	Morçau.	919
Michel et Lebreton.	2761	Moreau.	497

MM.	Numéros.	MM.	Numéros.
Moreau-Joubert et Ducos frères.	1675	Mouisse (Jean François).	1628
Morel.	2664	Moussier.	1567
Morel.	732	Moutier-Huet.	3159
Morel.	741	Mouton et Josseaume.	53
Morin Jolly.	2009	Mozard.	1241
Morin du Lérain fils et comp.	1918	Muel.	1230
Morin.	1254	Muel (Gustave).	2321
Morin et comp.	1776	Muel (Pierre-Adolphe).	1762
Moris.	1114	Muel-Doublat (Edouard-Joseph-	
Morisot.	2681	Claude).	1758
Morisseau.	3015	Mugnier (Étienne).	2061
Mory (de).	1552	Mugnier.	1698
Morize.	2179	Muhlbacher frères.	690
Morize.	2698	Muhlberger (Gaspard).	3338
Morize.	1396	Muller et Comp.	3276
Morize et Vatard.	1066	Muller Drouard et comp.	3181
Moser et Marti.	1794	Muller.	2757
Motel.	318	Muller.	867
Motheau.	250	Mullier.	1120
Mothereau.	1445	Mullier.	2496
Mothes frères.	2196	Mulot.	85
Moulinet.	301	Mulot.	712
Moullé.	1121	Muret, Solanet et Palargié.	2361
Mouilli (Pierre).	1622	Muret-de-Bord.	2318
Mouine (J.-F.).	1628	Mussard.	860
Mouray.	753	Musser.	111
Mourguet et Robin	3268	Musset.	3166
Meurot et Denis.	426		

N

MM.	Numéros.	MM.	Numéros.
Nagelen.	2709	Niot.	345
Nalez.	73	Nivet aîné et comp.	2328
Naseberg.	865	Noble, Clark.	1263
Naudin.	243	Nocus.	1390
Navarron-Dumas.	1742	Noël.	709
Navarron (Etienne).	1739	Noël (Jules).	3124
Navarron-Jury aîné.	1740	Noël	189
Naveau.	871	Noël.	929
Néron jeune.	3163	Noël.	1238
Neubert.	316	Nœgély-Charles.	2097
Neuman (Ernest).	2628	Normand.	3031
Neveux-Godard.	1865	Normandin.	2841
Neville et Nash.	2936	Notré.	1352
Nezot.	475	Nouel de Buzonnière.	2246
Nicolle et Fimbert.	1561	Noulibos.	2502
Nicot (François-Constant).	1783	Noyer frères.	1768
Nillus.	3232	Nys et compagnie.	99

O

MM.	Numéros.	MM.	Numéros.
Oberzyski.	1519	Oger.	2951
Odiot.	183	Ogerean.	100
Odiot.	3324	Oilleaux-Désormeaux.	806

MM.	Numéros.	MM.	Numéros.
Ollat et Desvernay.	2508	Ottin.	2625
Ollivier (Désiré).	2739	Oubriot (Maurice).	1760
Ory.	1166	Oudinot.	1029
Osmond.	728	Ouvrier.	725
Osmont.	466		

P

MM.	Numéros.	MM.	Numéros.
Paoque.	3310	Faur.	1793
Pagès (Charles) et compagnie.	2534	Pauwels.	1411
Pagès fils et compagnie.	3100	Payan.	46
Pagès Baligot.	14	Payot.	1332
Pagèze de Lavernède.	1611	Peccatte.	389
Pagezy et fils.	2133	Péchiney.	171
Paichereau (madame veuve).	2587	Pecqueur.	284
Paignon et compagnie.	2585	Pelet (Auguste).	3109
Paillard.	178	Pellé.	2770
Paillard.	1002	Pelletan.	1249
Paillasson.	877	Pelletier.	279
Paillet (Adolphe).	2272	Pelletier, Delondre et Levaillant	416
Pailliette.	1595	Pelletier.	2006
Painchant (François).	2758	Peltier et compagnie.	2074
Pairé (mesdemoiselles Anne et Antoinette).	1880	Pennequin.	3344
Paisant.	3285	Penzoldt et compagnie.	817
Paliopy et compagnie.	1632	Pequin.	1575
Pallu et compagnie.	1738	Perard et compagnie.	1284
Palmié et Peyraud.	1927	Perciné.	1142
Panay.	432	Perès.	70
Panckoucke.	2689	Pérès.	1472
Panier.	424	Perin.	1016
Papavoine et Châtel.	3169	Périaux (Nicétas).	3176
Pape.	379	Périlleux Michelez.	1637
Parfu.	204	Pernon.	1557
Paris frères.	50	Pernot.	1373
Pâris.		Pérol.	1455
Paris.	1201	Peron.	3301
Paris.	2982	Pérot.	1356
Paris.	1673	Perrault (Félix).	2270
Paris.	1995	Perrault de Jotemps.	1841
Parot (J.-A.).	2481	Perrée.	658
Parquin.	1060	Perrelet.	1111
Parquin.	1064	Perreve.	300
Parrizet.	1329	Perrochel (Maximilien de).	2356
Parzudaky.	1486	Perrochel (Maximilien de).	2497
Pascual-Rubio.	2627	Perronnet et Saint-Etienne.	1550
Passerieux.	635	Perrot.	950
Pastelot.	1537	Perrot.	3149
Paturel.	109	Perrucat (Charles).	2303
Paublan.	1403	Pesquet.	2656
Paugam (René-Auguste).	2749	Pestre (le comte de).	630
Paulon et Bresson.	2326	Peter.	2570
Paumier.	3010	Péligny (de).	1993

MM.	Numéros.	MM.	Numéros.
Petit.	567	Pitancier et Martin.	2892
Petit.	587	Pitat.	2391
Petit.	643	Pitay.	3034
Petit.	1323	Place.	167
Petit.	2679	Planel.	1775
Petit Colin.	1331	Plantié et compagnie.	2500
Petit et compagnie.	945	Plantier.	2578
Petit et Mabire.	1379	Plenel.	601
Peugeot frères aînés.	2498	Pleyel et compagnie.	378
Peugeot et compagnie.	1805	Plondeur.	623
Peyrels.	686	Plummer.	3333
Pfeiffer.	1123	Pluquet (Edouard).	2380
Pfeiffer (Emile) et compagnie.	2466	Pochet Deroche.	1303
Pfeffet.	2638	Pouilly.	1982
Philbert-d'Ocagne fils.	1897	Poinsot.	2782
Philippe.	261	Poinssot.	423
Philippot jeune.	1878	Poirée.	1587
Pian-Picault.	2072	Poirier.	819
Piat.	245	Poirier.	1489
Piaud et compagnie.	3277	Poirson.	882
Piault.	1247	Poissant.	258
Picard.	1278	Poissenet et compagnie	875
Picard.	1573	Poisson.	2851
Picart jeune et fils.	2003	Poisson-Livorel.	1998
Picard frères.	1722	Poitevin fils.	3328
Picard frères.	1714	Poitevin (F.-E.) fils et comp.	1662
Picard Ballereau.	1619	Poix-Coste et Dervieux.	2280
Pichard (madame).	2866	Poliard.	3188
Pichet et compagnie.	282	Polignac (le comte de).	1939
Pichon.	1381	Polonceau père.	3305
Pichon et compagnie.	3269	Polonceau fils.	3306
Pichot.	1733	Pommateau.	922
Picot.	2773	Pompon.	1565
Picot.	2222	Poncet.	3226
Picquet.	1481	Poncet.	420
Pieren.	209	Poncet et Royer.	1385
Pierquin-Crandin.	2225	Poncet-Mercier.	1846
Pierre et Lami-Housset.	2865	Ponche-Bellet.	2436
Pierron.	1175	Ponroy fils.	2010
Pigeault.	2963	Pons.	1112
Pihan.	897	Pons.	1113
Pille.	1984	Popelin Ducarre.	1214
Pillioud.	1234	Poquet.	2474
Pimont aîné.	3191	Porcher.	2271
Pimont jeune.	3192	Porthaux.	958
Pinguet.	2889	Possot.	34
Pinson.	1310	Potalier cousins.	2402
Pion.	1004	Pot-de-Fer.	2582
Piot.	2935	Potier (le général comte de).	2250
Piot et Jourdan frères.	40	Potier-Lucion et Point.	1159
Piquot-Deschamps.	3140	Potton, Crozier et compagnie.	2526
Piret (Jean-Baptiste).	2450	Pougeois.	822
Pirmet.	1198	Poujade.	1465

MM.	Numéros.	MM.	Numéros.
Poulard frères.	3161	Prevost-Wenzel.	125
Poulet.	2873	Prieur.	2663
Poulin.	2821	Primard.	3024
Poupinel.	1212	Primat fils et compagnie.	2305
Pourchasse.	1076	Prin et compagnie.	2112
Pourier.	145	Prins.	2995
Pousse.	2858	Prodon-Pouzet.	1737
Pouyer Hellouin.	3136	Prœschel.	175
Povaud.	1388	Proeschel.	481
Poyer.	1098	Profilet.	2672
Poyret.	191	Prud'homme.	1086
Pracontal (de).	2115	Prud'hon et compagnie.	3244
Pradal.	2105	Prugneaux.	2831
Pradier (Joseph).	1608	Prus-Grimonprez.	2497
Pradier-Gillet et Mégemont.	1754	Puechjean (madame).	2859
Pramondon (André).	2571	Puget.	495
Prével.	1442	Puget (Antoine).	3078
Prével (Jean-Baptiste) aîné.	1785	Pupil.	764
Prévost.	32	Purée-Hubert.	2808
Prevost.	2954	Puyrat (de).	754

Q

MM.	Numéros.	MM.	Numéros.
Quelet (Pierre).	1796	Quesnel.	172
Quenard.	2245	Quevreux.	1568
Quenedey.	118	Quilelouvette et Thomeret.	603
Quentin-Durand.	255	Quinet.	2598
Quenut.	1889	Quiney.	2688
Quenesseu.	935		

R

MM.	Numéros.	MM.	Numéros.
Rabot.	302	Ravrio.	1563
Rabourdin (Antoine).	2465	Ray.	2793
Rachée (de la).	620	Raybaud.	2961
Racinet.	1477	Raymond.	305
Rœderer (le baron).	1300	Raynauld.	1392
Raffoux.	831	Reber (J.-G.) et compagnie.	1642
Rahon.	2733	Reboursel.	654
Raimbert.	1513	Rebut.	1942
Raingo frères.	1384	Redarès (Victor et Antoine) frères.	3093
Ramachard.	597	Reclus et Carville.	2720
Rambaux.	870	Règle.	2820
Raoul.	1078	Regnauld.	1949
Raoul.	2204	Regner.	2843
Raoult.	362	Reynier et compagnie.	161
Raoux.	391	Regnier.	400
Rathier.	3230	Regnier.	1251
Ratier.	2187	Reguinot.	138
Ratisseau.	1256	Reichmann.	973
Rattier et Guibal.	68	Reinhardt (J.-M.).	2441
Raulin.	3019	Reintjer.	2641
Ravenne et Blondel.	861	Remiot.	2828

MM.	Numéros.
Remond-Baudouin.	3187
Renard.	1242
Renard.	3311
Renard.	2926
Renaud et compagnie.	2953
Renaudier.	3266
Renaudière (Jean-François-Eugène).	3346
Renaudot.	2870
Renodier.	3247
Renou.	677
Reulos et Budin.	1531
Reveilhac et fils.	162
Revel.	3340
Reverchon (Paul).	2575
Reverdy.	1933
Revillon.	2488
Revol père et fils.	1780
Reydel-Quirin.	1456
Reydette et compagnie.	159
Reymond.	1117
Reymondon et Martin.	2619
Rheins et compagnie.	667
Ribaucourt-Notte.	2416
Ribou.	1268
Ribouleau fils.	3329
Ricard et Zacharie.	2525
Ricard.	2836
Richard.	98
Richard.	197
Richard (Alphonse).	1602
Richard, Eck et Durand.	1562
Richard frères.	3254
Richer.	1115
Richer frères.	322
Rieussec.	1424
Rigardin et compagnie.	1054
Rigat.	2278
Rigolet.	766
Rigaux.	2467
Rimoneau-Cochet.	2071
Rinaldi.	2636
Ringault frères et compagnie.	2648
Ringuet père et fils.	944
Risler (Mathieu).	2083
Rivals (Armand).	1966
Rivemale (Pierre).	2360
Rivière (Jean-Pierre).	1962
Riviert-Lefert.	2235
Roard de Clichy et compagnie.	1433
Robert	337
Robert.	1378

MM.	Numéros.
Robert.	537
Robert.	561
Robert.	824
Robert.	137
Robert.	124
Robert.	1757
Robert-Thomas.	1864
Robert-Roulet.	2095
Robert-Belein.	2005
Robichon et compagnie.	3243
Robin.	1402
Robin.	926
Robinet.	1035
Robouem.	2994
Roch.	2180
Roche.	992
Roche.	1018
Roche.	2044
Rocque.	1545
Ruef et Bicard.	2449
Rogé.	926
Roger et compagnie.	985
Roger.	278
Roger et compagnie.	330
Roger.	366
Roger.	2711
Roger.	2236
Rohart.	1085
Rolin et compagnie.	2839
Rolland.	2447
Rollé (Frédéric) et Schwilgué.	820
Roller.	1119
Roller et Blanchet.	2771
Roullin.	1451
Romagnesi.	3194
Rondeaux-Pouchet.	1572
Ropet.	2144
Roques.	787
Rosé.	337
Rosellen frères.	341
Rossin.	1547
Rouchon et Riollot.	1091
Rottée.	1322
Rouen et compagnie.	1355
Rouen et compagnie.	2932
Rouffet.	276
Rouffet.	2732
Rouget.	52
Rouget de Lisle.	120
Roumestan.	2495
Rousseau (Pierre).	2220
Rousseau.	451
Rousseau.	

MM.	Numéros.	MM.	Numéros.
Roussel frères et Requillard.	2375	Roux.	3016
Roussel et compagnie.	661	Roux frères.	3095
Roussel frères.	3066	Roux et compagnie.	148
Rousselet (Antoine).	1856	Rouy.	723
Rousseville.	226	Royer aîné, Maës et comp.	910
Roswag (A.).	2454	Roy (Blimond).	2424
Rouveaux.	906	Royer.	2974
Rouveaux.	443	Rozan oncle et fils.	1911
Rouvière, Cabane et comp.	3074	Rosé.	2620
Rouvière frères.	3058	Ruffi-Jussel (veuve).	1720
Rouvet.	844	Rypinski.	1471

S

MM.	Numéros.	MM.	Numéros.
Sabatier.	1395	Sautreuil fils.	3189
Sabatier.	2140	Sauveau.	1871
Sabran frères.	3082	Savarresse.	2592
Saget.	3294	Savart.	1231
Sagnier (Louis).	2146	Savary.	983
Saint-Aubin.	2611	Savary.	468
Saint-Cricq Caseaux (de).	2160	Savary et Delattre.	548
Saint-Étienne père et fils.	286	Savoie.	2575
Saint-Marc (madame veuve), Porteu et Tétiot aîné.	1916	Savouré.	619
		Scheibel et Loos.	1703
Saint-Paul (veuve et fils).	726	Schenetz.	2830
Sallandrouze.	51	Schiertz.	49
Sallandrouze-Lamornais.	664	Schindler.	898
Le même.	665	Schlumberger (Daniel) et comp.	2076
Salleron.	126	Schlumberger-Schwartz (G.)	2081
Salles jeune et compagnie.	2539	Schlumberger (Franç.-Médard).	1651
Salin.	529	Schlumberger (Nicolas) et comp.	1706
Salivet.	956	Schlumberg, Kœchlin et comp.	2084
Salmon (Alexandre).	2513	Schlumberg jeune et comp.	2088
Salomon.	3278	Schmaltz.	2030
Samson.	605	Schmid et Salzmann.	2092
Sana.	1353	Schmidt.	208
Sanders.	1564	Schmidt.	372
Sapey (Charles).	2296	Schmitt.	239
Sapey (Victor).	2308	Schneider frères et comp.	3347
Sarazin.	1288	Schoen.	857
Sargent.	902	Schonenberger.	516
Sarrade.	730	Schutzenberger.	2725
Saski.	2492	Schwikarde.	491
Saulière.	2602	Serepel-Louage.	2421
Saulnier.	810	Scrive frères.	2396
Saulnier aîné.	1101	Sédille.	2614
Saunier.	1312	Seguin.	1379
Saunier.	541	Seib (Adam).	2453
Saunier (madame).	542	Seidel et Ahreas.	938
Saurel et Dache.	1475	Seillère (A-B.), Provensal et C.	2329
Sautelet jeune et compagnie.	2257	Sellier.	1153
Sautini.	937	Sellier.	1168

MM.	Numéros.	MM.	Numéros.
Selligue.	2493	Soleil.	346
Séraut (Louis-Ambroise).	1797	Soleil fils.	832
Serre (François).	1763	Sommier (Mlle).	1665
Servais.	140	Sompayrac aîné.	1630
Servais.	2836	Sonnier.	1431
Servant et Ogier.	2531	Sorel.	205
Servanton.	3251	Sorel.	1038
Serveillé aîné.	1089	Sorel et compagnie.	157
Seynave.	3014	Soria (madame).	864
Siber.	2912	Sorrieu père.	1371
Sigoret (Auguste).	1906	Souchard.	2794
Signy.	102	Souchon.	3249
Silbermann (G.).	2446	Souchon (Théodore).	2738
Silvant.	1191	Souchon.	1290
Simier.	974	Souchu (Toussaint).	2354
Simon.	3293	Soudan.	1439
Simon.	915	Soudan fils.	2713
Simon.	549	Souffleto et compagnie.	856
Simon.	453	Souillard.	440
Simon.	982	Soulas aîné et compagnie.	3105
Simon.	801	Soulisse (Simon).	1816
Simon et compagnie.	5	Soulisse (Pierre-Remi).	1815
Simon.	512	Soultzener.	139
Simon.	1335	Sourd père et fils.	1838
Simon fils.	2451	Soutaiu (Jean-Claude).	1765
Simonin et Tocquaine.	2347	Souvion.	1781
Sinet.	1204	Soyer.	2588
Sirhenry et compagnie.	216	Soyer, Ingé et fils.	1062
Sirodot père et fils et Popinot.	1670	Soyer.	1046
Sivel.	20	Spiegelhatter.	88
Société (la) imbéroléifuge.	2775	Spilmann.	147
Société (la) de l'apprêt hydrofuge.	2776	Stackler.	3186
Société anonyme des usines d'Im- phy.	2580	Stehelin et Huber.	1736
		Sterling.	2197
Société (la) en commandite d'hor- logerie.	1902	Sterlingue et compagnie.	2795
		Stoltz.	91
Soelinée frères.	152	Stolz et compagnie.	293
Soisson.	778	Stolz fils.	294
Sol.	1548	Susse frères.	2700

T

MM.	Numéros.	MM.	Numéros.
Tabarié.	2621	Tannery.	2217
Tachet	839	Tantenstein et Cordel.	518
Tafoureaux.	740	Tarbé.	957
Taillade (Th).	1704	Tard.	1383
Taillepied de la Varenne.	1074	Tardat.	1834
Talabot et compagnie.	2769	Taulet.	1294
Talabot (Léon) et compagnie.	2504	Taupier.	2731
Tallard (Louis-Joseph).	2014	Taurin.	862
Tangre.	1377	Tavernier, Obry et compagnie.	2427

MM.	Numéros.	MM.	Numéros.
Ternynck frères.	2304	Thouvenin et Berthois.	25
Terrasson et Plency.	3279	Thuez.	1285
Téry.	1686	Thuvien.	519
Tesse Petit.	2418	Tiebault.	1511
Tessié (Cyprien).	1980	Tierce-Cambray.	2397
Teissier-Ducros.	3055	Tillancourt (de).	1990
Tesson.	904	Tilloy-Bérard.	1671
Tesson.	402	Tinet.	445
Testard et Métayer.	2887	Tiret.	36
Teste.	2594	Tirmache.	1195
Texier.	1549	Tirrart.	462
Teysonnière (de la) et Royer.	1677	Tissier et Beugé.	270
Tézenas-Galay.	3245	Tissot (Féréol).	2461
Tharaud.	2043	Tixier-Goyon.	1741
Theren jeune.	1100	Touboulle (Pierre Marie).	2760
Thévenin.	2523	Touchard.	1448
Thévenin.	1672	Touchard et Martin.	626
Thibaudet.	123	Tournier.	737
Thibault.	694	Toursel.	1895
Thibaut.	33	Toussaint.	781
Thibaut (Emile).	1753	Toy et frères.	1560
Thibert.	606	Tracol.	1605
Thibierge.	2833	Trasimed Leroux.	2431
Thiboumery et Dubosque.	887	Travers.	1581
Thiébaut.	719	Tresca et Ebole.	1136
Thierry.	2973	Triaire (J.-F.).	2150
Thierry.	529	Tribouillet et compagnie.	2409
Thilorier.	2702	Tricot.	1454
Thilorier.	1599	Tricotel et Chapüis.	2657
Thilorier.	1232	Tricbert.	1132
Thilorier et Serrurot.	1320	Tronchon.	1048
Thirion.	1716	Tronchon frères.	714
Tholomié.	3313	Tronquoy.	527
Thomann.	1349	Trotrot fils aîné.	1858
Thomann.	1782	Trotry-Latouche.	1033
Thomas.	371	Troubat (Louis) et comp..	2560
Thomassin.	3115	Troupel fils.	2130
Thomire et compagnie.	173	Troupel, Turs et Favre.	1615
Thonnelier.	1250	Truchy (madame).	1071
Thorel.	2863	Truchy.	86
Thorel (madame).	2849	Trupel (Joseph).	2748
Thory.	2267	Tubino (madame).	3282
Thouron et compagnie.	756	Tulou.	1128
Thoury et compagnie.	721	Tussand.	1600
Thouvenel.	2339		

U

MM.	Numéros.	MM.	Numéros.
Un officier de marine.	1890	Utzschneider et comp.	2018
Uruty.	3173		

V

MM.	Numéros.	MM.	Numéros.
Vacher.	1429	Verdun et Gratelet.	1319
Vachon et compagnie.	1835	Vérité fils.	2166
Vacoulin.	2804	Vermont et comp.	3184
Vaison.	1517	Vernier.	2468
Valant.	1544	Vernier.	3118
Valat.	1079	Vernus.	2377
Valdeck.	1404	Verreaux et fils.	1485
Valentin-Féau et Béchard.	2263	Verreaux.	2129
Valentin (Féau), Béchard et comp.	2262	Verstaen.	1582
Valentin.	2041	Vétillart père et fils.	2349
Valenthiennes (madame veuve).	1343	Veyrat et fils.	184
Valérius.	612	Vial (Auguste).	2291
Valérius.	1009	Vialon.	1186
Valès (Léon) et Bouchard.	2159	Victor (madame).	2783
Valès.	193	Vidal.	257
Vallée et Bourniche.	1344	Vidalin.	2527
Vallée-Lerond (madame veuve).	2128	Vidron.	486
Vallery.	2213	Vielcazal.	1416
Vallery.	786	Viennot,	1070
Vallet.	2981	Viesnegg.	987
Vallet-Cornier.	177	Vigezzi-Riva et Dominelly.	2517
Vallier.	1362	Vignaud.	1819
Vallon.	757	Vignat-Chevet.	3246
Vande et Jeanray.	332	Vignerie.	2952
Vandendries.	1523	Vigny.	2650
Vandeventez.	370	Vigoureux.	1358
Van Eeckhout (madame veuve).	1347	Vigoureux.	1405
Vantenkiste dit Dorus.	2401	Vilbœuf et Pompon.	829
Vantillard.	1898	Vilcoq.	2171
Vantroyen (Cuvelier) et comp.	2381	Villaeys.	1221
Vardon (mademoiselle).	1954	Villain (mesdemoiselles) sœurs.	1952
Varrigar.	2911	Villain.	1184
Vaussard fils.	3141	Villard.	2530
Vasseur.	2386	Villeneuve (de).	1435
Vauchelet.	44	Villeneuve.	3345
Vaucher de la Croix.	2623	Villepin (de).	2379
Vauquelin.	1354	Villermot.	2867
Vauthier.	759	Villeroi.	3027
Vautier.	734	Vimort-Maux.	1883
Vautier.	3155	Vimort-Maux.	2334
Vaurien Chardame	342	Vinant.	1452
Vautrin.	508	Vincent.	681
Vayson frères.	57	Vincenti et comp.	1791
Vedel et comp.	488	Vinet-Buisson.	1337
Vedel-Souche.	1743	Vinken.	666
Vellard.	2967	Violard.	1953
Ventouillac (Jean-Antoine).	1967	Violet.	2950
Veny (madame).	672	Violette (François).	2759
Verd.	1297	Vion.	449
Verdier.	2875	Viquesnel.	3165

MM.	Numéros.	MM.	Numéros.
Virebent frères.	2098	Voinet (François).	1800
Virebent (Auguste), Moucreau et comp.	2099	Voisin et comp.	158
		Voitelain.	575
Visneux.	2237	Vouzy.	1459
Viteau.	1061	Vucher, Reynier et Perrier.	2761
Viviés fils et Anduze.	1627	Vuillaume.	2643

Y

Yemeniz.	2547	Youf.	480
Yon (Adolphe).	2376		

Z

Zahn (madame).	2847	Zimmer.	1168
Zahrzewski.	954	Zuber (Jean) et comp.	1654
Zegelaar.	2796	Zwang.	609
Ziegler.	2080		

W

Wacrénier-Delvinquier.	2389	Wikland.	1380
Wagner.	319	Willemsens.	2801
Wagner neveu.	517	Wingens et Sillobert.	170
Wallet.	450	Winnen.	395
Watinne-Bredard (madame).	2419	Winnerl.	846
Wegts, Noyelle et Bertrand.	577	Wiss.	2909
Weisgerber frères et J. Kaiser.	1640	Witz-Steffan Oswald frères et compagnie.	1645
Werly (Jean).	1759		
Werner.	2975	Wohlgemulh.	1467
Wetzels.	859	Wolf.	506
Wetys, Noyelle et Bertrand.	993	Wolff.	934
Weynen.	695	Wolsel et Laurent.	854
Wickham	2881	Wulliamy.	2214
Wienkel-Vohlaber.	3304	Wurtel.	2622
Wiermig.	858		

FIN DE LA TABLE.

ADDITIONS AU CATALOGUE.

N^{os}   MM.

3349 *Giberton* (Stanislas) *et comp.*, au Blanc (Indre) : Échantillons de lin, Étoupes de fil, Toiles de fil d'étoupes de lin.

3350 *Valasse*, à Châteauroux (Indre) : Fusils de chasse.

3351 *Fayen* (Louis), à Grenoble (Isère) : Papiers de tenture.

3352 *Daublaine*, à Châlons (Marne) : Deux toisons de brebis et une de bélier, quatre Écheveaux de laine peignée, divers Échantillons de laine.

3353 *Desoffy* (le comte), à Moncetz (Marne) : Une Toison de bélier et une de mouton ; divers Échantillons de laine.

3354 *Ponsart*, à Omey (Marne) : Une Toison de bélier, une de brebis et divers Échantillons de laine.

3355 *Brunon* frères, à Saint-Étienne (Loire) : Un Fusil de luxe.

3356 *Dugenne*, à Saint-Étienne (Loire) : Un Fusil et un Tableau de vis à bois.

3357 *Leclerc* (Pierre-Auguste), à Saint-Étienne (Loire) : Aciers fondus et aciers étirés. Rappel de médaille d'or en 1834.

3358 *Dumoulin*, à Chavanay (Loire) : Filet à mailles carrées pour la chasse.

3359 *David Dubouchet*, à Saint-Chamond (Loire) : Rubans façonnés.

3360 *Bonne* (madame), à Paris, rue Richer, n. 40 : Corbeille de fleurs.

3361 *Pradier*, à Poissy (Seine-et-Oise) : Cuir-nécessaire et Rasoirs ; Semai-nier-nécessaire ; Nécessaire d'écrivain de jour et de nuit ; Plumes à réservoir, contenant l'encre nécessaire pour écrire tout un jour ; Assortiment d'objets de coutellerie ; Nouveaux couteaux de table. Médaille d'argent en 1823 ; Rappels en 1827 et 1834.

3362 *Bernier*, à Mai (Seine-et-Marne) : Tissus de laine, Mérinos.

3363 *Thévenot*, à Paris, rue du Pot-de-Fer-Saint-Sulpice, n. 8 : Vitrail en verre de couleur, exécuté dans le style du treizième siècle.

3364 *Baudron*, au nom de la commission des ardoisières d'Angers (Maine-et-Loire) : Divers Échantillons d'ardoises.

N^{os}   MM.

3365 *Chamouillet*, à Paris, rue de Cléry, n. 22 : Un Miroir Pompadour.

3366 *Rouet et comp.*, à Saint-Aignan (Loir-et-Cher) : Cuir à la jusée. Mentions honorables en 1819 et 1834.

3367 *Saniewski* (Félix), à Romorantin (Loir-et-Cher) : Farine, gruau et semoule de sarrazin.

3368 *Guillou* (Louis-Michel), à Vendôme (Loir-et-Cher) : Articles de chaussure.

3369 *Bourgeois*, à Rambouillet (Seine-et-Oise) : Râteau-brouette, destiné au râtelage des foins et fourrages sur les prairies naturelles et artificielles, au moyen duquel un seul homme fait avec perfection autant d'ouvrage que quatre personnes avec les râteaux en bois (ou fauchette) ordinaires. Médailles d'argent et de bronze en 1827 et 1834.

3370 *Babonneau*, à Nantes (Loire-Inférieure) : Ancres de marine et Instruments de pêche pour la baleine. Médaille d'argent en 1834.

3371 *Lefebvre et comp.*, à Nantes (Loire-Inférieure) : Clarinettes de diverses grandeurs et de différents sons.

3372 *Lotz*, à Nantes (Loire-Inférieure) : Une Machine à vapeur de la force de quatre chevaux.

3373 *Drouault* frères, à Nantes (Loire-Inférieure) : Une Machine à vapeur oscillante, de trois chevaux.

3374 *Suser*, à Nantes (Loire-Inférieure) : Cuirs confectionnés.

3375 *Mesnil* frères, à Nantes (Loire-Inférieure) : Ouvrages en fonte de fer.

3376 *Vigourel* (Étienne), à Carcassonne (Aude) : Draps teints en pièces d'après un nouveau procédé.

3377 *Bougon*, à Chantilly (Oise) : Vases et Services en porcelaine.

3378 *Barot*, au Petit-Bourg, (Guadeloupe) : 102 flottes de soie récoltées et filées par l'exposant.

3379   : Deux flottes de soie récoltées à la Martinique.

N. B. Les échantillons de soie récoltés et filés, tant à la Martinique qu'à la Guadeloupe, ont été adressés par M. le Ministre de la marine et des colonies à M. le Ministre de l'agriculture et du commerce, qui a décidé qu'ils seraient admis à l'exposition, et que le jury central serait invité à émettre son opinion sur leur mérite.

3380 *Hubert-Blondel*, à Caen (Calvados) : Billard.

3381 *Barre* (Émile) et *Boucoirand* (Jean), liquidateurs de la raison sociale Plantier, Boucoirand et comp., à Nîmes (Gard) : Fayences fines en terre de pipe à émail transparent.

TABLE

DES ADDITIONS AU CATALOGUE.

Babonneau.	3370	Fayen.	3351
Barre (Émile) et Boucoirand.	3381	Giberton.	3349
Barot.	3778	Guillou.	3368
Baudron.	3364	Hubert-Blondel.	3380
Bernier.	3362	Leclerc (Pierre-Auguste).	3357
Bonne (madame).	3360	Lefebvre et comp.	3371
Bougon.	3377	Lotz.	3372
Bourgeois.	3369	Mesnil frères.	3375
Brunon frères.	3355	Ponsart.	3354
Chamouillet.	3365	Pradier.	3361
David Dubouchet.	3359	Rouet et comp.	3366
Daublaine.	3352	Saniewski (Félix).	3367
Desoffy.	3353	Suser.	3374
Drouault frères.	3373	Thévenot.	3363
Dugenne.	3356	Valasse.	3350
Dumoulin.	3358	Vigourel (Étienne).	3376

RECTIFICATIONS AU CATALOGUE.

N^{os}

136 *Au lieu de* Paris,   *lisez* Belleville.

342 *Au lieu de* Vaurien-Chardame,.   *lisez* Vaussin-Chardanne.

420 *Au lieu de* Poncet et comp.,   *lisez* Merle, Malartic, Poncet et comp., et fabrique à Saint-Denis ; à Paris, rue Notre-Dame-des-Victoires, n. 16.

521 *Au lieu de* Best et Loir,   *lisez* Andrew, Best et Leloir.

543 *Au lieu de* rue des Fossés-Saint-Germain-des-Prés, *lisez* rue des Fossés-Saint-Germain-l'Auxerrois, n. 29.

587 *Ajoutez* Clyso-pompes perfectionnés, Pompes de jardin à jet continu.

809 *Ajoutez* et Mécanique pour ferrer les lacets.

852 *Au lieu de* Bernhardot,   *lisez* Bernhardt.

962 *Au lieu de* Evrat,   *lisez* Everat.

1018 *Au lieu de* Roche,   *lisez* Boche.

1023 *Au lieu de* Galerie Vivienne, n. 12,   *lisez* n. 4 et 6.

1056 *Au lieu de* Bidon et Arrault,   *lisez* Bidos et Arrault.

1170 *Au lieu de* n. 55 *bis*,   *lisez* n. 55 *bis ; et ajoutez* Médaille d'argent en 1834.

1173 *Au lieu de* Lemercier, Bernard,   *lisez* Lemercier, Bénard.

1248 *Au lieu de* Perles fausses,   *lisez* Machine destinée à fabriquer les perles fausses.

1262 *Au lieu de* Merciet,   *lisez* Mériet.
     Au lieu de rue Saint-Maur,   *lisez* rue Saint-Marc-Feydeau.
     Ajoutez à l'article : et Ressort à pivot pour porte d'appartement.

1290 *Ajoutez* Appareil de filtrage.

N^{os}

1325 *Après* n. 98 *ajoutez* et 77,
    Au lieu de Appareils, etc.   *lisez* Fabricant de Calorifères, Cheminées et Poêles.

1326 *Au lieu de* Rigouphale,   *lisez* Rigocéphale, Biberette, etc.

1344 *Au lieu de* antihygrométriques, *lisez* anhygrométriques.

1347 *Au lieu de* Vanceekhout,   *lisez* Van Eeckhout.

1650 *Au lieu de* Baumgartner, etc.   *lisez* *Mertzdorff*, à Vieux-Thann (Haut-Rhin) : Percales présentées comme échantillons de leur blanchiment et de leurs apprêts.

2104 *Ajoutez* une Pendule à force constante.

2109 *Au lieu de* Savon de Paleuc,   *lisez* Savon de palme.

2211 *Au lieu de* Jauson-Maurupt,   *lisez* Janson Maurupt.

2316 *Ajoutez* Maillons métalliques, Maillons en verre.

2512 *Au lieu de* André jeune,   *lisez* André Jean.

2528 *Au lieu de* Médaille de bronze, *lisez* Médaille d'argent.

2649 *Au lieu de* Paris,   *lisez* Ivry, rue Royale, n. 52, barrière des Deux-Moulins.

3039 *Au lieu de* Brillant vernis pour meubles, *lisez* Brillant *dit* vernis des ménages pour l'entretien des meubles et parquets.

3248 *Ajoutez au nom* Dugas : et comp.
    Ajoutez Taffetas-satins, Crêpe lisse.

3250 *Ajoutez* Mouchoirs, Écharpes, Gaze, Crêpés, Satins glacés.

3251 *Au lieu de* Servanton, etc.   *lisez* *Magnin* père et compag., à Saint-Chamond (Loire) : Rubans, Satins, Taffetas, Crêpes façonnés.

3265 *Au lieu de* Courza,   *lisez* Toulza.

3274 *Ajoutez* Filières et clefs anglaises, Crics, Pelles et Marteaux.

3276 *Au lieu de* Muller et comp.,   *lisez* Hutter et comp.

3278 *Au lieu de* Salomon,   *lisez* Salmon.
    Au lieu de Outrefurens,   *lisez* côte Thiollière, près Saint-Étienne.

3303 *Au lieu de* Brouhieri,   *lisez* Brocchieri (Pierre).

3322 *Ajouter après* 1827 : et 1834.

RECTIFICATIONS A LA TABLE

DU CATALOGUE.

Au lieu de André jeune,   *lisez* André Jean.
    Barbier (Victor), 3204,   3214.
    Bernhardot,   Bernhardt.
    Best et Loir,   Andrew, Best et Leloir.
    Bidon et Arrault,   Bidos et Arrault.
    Brouhieri,   Brocchieri (Pierre).
    Courza,   Toulza.
École royale des arts et métiers, 1978, *ajoutez* d'Angers.
Au lieu de Evrat,   *lisez* Everat.
    Jauson,   Janson.
    Lemercier, Bernard,   Lemercier, Bénard et comp.
    Merciet,   Mériet.
    Muller et comp.,   Hutter et comp.
    Poncet et comp.,   Merle, Malartic, Poncet et comp.
    Roche,   Boche.
    Salomon,   Salmon.
    Servanton,   Magnin frères et comp.
    Vanceeckhout,   Van Eeckhout.
    Vaurien Chardame,   Vaussin Chardanne.